# 从田野到创新

## 地域文化考察全流程解析

高凤燕 康晓萌 编著

四川大学出版社
SICHUAN UNIVERSITY PRESS

**图书在版编目（CIP）数据**

从田野到创新：地域文化考察全流程解析 / 高凤燕，
康晓萌编著. -- 成都：四川大学出版社，2025. 4.
ISBN 978-7-5690-7820-6

Ⅰ . K901.6；J04

中国国家版本馆 CIP 数据核字第 20258DR738 号

书　　名：从田野到创新：地域文化考察全流程解析
　　　　　Cong Tianye dao Chuangxin: Diyu Wenhua Kaocha Quanliucheng Jiexi
编　　著：高凤燕　康晓萌
--------------------------------------------------------------
选题策划：黄蕴婷
责任编辑：黄蕴婷
责任校对：毛张琳
装帧设计：墨创文化
责任印制：李金兰
--------------------------------------------------------------
出版发行：四川大学出版社有限责任公司
　　　　　地址：成都市一环路南一段 24 号（610065）
　　　　　电话：（028）85408311（发行部）、85400276（总编室）
　　　　　电子邮箱：scupress@vip.163.com
　　　　　网址：https://press.scu.edu.cn
印前制作：四川胜翔数码印务设计有限公司
印刷装订：成都市火炬印务有限公司
--------------------------------------------------------------
成品尺寸：170 mm×240 mm
印　　张：14.25
插　　页：2
字　　数：220 千字
--------------------------------------------------------------
版　　次：2025 年 6 月 第 1 版
印　　次：2025 年 6 月 第 1 次印刷
定　　价：58.00 元
--------------------------------------------------------------

扫码获取数字资源

四川大学出版社
微信公众号

# 前　　言

　　地域文化是中华民族的宝贵遗产，蕴含着丰富的历史、人文、民俗、艺术等元素，是艺术创作取之不尽、用之不竭的素材。考察实践是艺术类专业学生提升综合素养、激发创新思维和提升实践技能的重要环节，旨在通过亲身体验与实地调研，提升艺术观察、艺术发现和艺术认知能力。本书从地域文化维度创新考察实践的内容与组织形式，以期唤起人们对地域文化的思考与自觉，同时响应党的二十大对文化产业发展的战略部署，助力优秀传统文化的现代表达与创新发展。

　　教材内容分为两个部分。第一部分为基础理论与方法，包括六章。第一章为导论，介绍地域文化的概念、形成、划分标准，以及考察的对象、目的、意义；第二章阐述地域文化考察的核心内容，包括历史人文、民间美术、古代建筑、民族民俗、文化遗产五大领域；第三章聚焦地域文化考察的方法，包括观察法、访谈法、田野考察法等；第四章探讨考察资料的整理与分析，介绍资料分类与编码、知觉图与概念图、卡片归纳法、人物角色法、故事板等工具，以及情景分析、历史分析、比较分析、案例研究等方法；第五章讲解考察报告的撰写与考察成果的展示；第六章主要分析地域文化在创新设计中的运用，详细说明设计策略与方法，并结合一系列创新设计案例与实践成果进行细致剖析。第二部分为路线规划与实施，从第七章到第十章，包括齐鲁问道、苏沪撷彩、京津博悟、黄河览胜四个专题，均为经过实践检验较为成熟的地域文化考察路线，为广大读者提供实践参照。

　　本书的撰写具有以下特色：一是内容的科学性与系统性，从考察的基础理论与方法到基于地域文化的创新设计，为考察活动提供全面解决方案；二是立足时代需求与现实需要，坚持以马克思主义中国化最新理论成果为指导，体现新文科建设要求，充分发挥文化育人功能；三是兼顾理论与实践，通过丰富的经验资料和案例分析，增强读者的代入感与参与感，以提升考察实践的可操作性。

　　我衷心感谢所有为本书编写提供支持和帮助的同事、学生以及出版社的编辑们。特别感谢郭峰教授在教材策划阶段给予的宝贵建议和指导。书中大部分作品实例来自聊城大学数字媒体艺术专业与动画专业的课程作业与毕业创作。资料的搜集与整理工作由我的研究生夏彤、段莹莹、张译文同学承担，刘芳菲同学负责了部分插图的绘制，柴华贞、周华鹏同学对文稿进行了校对，在此表示诚挚的感谢。

　　本书主要针对动画、数字媒体艺术、数字媒体技术等专业的认知实践，对于其他艺术类专业的艺术采风、艺术考察也具有广泛的参考价值。我真诚地感谢每一位读者的关注与支持，并期望本教材能够为您的学习与工作提供有价值的帮助和启示。若您在使用过程中有任何问题和建议，欢迎随时向我们反馈，以便不断改进和完善，使其更加符合教学和实践的需求。

高凤燕

**2025 年 2 月 12 日于东昌府**

# 目　录

## 本章导览

地域文化是我国社会文化的重要组成部分，构成了中华文化的多样性，增强了中华文化的活力。作为一种软实力，地域文化能够为地域经济社会发展提供人力资源和文化氛围支持，是推动地域经济社会发展的重要动力。

第一节重点阐释何为地域文化，从"文化"与"地域"的概念与关系入手，解析地域文化的概念与内涵，探讨地域文化的特征与类型，阐述地域文化的形成与表现，综合展现地域文化的丰富性与多样性。第二节主要呈现地域文化考察的基本框架，阐明考察的背景与意义，明确考察的目标与任务，确定理论框架与研究方法，并对考察过程与实施提出建议。

# 第一节　何为地域文化

## 一、地域文化的概念与内涵

地域文化的概念与文化的概念密不可分，要理解"何为地域文化"，需要将其纳入文化研究的视野，借助文化概念研究的主要成果，厘清地域文化的基本概念与内涵。

### （一）文化与地域

"文化"是指人类生活方式的基本面貌和深层结构，即并非自然界天然发生，而是由于人的活动所产生的一切事物的总体特征。特瑞·伊格尔顿①在《文化的观念》一书中指出："'文化'最先表示一种完全物质的过程，然后才比喻性地反过来用于精神生活。"② 在西方语言中，"文化"一词源自拉丁语词根 colere，原意即对土地的耕耘和对植物的栽培，后泛指人工的、技艺的活动及其成果，并进一步扩展至社会制度、风俗习惯等人类行为本身。梁漱溟认为，文化归根结底也就是"人的生活样式"，与西文"culture"同义。古汉语中"文"字指"色彩、纹理"，引申为事物的"道理"（结构、秩序等）；"文"字作为动词，则是"使……富有条理、色彩"；"化"是"变、改变"，"使对象事物变成……"《周易》中有"观乎天文，以察时变；观乎人文，以化成天下"，据以产生的"人文化成"，是汉语"文化"一词最早的形态，主要是指人类的精神性、社会性的活动与成果。

中西词源共同揭示了"文化"概念的内涵和本质，表明文化的本质就是"人化"和"化人"。"人化"是按人的方式改变、改造世界，使任何事物都带上人文的性质；"化人"是反过来，再用这些改造世界的成果来对人进行培养、提升，使人的发展更全面、更自由。

虽然不同地区和民族的具体情况有所区别，但人类的生存和发展有一个清晰的总体线索，就是在不断地改造外部世界的同时，也在不断地改造提升人类自身。"文化"一词，使用一个整体性的抽象概念，为人类生存发展的根本方式、基本过程、基本状态和丰富成果本身，做出了概括性的描述。恩格斯指出，对人类而言，"文化上的每一个进步，都是迈向自由的一步"。作为人类进步和开化状态标志的文明是随着文化成果的不断积累而形成的。

"文化"的概念有广义、中义和狭义之分。广义的文化包括物质文化、制度文化和精神文化，覆盖社会结构的全部领域；中义的文化特指精神文化，即社会的精神生活领域，包括精神生产和精神消费，覆盖整个社会意识和意识形态领域；狭义的文化则多与知识、学历和学力等有关，如"有理想、有道德、有文化、有纪律"中的"文化"，就是专指实施和接受系统教育的情况。本书取"文化"的广义概念。

广义的文化，可以用三个同心圆来表示其三层结构（图1-1），由外向内依次是物质文化、制度文化和精神文化。物质文化是指凝聚着一个民族精神文化的生产活动与物质产品的总和，即与衣食住行相关的表层文化，它是文化结

---

① 特瑞·伊格尔顿，西方重要的马克思主义理论家之一。
② 特瑞·伊格尔顿：《文化的观念》，南京大学出版社2006年版，第1页。

构中最容易发生变化的部分。制度文化是指一个民族在生产与生活过程中形成的各种规章制度，以风俗、礼仪、制度、法律、宗教等为内涵，作为文化结构的中间层，它不像物质文化那么有形，但具有一定的稳定性。精神文化是指一个民族共有的意识活动，包括人们的价值观、伦理观、审美观等，它是文化结构的内核，具有相当的稳定性，一旦形成就很难发生改变，这部分内容虽然看不见、摸不到，却深刻地影响着一个民族的行为方式。

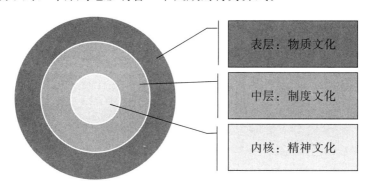

图 1-1 文化的结构层次

西方学者早在 20 世纪 70 年代就提出"文化基因论"，认为不同文化之间存在一种普遍的、深层次的结构，这种结构由一组基本元素（即文化基因）构成，它们决定了文化现象的形式和内容。也就是说，文化的发展、传播和多样化模式也具备类似于生物进化的特征，文化基因是决定文化系统传承与变化的基本因子和基本要素。我国在文化基因研究上虽然起步较晚，但也有许多学者从不同角度对文化基因进行探讨。社会学家和人类学家费孝通先生在《乡土中国》一书中，提出了"乡土社会"的概念，强调中国乡土社会的文化传统和基因，为中国文化基因研究奠定了基础。有关文化基因的研究在文化、政治、传媒、艺术等领域展开较多，主要聚焦于中华优秀传统文化、非物质文化遗产、社会主义核心价值观、文化传承等研究主题。近年来较多学者关注文化基因的提取与创新应用，大多围绕某一地域文化而展开，在深刻把握中华优秀传统文化基因的时代特征和传播规律的基础上，充分展现地域特征，如对赣南客家文化因子①、蒙古包文化基因②等的提取、图谱构建和设计研究。

在此意义上，"地域文化"可简单界定为"具有地域特征和属性的文化形

---

① 江帆：《赣南客家文化因子提取及设计应用研究》，《家具与室内装饰》2021 年第 12 期。

② 刘畅、雷青：《文化场域视角下蒙古包文化基因图谱构建与设计转译》，《包装工程》2023 年第 6 期。

态"。但是，这样的概念界定只是一种描述性的说明，不足以揭示"地域文化"的复杂内涵。要准确清晰地把握"地域文化"的内涵，还需要进一步理解"地域"及其与"文化"的关系。

地理学里的"地域"指的是地球表面的一部分，它的边界是人们根据某种需要划定的。文化人类学中的"地域"则是指根据一定标准，在文化上具有同质性和内聚力的地区，它必须能以同样的标准与相邻或不相邻的地区区别开来。所以，"地域"作为一个概念，首先是指由某种自然地理环境所构成的空间，但更主要地是指"自然的人化"，即对自然地理空间加以塑造的结果。也就是说，人们在使用"地域"这一概念时，除了指向某种自然地理区域，更主要的是指某种经济的、政治的、文化的乃至心理的空间。因此，"地域"概念本身即具有人文属性。

事实上，在人类历史上，给"地""域"赋予某种文化内涵，如宗教的、民族的、政治的乃至经济的内涵，是十分常见的。"地"的本义为大地，与"天"相对。《说文解字》曰："元气初分，轻清阳为天，重浊阴为地。万物所陈列也。"后"地"逐渐引申为土地、大地、地表等，又指地区、场所。用于抽象意义，又指思想、心理活动的领域。"域"的古字是"或"，与"国"同义，是"国"的初文。《说文解字》曰："或，邦也。从口，从戈，以守一。一，地也。"本义是指疆界、疆域，引申为封邑、封国。在上古时期，"国"字既可以代表国家，也可以代表地域，为了分化"国"字所包含的地区之义，古人又在"或"字左边加了个"土"旁，另造了"域"字，专门表示地域。由此看来，在中国古代，"地域"概念便有自然地理、行政区域和文化区域多重意义。

"地域"又是一个约定俗成的概念，具有历史属性。它包含着人们对历史形成的文化地理空间的客观存在与变动的主观认知，与某种文化体系或文化特质所覆盖的实际空间范围不完全重合。正如《尚书·禹贡》所言，"禹别九州，随山浚川，任土作贡"，人的活动赋予空间性的地理概念以历史意义。王祥认为，"从地域区划的历史来看，它可能经历过从自然地域、种族地域到政治地域、文化地域和经济地域等阶段"①。这样的认识，揭示了"地域"概念的历时性。因此，所谓"地域"，是以自然地理空间为基础的人文历史空间，自然地理空间与人文历史空间共同构成了"地域"概念。

那么，产生、发展于"地域"之上的"地域文化"也有着两方面的含义。

---

① 王祥：《试论地域、地域文化与文学》，《社会科学辑刊》2004 年第 4 期，第 123 页。

一方面是指文化的客观存在，即特定地域之上各类文化事项的总和。它既包括一定地域范围内的人们在长期的历史过程中创造出来的物质财富和精神财富的总和，也包括由文化交流与传播融入带来的被改造过的外来文化元素。另一方面是指文化的抽象存在，描述的是一种"想象的共同体"，即人们将特定地域内的文化视作相对统一的有机体系，并建构出或真实或扭曲地反映这一文化体系的文化"意象"。同时，在不同的文化权力影响下，个人或群体又会形成对该文化"意象"的趋同。需要强调的是，地域文化的范围和该地域的地理范围并不必然一致。由于文化的传播性和渗透性，地域文化的范围通常要超出其地理范围，不同的地域文化之间出现交集是很正常的现象。

（二）地域文化

根据《国际社会科学百科全书》的定义，"地域文化"原是人类文化学学科体系范畴内的重要分支，指的是在一个大致区域范围内持续存在的文化特征。然而随着地域文化研究的增多，不同学科、不同学派、不同学者对"地域文化"产生了不同的理解和定义。有人将其概括为一种文化传统，有人将其等同于特定区域的人文精神，也有人认为它是以自然环境和地形地貌为标志所形成的特色文化。其中，有两种观点获得较为广泛的认可：一是雍际春提出的"地域文化就是一定地域内历史形成并被人们所感知和认同的各种文化现象"，他强调"要准确理解地域文化这一概念就必须牢牢把握它的历史性、地域性和文化特色"；[①] 二是张凤琦提出的"所谓'地域文化'是指在一定空间范围内特定人群的行为模式和思维模式"，认为"不同地域内人们的行为模式和思维模式的不同，便导致了地域文化的差异性"。[②] 以上两种观点从不同角度出发对"地域文化"给出了不同解释，雍际春提出的观点强调地域文化的历史性、地域性和文化特色，张凤琦的观点则强调了地域文化在行为和思维模式上的差异性。两种观点都为我们理解地域文化提供了有益思路，实际应用中可以将这两种观点结合起来，把地域文化看作一种综合性的概念——"地域文化"不仅是一定地域内历史形成并被人们所感知和认同的各种文化现象，还体现了当地人的特定行为模式和思维方式，具有显著的地域性特征。

关于"地域文化"的内涵，一般有"三层次说"和"四维度说"。张凤琦

---

① 雍际春：《地域文化研究及其时代价值》，《宁夏大学学报（人文社会科学版）》2008 年第 3 期，第 54 页。

② 张凤琦：《"地域文化"概念及其研究路径探析》，《浙江社会科学》2008 年第 4 期，第 64～65 页。

认为"地域文化"包括物质、制度和哲学三个层次：物质层面的文化包括特定地域人们的语言、饮食、建筑、服饰、器物等；制度层面包括特定地域人们的风俗、礼仪、制度、法律、宗教、艺术等；哲学层面的文化指特定地域人们的价值取向、审美情趣、群体人格等。"三层次说"基本对应文化的三层结构，可以在理论上进行分析，却难以在实践中加以拆分。所以，研究地域文化不仅要研究相关地域人群的饮食、建筑、服饰、器物，以及风俗、礼仪、制度、法律、宗教、艺术等方面的文化符号，还要研究这些符号背后所体现的"地方性"和"民族性"的深层次文化。深层次文化的差异性正是一种地域文化区别于其他文化的重要因素，也是把握不同地域文化特征的主要方面。① 李辉参照联合国教科文组织关于文化遗产的分类和国家文化旅游资源的分类方法（GB/T18972-2003），把"地域文化"知识框架划分为物态文化、行为文化、心态文化三个层次②，相较于物质文化、制度文化和哲学文化的划分，这种划分在考察实践中更容易理解和把握。白欲晓借鉴老子"域中有四大"的形上思考，提出"道、天、地、人"是展开地域文化研究的四个基本维度，认为地域文化的研究不是哲学反思，而是综合性的文化考察。老子所谓的"域"与我们所讨论的"地域文化"概念中的"地域"是基本相同的，"道"是富有创造性和价值性的根本存在，"天、地、人"是"域"的重要构成要素，其中"天、地"主要是指人所处的宇宙自然，"人"则是能够效法天地、体道行道的文化创造者。③ "四维度说"是建立在文化整体性观念基础上的分析性描述，包含了地域文化的运行规律、运行条件与运行主体，为我们理解地域文化的内涵提供了不同的思考维度，丰富了地域文化研究的理论视角。

地域文化的内涵层次是人类与环境相互作用的结果，作为主体的人类个体或集体，通过物质、行为和思维方式来表达、展现和传承地域文化；地理环境、社会制度、文化符号等客观存在的事物则对主体产生影响并塑造了地域文化的特点和内涵。地域文化作为主体与客体互动过程中的产物，通过主体的情感认知来体验、评价和传承。美国认知心理学家唐纳德·A. 诺曼研究总结出的三种情感认知层次——本能层次、行为层次与反思层次④，在一定程度上与

---

① 参考张凤琦：《"地域文化"概念及其研究路径探析》，《浙江社会科学》2008年第4期，第66页。

② 参考李辉等：《面向设计的地域文化数字资源库研究》，《包装工程》2016年第18期，第87~88页。

③ 参考白欲晓：《"地域文化"内涵及划分标准探析》，《江苏社会科学》2011年第1期，第78~79页。

④ 参考唐纳德·A. 诺曼：《设计心理学3 情感化设计》，中信出版社2015年版，第8~9页。

地域文化的内涵层次相呼应（表 1-1），同时符合设计思维的规律，为地域文化考察与创新设计提供了主、客体不同视角转换的框架。

表 1-1　地域文化内涵层次的对应关系

| 地域文化的内涵 | 地域文化的分类 | 情感认知层次 |
|:---:|:---:|:---:|
| 物质层面 | 物态文化 | 本能层次 |
| 制度层面 | 行为文化 | 行为层次 |
| 哲学层面 | 心态文化 | 反思层次 |

## 二、地域文化的类型与特征

深入理解地域文化的类型与特征，能够帮助我们认识并分析特定地域范围内的独特文化面貌、传统价值观念和社会习俗，进一步探索地方文化的内核和精髓，从而更全面地把握地域文化的内涵。

### （一）地域文化的类型

我国地域文化多姿多彩，明确地域文化的类型，首先需要明确划分标准，标准不同，对地域文化的分类自然也就不同。地域文化的划分标准问题，主要是指以何标准来区分不同的地域文化，也就是确定划分地域文化的基本指标。目前，学术界对此并未形成一致意见，而是呈现多种分类指标并存的状态。

就一般情况而言，人们习惯于以封国或行政区划的名称来命名、划分不同的地域文化，这种划分方式本身就反映出行政区域与文化区域的关系。例如：以春秋战国时期不同封国的名字来命名的地域文化类型，如齐鲁文化、燕赵文化、巴蜀文化、荆楚文化等；以各省行政区域来命名的地域文化类型，如山东文化、山西文化、福建文化、浙江文化等。

有学者认为，要综合考虑文化区域的空间性和时间性双重因素，来划分地域文化的类型。例如，依照考古学上的地域分布，将地域文化划分为中原地区的仰韶文化、龙山文化，东北地区的红山文化，江浙地区的良渚文化等，对应公元前 4000 年至公元前 2000 年间的空间布局。以方国辖区命名的齐鲁文化、燕赵文化、荆楚文化、吴越文化、巴蜀文化等，对应从夏商周至秦汉这一历史时期的方国文化的空间分布。以行省辖区命名的地域文化，如陕西文化、山东文化、福建文化、江西文化、湖湘文化等，则主要对应从汉唐到明清两千年中逐渐形成的地域文化的空间布局。①

　　白欲晓提出了划分地域文化类型的三类指标——"地域要素""文化风貌"和"文化认同"，较为全面地概括了当前常用的划分标准。他认为，"地域"诸要素及其构成是地域文化划分的先决条件，以"文化风貌""文化认同"作为指标划分文化区域具有一定的合理性，但在实际操作中应明确"地域要素"指标的核心作用。在以"地域要素"为标准划分文化区域时，首先考虑的应当是自然地理环境和族群分布融合等较为稳定的要素，其次是生产方式和经济交往方式等具有持久性的经济形态特征，最后才是行政区的划分所带来的影响和作用。② 以"文化风貌"作为参照指标时，重点关注同一地域中文化多样性的表现形式，即文化的日常生活表现，如语言、饮食、服饰、艺术、信仰等。"文化认同"以地域人群的心理、情感等方面的认同作为划分地域文化类型的主观性指标。这种认同是在长期的历史进程中形成的，也是地域文化中的重要现象。例如，在江南地区人们对水乡特有的生活方式、文人墨客的雅集以及对园林艺术的热爱，都表现出强烈的地域文化认同。这些指标之间相互影响，互为补充，所以在实际分类过程中，通常需要综合考虑。

　　由于地域文化划分标准的不统一，学界对地域文化的类型划分也不尽相同。有学者主张将地域文化划分为邹鲁、荆楚、秦晋、燕齐四大文化区域；有学者提出中原、秦晋、北方、齐鲁、荆楚、吴越、巴蜀滇、岭南八大文化圈；也有学者参考辽宁出版社《中国地域文化丛书》的区划和王会昌先生《中国文化地理》的分区意见，将我国地域文化划分为燕赵文化、秦晋文化、中原文化、齐鲁文化、荆楚文化、巴蜀文化、两淮文化、吴越文化、江西文化、闽台文化、岭南文化、云贵文化、关东文化、西域文化、草原文化、青藏文化共十六类③。总体而言，每种分类方式都有其合理性与局限性，综合多维的方法或许能够更好地反映复杂的地域文化现象。在进行地域文化考察时，建议综合上述不同学者的观点，结合考察实践的课程目标设定考察区域，以获得对地域文化全面而深入的理解。

### （二）地域文化的特征

　　地域文化与特定地理条件、历史背景、社会形态、经济发展和人民群众的

---

　　① 参考朱汉民：《地域文化研究中的两个问题》，《求索》2006 年第 9 期，第 214～215 页。

　　② 参考白欲晓：《"地域文化"内涵及划分标准探析》，《江苏社会科学》2011 年第 1 期，第 79～80 页。

　　③ 参考李慕寒等：《试论中国地域文化的地理特征》，《人文地理》1996 年第 1 期，第 8～9 页。

生活实践紧密相连。不同学者对地域文化的特征有着不同的描述，大致可以归纳为以下几个方面：

第一，多样性。由于不同地区在地形、气候、资源等自然条件以及历史演进路径上存在差异，地域文化呈现出多样性特征。"千里不同风，十里不同俗"强调了不同地域文化习俗的多样性与丰富性。多样性的存在，可以使不同地域的人们在相互交往中吸收、借鉴其他文化中的有益经验，更好地解决本地文化的现实问题；多样性的存在，也是"文化共同体"得以形成和发展的基础和内在要求，有利于消除狭隘的"地方之见"，使人们达到更为广泛的认同。

第二，地域性。地域文化通常与特定的地理环境紧密相关，由一个地区的人们在长期生产、生活、劳作以及社会历史的演进中积淀而成，体现一定地理范围内文化的共通性与地方特色。无论是名胜古迹、历史文化遗存、地方传说等显性文化，还是社会风俗、思维习惯、道德传统和价值观等隐性文化，都渗透着浓郁的地域色彩。诚如梁启超在论及南北文学风格时所言，"燕赵多慷慨悲歌之士，吴楚多放诞纤丽之文，自古然矣。自唐以前，于诗于文于赋，皆南北各为家数。长城饮马，河梁携手，北人之气概也；江南草长，洞庭始波，南人之情怀也。散文之长江大河一泻千里者，北人为优；骈文之镂云刻月善移我情者，南人为优。盖文章根于性灵，其受四周社会之影响特甚焉"①。

第三，历时性。地域文化在不同历史阶段中随着时间的推移逐渐变化和演进，体现为文化内涵的转变、传统习俗的消失或重塑，以及新的思想观念的涌现。地域文化的历时性特征是地域文化与时代背景相互作用的结果，使地域文化在适应社会发展的同时也保持了一定的连续性和变化性。以中原文化为例，中原地区是中华文化的发源地之一，具有独特而深厚的历史文化底蕴，承载着多个朝代的文化遗产，具有如商周、秦汉、唐宋等时期的文化风格，这些文化的传承和发展不仅在当时对中原文化影响深远，而且与今天的社会文化仍有着密切的联系。

第四，传承性。地域文化有漫长的发生和发展过程，受传统的深刻影响和制约，是在传统基础上的一种发展变化，而传统代表着一种时间上的连续性和稳定性。费孝通认为，"传统是社会累积的经验"，"文化本来就是传统，不论哪一个社会，绝不会没有传统"。② 美国著名人类学家弗洛伦斯·克拉克洪（Florence Kluckhohn）也指出，"一个社会要想从以往的文化中完全解放出

---

① 梁启超：《饮冰室合集》（第二册），中华书局1989年版，第86页。
② 费孝通：《乡土中国》，北京时代华文书局2018年版，第67页。

来，是根本不可想象的，离开文化传统的基础而求变、求新，其结果必然招致失败"①。地域文化在发生、发展的漫长历程中，以传统文化为基础，受到传统文化的深刻影响和制约，同时融合多种因素，内化于制度文化、精神文化，外显于物质文化，通过文化遗产、民俗习惯、语言、艺术、宗教信仰等多种形式传承于后世。

第五，互动性。地域文化不是孤立存在的，不同民族间的文化交流和融合为地域文化增添了更多元的面貌。从历史的角度看，地域文化处于不断的发展变化之中，体现出动态性与开放性特征。随着外部环境的变化，地域文化在与环境及其他文化发生作用的过程中，不断向更高的文化序列和级别发展，并通过传播与交流、扩散与整合等方式，与其他地域文化相互影响，在内容上不断丰富，在类型上日益多元，在结构上日趋合理。例如关东文化区，由于地理位置的特殊性和历史的变迁，受到蒙古、朝鲜、日本等多地文化的影响，在音乐、饮食、京剧、文学艺术等方面都呈现多元化的面貌。

## 三、地域文化的形成与表现

地域文化是在长期的自然和社会历史进程中形成的，包含了该地区的文化传统、价值观、思维方式、行为习惯、语言以及各种文化现象和成果。通过对地域文化的形成和表现进行研究，我们可以更加深入地了解地域文化的形成和发展过程，更好地理解地域文化的复杂性和丰富性，从而更加深刻地认识和把握地域文化的本质和特征。

### （一）地域文化的形成模式

在地域文化形成的过程中，自然地理环境是其形成的基础。自然地理条件的不同组合，影响着人类的生活、生产方式，也影响着人类自身的文化。而在文化从简单到复杂的过程中，人类又会面对各种选择。选择上的趋同性决定了同一地域的文化方向，而选择上的随机性则造就了不同地域文化的多样性。所以，地域文化虽以自然地理区域为限定，但其形成通常是多种因素共同作用的结果，地域文化的形成模式大致可以从以下几个角度来理解：

一是自然地理模式。地域文化在不同的自然条件下形成和发展。地理位置决定了气候条件、物产资源等，这些自然因素决定了人们的生存方式和社会组

---

① C. Kluckhohn. *Culture and Behavior*. New York：Free Press，1962，p. 76.

织形式，并对地域文化产生重大影响。例如，齐鲁文化被山东人概括为"一山一水一圣人"，即泰山、黄河和孔子，这个概括直白地道明了山东地域山水资源因素对齐鲁文化的基础性影响。

二是历史积淀模式。历史上的社会结构、政治事件、经济发展等，都能够深刻影响地域文化的形成。战争、迁移、贸易、国家政策等因素都可以成为改变或塑造地域文化的动力。以西安为例，作为历史上多个朝代的都城，这里的兵马俑、大雁塔等大量历史文化遗产，都是历史长河中积累的文化符号。

三是经济发展模式。根据马克思主义的观点，经济基础决定上层建筑。经济发展水平、产业类型和贸易模式等，都会影响地域的风俗习惯、生活方式、思想观念和文化表现形式，对于地域文化的形成具有重要的推动作用。例如，苏杭两地自古便是江南地区的繁华之地，因丝绸产业的兴盛而闻名遐迩，不仅推动了当地经济的繁荣，更深刻地影响了该地区的文化和艺术发展，成为江南文化的独特代表。

四是社会交往模式。社会交往包括人与人之间的交流以及人与社会的交流。这里面包含了语言沟通、风俗习惯、宗教信仰、教育制度等，这些都是人们在长期生活实践中构建的属于自己社区的文化特色。如福建泉州，作为海上丝绸之路的起点，海外文化交流频繁，多元文化在此交汇，这样的社会交往也充分反映在当地的宗教、建筑、风俗中。

五是民族融合模式。地域文化的形成往往与当地的民族构成有很大关联。不同民族的文化在相互交流与融合中，形成具有独特地域特征的文化形态。例如，陕北地区文化的形成，就是农耕民族与游牧民族不断碰撞和重组的结果，民族交融始终是其最鲜明的地域特色，这一特色决定了陕北地区文化发展的面貌，最终形成以农耕文化为主、融合游牧民族文化的多民族文化格局。

六是外来影响模式。地域文化的形成也会受到外来文化的影响。这可以通过征服、迁徙、贸易、宗教传播等途径实现。外来文化的输入可以引起地域文化的变革，产生新的文化形态。如岭南文化，广东由于地处沿海，在历史上受到了海外诸多国家的文化影响，形成了开放包容的文化特征，其建筑风格也受到中国传统建筑和西洋建筑的共同影响。

七是技术与创新模式。科技发展和创新对地域文化的形成也产生重要影响，尤其在现代社会，信息技术的发展加速了地域文化之间的交流，也对传统的地域文化形态提出了新的挑战，带来新的改变。以北京故宫为代表的古代建筑技术成就，展现了明清时期中国建筑业的技术与创新水平，而浙江杭州作为中国互联网发展的前沿阵地之一，其地域文化也呈现出明显的现代化、科技化特点。

从上述分析可以看出，地域文化的形成是一个多因素、多维度互相作用的复杂过程。自然地理条件、历史积淀、经济发展、社会交往、民族融合、外来影响、技术与创新等都是塑造地域文化的重要因素，它们在具体的地域文化形成过程中往往交织在一起，共同塑造每一个地区的独特文化形态。

### （二）地域文化的表现形式

这里的表现形式是指文化在外部世界的具体体现，是能够被人们直接感知和体验的文化表象，如语言、艺术、习俗、节庆、饮食等。表现形式是文化的具体展现，它通过视觉、听觉、嗅觉等感官被识别和传递。地域文化的表现形式主要包括以下几个方面：

一是方言。方言是一种语言上的地理差异，通常是指一种语言内部，由地理、社会和历史因素等导致的地区性变体。方言不仅在发音上有区别，还包括词汇、语法等方面的差异。与官方语言或标准语相比，方言往往更深刻地体现某一特定地区的文化特点和历史积淀。方言往往伴随着该地区的历史传统、风俗习惯、民间故事、谚语等文化元素，是地域文化的重要组成部分。然而，随着现代社会的发展，传统的方言在逐渐减少甚至消失。这可能会导致与之相关的地域文化被稀释或遗忘。因此，保护方言也成为文化多样性和文化遗产保护的一部分。

二是饮食。除方言以外，饮食文化也是地域文化重要的外部表征。要想全面了解一个地域的文化，不得不了解其独特的饮食文化。基于复杂多样的地理环境和不断交融的历史文化，中国形成了丰富的饮食文化，特别是民间的日常饮食，辛、辣、酸、甜、咸等都与当地的环境有关。曾经有一首民间流传的《口味歌》，歌词写道："安徽甜，湖北咸，福建浙江咸又甜；宁夏河南陕甘青，又辣又甜外加咸；山西醋、山东盐，东北三省咸带酸；黔赣两湘辣子蒜，又辣又麻数四川；广东鲜，江苏淡，少数民族不一般。因人而异多实践，巧调能如百人愿。"

三是服饰。服饰不仅仅是蔽体保暖的必需品，也是人类文化和社会身份的重要标志之一。从古代到现代，不同的文明和社会有着各自独特的服饰传统，这些传统反映了各种各样的社会结构、文化价值、宗教信仰、审美趋向和经济条件。中国的地域文化非常丰富多样，每个地区都有独特的服饰风格和特点。传统的藏族服装喜用华丽的色彩和复杂的纹饰，反映了高原地区的环境和藏族人民的宗教信仰。西南地区的彝族和苗族，传统服饰也非常独特。彝族服饰以蓝色为主色调，注重纹饰和刺绣，展示出他们对大自然的热爱；苗族服饰则以鲜艳多彩的颜色为特点，常常使用银饰和花朵来装饰。

四是艺术。地域文化中有许多独特而精湛的艺术形式和手工艺传统，包括地方戏曲、音乐、舞蹈、绘画、雕塑、建筑、工艺美术等，每种艺术都承载着独特的地域文化信息。如作为中国传统戏曲之一的昆曲，流传于东南沿海地区，是一种以唱、念、做、打、舞为主要表现手段的戏曲艺术形式。其特点在于唱腔高亢激越、音律婉转悠扬，舞蹈姿态优美、手势繁复多变，表演方式上注重情感演绎和细节表现，视觉上讲究色彩搭配和服装设计。昆曲的演出题材丰富，《牡丹亭》《汉宫秋》《西厢记》等经典剧目不仅在国内广受欢迎，在世界戏曲文化交流中也扮演着重要角色。

五是习俗。习俗是指在日常生活中人们遵循的传统规范和行为习惯，体现着人们对他人的尊重、关爱和团结，代表了地域文化中的传统价值观和社会礼仪，有助于维系社会关系的和谐。以婚礼习俗为例，湖南地区的婚礼习俗中，新郎会在婚礼进行期间"送鸽子"（放飞一对鸽子），象征对新婚生活的美好期望；广东地区的婚礼习俗中，则是新娘在婚礼当天上午"拜月台"，祈求月下的神灵保佑婚姻美满；在新疆维吾尔自治区，新娘会戴上特别的哈纳斯头巾；在西藏地区的婚礼上，则是新娘和新郎一起外出"请太阳"，以祈求婚姻幸福美满。

六是节庆。不同地区的传统节日、庆典活动及相关仪式也是地域文化特色的重要体现。中秋节是中国传统的团圆节，在华南地区，人们除了赏月、吃月饼，还会进行一些特殊的庆祝活动，如舞龙、舞狮等。中元节在农历七月十五，在南方，人们会在这一天夜晚将装有蜡烛的小船或者灯笼放到河流、湖泊等水域中，表达对已故亲人的思念，也寄托对未来的祈福。腊八节在农历腊月初八，以华北地区的习俗最具代表性，在这一天，人们会吃腊八粥，寓意着祈福、消灾和健康。这些习俗反映了对丰收、团圆、祈福等美好愿望的追求，同时也展示了丰富多样的地域文化和节庆习俗。

地域文化的表现形式多样而丰富，从方言、饮食、服饰、艺术、习俗到节庆，每个方面都承载着地域特有的文化内涵和人们的情感认同。此外，地域性的宗教信仰与祭祀活动、文学作品与口头传说、历史建筑与史迹遗址、思想观念与价值系统等，也都是地域文化的重要组成部分，在此不一一赘述。这些表现形式不仅展示了地域文化的多样性和独特性，也是人们传承和发展地域文化的重要途径。研究和弘扬地域文化的表现形式，有助于我们更好地理解和尊重不同地域的文化差异，创新保护、传承和弘扬地域文化的方式与手段，为实现文化多样性的繁荣与发展做出贡献。

# 第二节　地域文化考察综述

地域文化考察是一项系统的研究活动，旨在深入探究某个地域的文化特征、历史传统和社会发展，加深对人类社会文化多样性的理解和认识，并进一步推动地方特色文化的保护和传承，提升人文素养，激发创新潜能。

## 一、背景与意义

文化是民族的血脉，是人民的精神家园。文化自信是更基本、更深层、更持久的力量。在五千多年文明发展中孕育的中华优秀传统文化，积淀着中华民族最深沉的精神追求，代表着中华民族独特的精神标志，是中华民族生生不息、发展壮大的丰厚滋养，也是中国特色社会主义植根的文化沃土。随着我国经济社会深刻变革、对外开放日益扩大、互联网技术和新媒体快速发展，各种思想文化交流交融交锋更加频繁，迫切需要深化对中华优秀传统文化重要性的认识，进一步增强文化自觉和文化自信，迫切需要深入挖掘中华优秀传统文化价值内涵，进一步激发中华优秀传统文化的生机与活力。

自 2017 年中共中央办公厅、国务院办公厅印发《关于实施中华优秀传统文化传承发展工程的意见》以来，我国相继出台多项政策推动传统文化的发展和创新（表 1-2）。2022 年 8 月印发的《"十四五"文化发展规划》，阐明了新发展阶段文化在统筹推进"五位一体"总体布局、协调推进"四个全面"战略布局中的重要地位，强调"迎接新一轮科技革命浪潮，推动发展质量变革、效率变革、动力变革，文化是重要领域，必须加快推进文化和科技深度融合，更好地以先进适用技术建设社会主义先进文化，重塑文化生产传播方式，抢占文化创新发展的制高点"[①]。2023 年 6 月 2 日，习近平总书记在文化传承发展座谈会上发表重要讲话，从党和国家事业发展全局战略高度，对中华优秀传统文化传承发展的一系列重大理论和现实问题做了全面系统深入阐述，为在全面建设社会主义现代化国家新征程上推进文化传承发展事业指明了前进方向，提供了根本遵循。

---

[①]　中共中央办公厅国务院办公厅印发《"十四五"文化发展规划》，中国政府网，https://www.gov.cn/zhengce/2022-08/16/content_5705612.htm.

表 1-2 2017—2023 年国家层面传统文化相关政策（部分）

| 发布年份 | 发布部门 | 发布文件 | 重点内容 |
|---|---|---|---|
| 2017 | 中共中央办公厅、国务院办公厅 | 《关于实施中华优秀传统文化传承发展工程的意见》 | 加强中华优秀传统文化传承发展相关扶持政策的制定与实施，加大中央和地方各级财政支持力度，支持中华优秀传统文化传承发展重点项目。 |
| 2018 | 国务院 | 《政府工作报告》 | 弘扬中华优秀传统文化，继承革命文化，发展社会主义先进文化，培育和践行社会主义核心价值观。 |
| 2019 | 中共中央办公厅、国务院办公厅 | 《关于全面深入持久开展民族团结进步创建工作 铸牢中华民族共同体意识的意见》 | 传承发展中华优秀传统文化，大力实施中华优秀传统文化传承发展工程，推动中华优秀传统文化融入国民教育、道德建设、文化创造和生产生活。 |
| 2020 | 中共教育部党组 | 《教育系统关于学习宣传贯彻落实〈新时代爱国主义教育实施纲要〉的工作方案》 | 坚持以文化人、以文育人，传承和弘扬中华优秀传统文化、革命文化、社会主义先进文化，充分发挥校园资源、社会资源、自然资源的育人功能，不断增强民族自尊心、自信心和自豪感。 |
| 2021 | 中共中央办公厅、国务院办公厅 | 《关于进一步加强非物质文化遗产保护工作的意见》 | 通过中外人文交流活动等形式，交流非物质文化遗产保护先进经验，向国际社会宣介我国非物质文化遗产和中华优秀传统文化。 |
| 2021 | 中共中央办公厅、国务院办公厅 | 《关于在城乡建设中加强历史文化保护传承的意见》 | 加强重点地段建设活动管控和建筑、雕塑设计引导，保护好传统文化基因，鼓励继承创新，彰显城市特色，避免"千城一面、万楼一貌"。 |
| 2021 | 教育部办公厅 | 《关于开展第六届全国高校"礼敬中华优秀传统文化"系列活动的通知》 | 各地教育工作部门要将全国高校"礼敬中华优秀传统文化"系列活动与庆祝建党百年、开展党史学习教育统筹谋划、一体推动。 |
| 2022 | 中共中央办公厅、国务院 | 《"十四五"文化发展规划》 | 坚持把马克思主义基本原理同中国具体实际相结合、同中华优秀传统文化相结合。发展社会主义先进文化，继承革命文化，传承和弘扬中华优秀传统文化。 |
| 2022 | 国务院 | 《关于落实政府工作报告重点工作分工的意见》 | 传承弘扬中华优秀传统文化，加强文物古籍保护利用和非物质文化遗产保护传承，推进国家文化公园建设。 |

| 发布年份 | 发布部门 | 发布文件 | 重点内容 |
|---|---|---|---|
| 2023 | 中共中央办公厅、国务院 | 《数字中国建设整体布局规划》 | 推进文化数字化发展，深入实施国家文化数字化战略，建设国家文化大数据体系，形成中华文化数据库。提升数字文化服务能力，打造综合性数字文化展示平台，加快发展新型文化企业、文化业态、文化消费模式。 |

我国各地区积极响应国家号召，纷纷出台一系列政策推动传统文化产业发展，如：《河南省"十四五"公共服务和社会保障规划》提出，"以创意与科技手段推动中华优秀传统文化创造性转化、创新性发展"；《宁夏回族自治区数字经济发展"十四五"规划》提出，"鼓励数字技术与传统文化产业融合，发展新兴文化产业"；《黑龙江省产业振兴行动计划（2022—2026年）》强调，"推动优秀传统文化创造性转化创新性发展，实施非物质文化遗产保护传承工程，做好少数民族文化遗产保护传承工作，繁荣版画、刺绣、剪纸、皮影戏、鱼皮画等民族特色文化，发展特色边疆文化产业"，等等。这些政策在激发和保护传统文化、推动地域文化产业发展、鼓励地方积极参与地域文化保护和传承等方面发挥了重要作用，推动了地域文化的繁荣和地方经济的发展。

地域文化对于传统文化的保护、传承和创新具有重要意义。首先，地域文化是传统文化的重要组成部分。地域文化在长期历史发展中形成，承载了传统文化中的历史积淀、地理环境、社会制度等元素，代表了当地人民特有的生活方式、行为习惯、价值观念等传统文化特征。其次，地域文化是传统文化的地方表现形式。地域文化作为传统文化在特定地域内的体现，深受当地环境、历史、社会等因素的影响，呈现出独特的地方风貌和文化特色。另外，地域文化在传统文化中起到传承与创新的作用。地域文化具有较长的历史和丰富的内涵，不仅承载了传统文化的传统特点和价值观，同时也经历了与时俱进的历程，吸收了其他文化的元素，使传统文化在不断发展变化中保持了创新活力。最后，地域文化对于构建文化自信、提升地域形象也具有重要意义。一方面，展示和弘扬地域文化能够增强地域居民的自信心和对地域文化的认同，提升地域的文化影响力，形成自己的地域文化优势；另一方面，地域文化作为独特的标志性符号，能够塑造地方形象，构建地域品牌，吸引更多的外来人才和投资，推动地方经济的发展与文化繁荣。

综上，深入研究地域文化对于理解和把握地域特有的历史、社会、人文现象，促进地方经济发展与社会文化的繁荣，促进文化自信、文化认同与文化传承，都具有积极意义。开展地域文化考察可以帮助我们更加深入地了解和掌握该地域的历史、文化及其发展变化，挖掘当地的传统文化资源，推动地域文化创新，使其焕发出崭新的活力与魅力。同时，也有助于推动不同地域之间的文化交流与合作，促进文化产业与经济社会的发展。

## 二、目标与任务

文化本身是人类行为和实践的沉淀，其传播和传承很大程度上依赖于教育，而课程是教育的核心组成部分。课程确定了学生需要学习的内容、学习的目标和学习的方式，是实现教育目标的重要手段。地域文化考察作为一种实践课程，基于文化的逻辑，将学习转化为一种包含探究、建构、交流和反思的连续过程，使学习者在身临其境的文化体验中拓展认知和实践视野，提升个体力量、认知能力、情感态度与价值观念，促进文化的传承与创新。

### （一）地域文化考察的目标

不同专业开展考察实践活动，应参照《普通高等学校本科专业类教学质量国家标准》，结合所在高校的办学定位、专业人才培养目标和毕业要求，拟定考察实践的课程目标。如《动画、数字媒体艺术、数字媒体技术专业教学质量国家标准》指出，"实践教学应以培养学生的艺术创作能力、技术研发能力、行业适应能力及创新创业能力为主要目标"，其中认知实践"应统一组织学生到相关行业领域内的知名企业或机构，进行专业考察（如观察创作研发流程、参观专业展览、观摩作品展映、参加讲座论坛等）、写生创作、社会调查（如行业情况调查、市场情况调查、访谈从业人员等）或组织专业活动（如组织艺术节展、活动策划等）"。又如《设计学类教学质量国家标准》，要求"设计学类专业必须重视理论教学与实践教学的高度结合"，并指出"专业类社会实践教学内容包括美术馆、博物馆考察，设计市场及企业机构的参观见习，城乡社会调查，以及专业教学课程中的乡村写生、基层采风等"。《美术学类教学质量国家标准》强调"美术学类专业教育是一种以实践为核心的教育，实践教学贯穿整个专业培养环节全过程"，实践教学包括实践课程和统一安排的实践教学时段，"主要是通过写生、文化考察、社会采风等方式，以个人的鲜活感受和独特视角获取艺术创作的灵感和素材"。因此，不同专业可以根据专业实际需求，结合学校所处地域，将地域文化考察活动纳入相应的实践课程，进而拟定考察目标。[①]

以聊城大学数字媒体艺术专业为例，可依托"专业考察"和"毕业论文（设计）"两门综合实践课程开展地域文化考察活动，主要面向数字媒体艺术专业本科四年级的学生，向前接续"专业写生""数字摄影与创意""数字摄像与表现"等专业实践课程，向后为毕业论文（设计）提供选题依据、创作灵感与创作素材，也为毕业实习与就业做好必要的准备。参照数字媒体艺术专业人才培养目标，以及区域经济社会发展需求和专业办学实际，设定"专业考察"课程目标如下（表1-3）：

表1-3 "专业考察"课程目标

| 知识目标 | 能够解释我国传统文化的主流构成，以及在此基础上派生出的各种艺术表现形式（如绘画、雕塑、书法、戏剧等）。 |
| --- | --- |
| | 能够叙述地域文化的概念与内涵、类型与特征、形成与表现，理解特定地域文化的历史源流、自然景观、艺术人文及民俗民风。 |
| | 能够描述当前行业动态、前沿理念，说明创作流程及运营模式。 |
| 能力目标 | 能够利用图书馆、互联网等线上线下资源，搜集考察对象的背景资料。 |
| | 能够灵活运用观察、访谈、田野调查等方法收集一手资料。 |
| | 能够对收集到的资料进行分类、比较、分析与归纳，发现创作规律，汲取创作灵感。 |
| | 能够从自然、生活形态中提取艺术元素，将其转化为创作所需的艺术形态。 |
| 素质目标 | 能够实事求是进行实地调研，树立科学精神，发现问题。 |
| | 能够运用正确的立场、观点、方法分析实际问题，并提出解决办法。 |
| | 能够主动获取更多、更新的专业知识与技能，提升专业综合素养。 |
| | 进一步提升人文素养与审美意识。 |

### （二）地域文化考察的任务

地域文化考察的任务需要围绕课程目标而设计，一般可以从收集数据和信息、研究历史与演变、理解文化传承与认同、分析社会与文化的联系、揭示经济与地域互动、探讨地域文化多样性、保护和传承文化遗产等方面展开。

具体任务包括：收集各种数据和信息，例如历史文件、民俗文献、口头传统、报纸杂志、文化遗产等，以建立全面而准确的地域文化档案；考察地域文

---

① 参考教育部高等学校教学指导委员会：《普通高等学校本科专业类教学质量国家标准》，高等教育出版社2018年版，第939～963页。

化的历史起源、演变过程和发展趋势，并分析历史事件对地域文化的影响；研究地域文化的传承方式、文化认同和价值观念，探讨文化的延续性和适应性；考察地域文化与社会结构、社会关系以及社会组织之间的互动关系，识别文化在社会发展中的作用和意义；分析地域经济发展与文化特征之间的相互关系，研究文化对经济活动和地域产业的影响；探索地域内不同群体、民族、宗教和社区的文化多样性，理解其差异和相似之处；研究地域文化遗产的保护与传承方式，提出保护措施和政策建议，确保地域文化的可持续发展；等等。

这些任务的完成，将为我们提供一个全面认识和理解地域文化的机会，也为促进文化保护、推动旅游产业发展以及实现社会和经济的可持续发展，提供理论支撑和实践指导。

任务的设定也可以参考下列方式（表1－4），根据课程需要设定几个任务模块，明确考察内容、重点、难点与具体要求，根据教学计划时间长短有选择地进行。考察活动有抓手，才不会走马观花、流于形式。

表1－4　"专业考察"课程任务

| | |
|---|---|
| **任务一：地域文化考察** | |
| 考察内容 | 我国传统文化的主流构成（儒、释、道文化），以及在此基础上派生出的各种艺术表现形式（如绘画、雕塑、书法、戏剧等）；地域文化（根据便利性原则确定一种地域文化进行重点考察）的历史源流、自然景观、艺术人文和民风民俗；地域文化的内涵、特色以及发展变化的脉络。 |
| 重　点 | 中华传统文化的主流构成。 |
| 难　点 | 地域文化的内涵与特色。 |
| 任务要求 | 外出考察前的准备以资料搜集与文献研究为主。宏观上，可以对地域文化的历史源流、自然景观、艺术人文和民风民俗等各方面做全方位的考察，详细了解地域文化的源流、内涵、特色以及发展变化的脉络，感受和体会它的丰厚底蕴和独特风格；微观上，可以根据个人兴趣将一个具体的方面或者艺术专题作为考察的对象。 |
| **任务二：民间美术考察** | |
| 考察内容 | 民间美术与民俗文化的关系；民间美术与历史、人文、地理之间的内在联系；民间美术所呈现的地域文化色彩及其形成原因；不同地区不同的美术样式所表现出来的精神、观念、主题、内涵的异同。 |
| 重　点 | 民间美术的形式及其所呈现的地域文化特征。 |
| 难　点 | 民间美术所蕴含的精神、观念、主题、内涵。 |

| | |
|---|---|
| 任务要求 | 以实地考察为主，根据考察路线安排确定考察重点，综合运用摄影、绘画、录音等资料采集手段，结合观察与访谈，深入挖掘民间美术所蕴含的艺术魅力、汲取创作灵感、发现创作元素，完成考察笔记。<br>考察民间美术的主要形式，如民间剪纸、木版年画、民间木雕、民间玩具、染织刺绣、风筝彩扎、民间傩面具、服装服饰以及民间砖雕、石雕、竹刻、牙角雕、微型果壳雕刻、鼻烟壶等。建议结合专业与设计选题，以考察地区的剪纸、木版年画、雕刻、印染为主要考察对象。 |
| **任务三：古代建筑考察** | |
| 考察内容 | "天人合一"的哲学观念、避凶趋吉的心理诉求以及山水如画的景观理念；中国古代建筑设计型制、结构（屋顶、屋身、阶基）、布局（庭院式与非庭院式、自由随意与轴线对称布局）、木构架建筑体系以及建筑装饰。 |
| 重　点 | 建筑型制、结构、布局、装饰。 |
| 难　点 | "天人合一"的哲学观念在建筑设计中的体现。 |
| 任务要求 | 根据考察路线安排，选择宫殿建筑、坛庙建筑、宗教建筑、园林建筑、民居建筑中的2至3种类型，考察建筑在结构、空间布局、外观设计和装饰设计上的鲜明特色，以及建筑型制、建筑风格、建筑形式、建筑色彩。<br>以实地考察为主，用速写描绘关键部位或整体结构、摄影或短视频记录空间环境，完成考察笔记，并思考如何将这些知识转化并应用于作品创作。 |
| **任务四：民族民俗考察** | |
| 考察内容 | 汉族及少数民族在生产、生活、礼仪、节日、信仰等方面的喜好、风尚传统和禁忌，以及与民族、民俗息息相关的宗教、巫术和神话。 |
| 重　点 | 不同地域汉族的民俗民风、民间工艺。 |
| 难　点 | 少数民族的民俗民风、民间工艺。 |
| 任务要求 | 文献搜集与实地考察相结合，完成考察笔记。<br>一方面要收集和研究民俗文史资料，参观民族、民俗博物馆；另一方面，也要实地考察一些传统风尚至今保存完好的地区和民族，亲自参与当地的民俗活动，通过亲身体验激发创作灵感。 |
| **任务五：文化遗产考察** | |
| 考察内容 | 了解文化遗产的历史背景、文化内涵及传承情况，加深对文化遗产的理解和认同。 |
| 重　点 | 文化遗产的分类、保护方法；文化遗产的数字化传承。 |
| 难　点 | 文化遗产特色分析、文化遗产的数字化。 |
| 任务要求 | 实地考察与博物馆、美术馆考察相结合，撰写考察笔记。<br>中华文化源远流长，文化遗产种类繁多，建议以绘画、雕塑、工艺美术类展品为主，结合毕业设计选题有目的地进行实物考察，也可通过"玩转故宫""数字敦煌"等线上资源进行更广泛的、更深入的探究。 |

| 任务六：市场、行业考察 | |
| --- | --- |
| 考察内容 | 观察行业动态、前沿理念、运营模式，了解数字内容/动画的策划、开发、制作及传播、推广流程，调查专业人才需求现状与岗位要求，了解专业理论、专业技能的应用领域，为毕业求职做好准备。 |
| 重　点 | 数字内容产品策划、开发、制作流程，专业人才需求现状与岗位要求。 |
| 难　点 | 行业动态、前沿理念、运营模式。 |
| 任务要求 | 到相关企事业单位参观或见习，撰写考察笔记。<br>参加行业展会、论坛，通过知名企业网站、公众号等资源了解企业内部部门与岗位设置情况；通过智联招聘、前程无忧、BOSS直聘等网络平台收集专业相关岗位招聘信息，了解人才需求动向与岗位要求。 |

## 三、理论与方法

理论框架是研究过程中用于指导和支撑研究的理论和概念体系。它提供了研究所需的概念、原则、观念和假设，能够帮助研究者在研究过程中提出问题、收集数据、分析和解释结果。理论框架的选择取决于研究的主题、目的和研究领域，并能够提供相关的理论背景和工具来促进研究的深入和全面。一个清晰、完备的理论框架能够确保研究问题的深度、方法的适切性以及研究结果的可解释性和可应用性。

将理论框架引入地域文化考察，可以为我们提供一个理论视角，帮助我们更深入地理解地域文化考察的背景、问题和目标，同时也可以丰富研究的深度和广度。理论框架的选择应根据具体考察的地域和研究问题来确定，以确保能够提供有力的解释和分析工具。

### （一）基础理论

这里的基础理论，是指针对不同专业的地域文化考察具有普遍参考价值的理论，如文化人类学理论、社会学理论、地域研究理论等。

文化人类学是一门研究人类文化的学科，它关注人类社会和文化的各个方面，包括社会组织、经济活动、礼仪习俗、艺术表现、语言交流等。其研究的核心是理解和解释人类行为的社会和文化背景，以及文化是如何塑造个体和社会的。文化人类学通过深入研究人类文化的各个层面，提供对人类行为和社会现象的独特视角，为人们更好地理解和应对多样化的社会和文化挑战提供重要的理论基础和实践指导。常用的文化人类学理论包括文化相对论、文化认同理论、文化生态学等，可以帮助我们更加深入地了解当地的文化、社会生活和人际交往，提升对地域文化的认识和理解能力。

社会学是研究社会行为、社会关系和社会结构的学科。它关注社会的组织、变迁和影响，以及个人在社会中的角色和行为。社会学致力于理解社会的各个方面，包括社会组织、社会交往、社会结构、社会变迁、社会平等，等等。常用的社会学理论，如社会结构理论、社会化理论、符号互动主义理论等，可以帮助我们从社会学的视角去理解地域文化的社会结构、社会化过程、多样性和符号交流等方面，深入分析和解读地域文化的社会背景和动态，更好地理解社会现象和个体经验。

地域研究理论包括地理学、区域研究和区域发展等学科的理论框架。该理论视角关注地理环境、地域特征和地方发展对文化的影响。从地域研究的角度，我们可以了解地域的地形地貌、气候环境、资源分布等因素如何塑造了被考察地区的文化。常用的地域研究理论，如区位理论、区域比较研究理论、空间分析研究理论、人文地理学等，可以帮助我们深入了解当地社会和文化现象，挖掘当地的文化特色和优势，同时通过系统的研究和分析，促进地域文化更好地传承和发展。

## （二）专业理论

扩充专业理论框架的目的是进一步强化对专业理论体系的理解。这将有助于我们以更专业的视角分析作品的内涵和创作背后的动机，同时也能够引导专业实践和创新探索。

专业理论框架可以结合专业所在学科以及专业本身的性质而设定。如：美术学理论能够提供对艺术作品进行分析和解读的方法和工具，帮助我们深入理解地域文化的视觉表达和艺术特征，进而更好地将地域文化融入设计和创作中，丰富地域文化的表达和传承。设计学理论能够帮助我们深入理解设计的本质和原理，建立以创新为导向的问题解决方法和思考方式，指导设计过程和实践，提高设计品质和创新能力，从而在设计中充分体现地域特色和文化价值。

数字媒体艺术、数字媒体技术、动画等专业涉及跨学科的研究和实践，涵盖了丰富的理论知识，主要包括以下几个方面：

首先，在艺术理论基础方面，美学原理为这些专业提供了形式美法则和审美心理的指导，帮助我们创作出具有高度美感的作品。艺术史的学习则让我们了解不同时期的艺术风格和流派，从中汲取灵感并为创新奠定基础。设计理论如色彩理论和构图原则等，在视觉设计和界面设计中起着关键作用。

其次，数字媒体理论在这些专业中占据重要地位。数字影像理论涵盖影像的拍摄、剪辑和特效制作，使我们掌握影像创作的全过程。交互设计理论聚焦用户与数字产品的交互方式和体验，强调用户需求分析和界面设计原则。游戏设计理论涉及游戏策划、关卡设计、角色设计等多个方面，同时深入研究游戏心理学和游戏可玩性。虚拟现实与增强现实理论探索这两种前沿技术的原理、应用场景和设计方法。

再者，数字媒体技术理论为专业实践提供了技术支持。计算机图形学研究如何在计算机上生成、处理和显示图形图像，包括二维和三维图形的绘制与渲染。数字音频技术包括音频的采集、处理、编码和解码等知识。数字视频技术涉及视频的采集、压缩、编辑和播放，以及视频编码标准和流媒体技术。动画技术涵盖二维和三维动画的制作原理和方法。游戏开发技术要求掌握游戏引擎的使用和游戏开发的流程，涉及游戏物理引擎、人工智能等技术。

此外，这些专业还涉及传播学与文化理论。传播理论帮助我们理解信息传播的过程和效果，掌握数字媒体在传播中的作用和影响。文化研究则探讨数字媒体与文化的关系，包括数字文化的特点、发展趋势和社会影响。

（三）研究方法

研究方法是科学和学术研究中用以系统地收集数据、分析信息和得出结论的标准化流程，它决定了研究者如何去寻找答案并解决研究问题或假设。在选择适当的研究方法时，研究者需要考虑问题的性质、研究目标、可获得资源、所期望的数据类型和分析方式，以及研究范式①和方法论的要求。目前，在艺术学科领域的研究实践中，对于概念和理论的应用，以及具体研究方法的使用，都存在着一定程度上的模糊性和随意性。因此，艺术学科的研究方法，可以参照哲学和社会科学领域的研究方法，从方法论、研究方式、具体方法与技术手段这四个层面加以探讨。②

方法论是一种涵盖研究理念、原则、规则以及数据收集和分析过程的综合性体系，它描述了研究的逻辑和哲学基础，以及如何选择和应用特定的研究方法和技术。研究方式是指贯穿于整个研究过程的程序和操作方式，关注的是研

---

① 美国社会哲学家托马斯·库恩在《科学革命的结构》一书中提出研究"范式"的概念。库恩认为，"范式"是一个科学共同体成员所共有的东西，包括共有的信念、价值、技术。

② 夏燕靖等：《艺术学学术规范与方法论研究》，南京大学出版社 2021 年版，第 55～56 页。

究的整体取向和策略，涉及对研究问题的整体框架的确定，以及选择收集和分析数据的主要方法的决策。常见的研究方式包括实证研究、理论研究、实践研究、历史研究、比较研究等。具体研究方法则是指在研究工作的各个阶段中使用的具体方法和技术手段，包括资料收集方法和资料分析方法等，如问卷调查、访谈、焦点小组、实验、文献回顾、观察、案例研究等。

每种研究方法都有其特定的适用范围和优势，研究者应根据其研究的目的、问题、背景和资源选择最合适的方法。地域文化考察既包含对地域文化现象的观察与发现，更包含对文化背后深层次社会结构和文化动态的探究，往往需要结合不同学科的研究方法。我们将在第三章和第四章展开介绍地域文化考察中常用的方法和工具。

## 四、过程与实施

地域文化考察主要分为三个阶段进行（图1-2）。

图1-2 地域文化考察的三个阶段

### （一）准备工作阶段

在考察正式开始之前，需要进行充分的准备工作，包括确定研究的地域范围和目标、收集相关的历史文献和调研资料、制订研究计划和时间安排等。根据考察任务的设定，确定是否提前与相关机构、专家和当地居民建立联系，以确保考察工作的顺利进行。

· 目标设定与规划：明确考察的目的、目标和预期成果；制订详细的考察计划，包括时间表、地点选择、团队组成、资源需求等。

· 前期研究：收集和研究有关地域的历史、文化背景资料，了解相关的社会、经济和政治情况。

·实地考察前的培训：对参与考察的成员进行必要的文化敏感性和地域知识培训，介绍研究方法和技能，如观察法、访谈法、记录法等。

·行程和物资准备：安排行程，准备必要的物资设备，如考察工具、记录设备，以及紧急情况下所需的医疗用品等。

（二）实地考察阶段

实地考察是地域文化研究的核心环节，通过实地走访和观察，收集有关地域文化的信息和数据。包括参观当地的博物馆、艺术展览、古迹等，与当地的居民进行交流和访谈，了解他们的生活方式、价值观念和传统习俗。

·实地考察：根据计划到指定地域进行现场的考察活动，包括观察、采访、摄影、录音等，以收集一手资料。

·数据收集：记录观察到的事物，如风土人情、生活方式、仪式活动等，并通过交谈与访谈形式与当地居民互动，获取更深入的信息。

·日常交流与反思：每日团队成员之间进行汇总交流，彼此分享所观察和学习到的内容，并进行初步的分析反思。

（三）整理分析阶段

在整理分析阶段，研究人员对收集到的考察数据进行整理和分析，以提炼出有关地域文化的重要信息和发现。包括整理考察笔记和照片、整合口头访谈和调查问卷的数据，进行分类和归纳。然后，通过对数据的深入研究和分析，总结归纳地域文化的特点、历史演变和社会影响，并给出相应的结论和建议。

·资料整理：返回工作或学习地点后，对收集的数据和资料进行分类整理。

·数据分析：运用合适的研究方法分析整理后的数据，得到研究结果。

·报告撰写：编写考察报告，对考察过程、发现和研究成果进行详尽叙述。

·成果分享与讨论：在团队内部或对外分享研究成果，邀请评议和讨论，进一步提炼和深化对地域文化的理解和认识。

·总结与应用：总结考察的主要成果，并探讨其对当地社区、相关学科研究或政策制定的影响和应用价值；将考察成果和经验反馈到今后的教育和研究中，包括提出建议和改进建议。

## 思考与练习

1. 简述地域文化的概念，并说明其与文化、地域的关系。

2. 阐述地域文化的内涵，以及你对这些内涵的理解。

3. 地域文化的类型划分标准有哪些？请举例说明。

4. 请结合具体的地域文化实例，论述其地域性特征是如何在该地域的文化传统、社会习俗和价值观念中体现的。

5. 地域文化的表现形式包括方言、饮食、服饰、艺术、习俗和节庆等，请选择其中一种表现形式，说明它如何承载地域特有的文化内涵。

6. 结合课程学习目标，制订一份初步的地域文化考察计划，包括各个阶段的具体任务、时间安排和所需资源。

## 第二章

# 地域文化考察的内容

## 本章导览

地域文化考察的内容多种多样，宏观和微观的考察方式相辅相成。宏观方式上，可以对一方地域文化的历史源流、自然景观、艺术人文和民风民俗等各方面做全方位的考察，详细了解一个地域文化的源流、内涵、特色及发展脉络，感受和体会其丰厚底蕴和独特风格。微观方式上，可以选择一个具体的方面或艺术专题进行考察，如深入探究蒙古族的"摔跤节"、彝族的"火把节"、傣族的"泼水节"、土家族的"赶年"习俗等民俗活动，了解其举办背景、意义和传承情况，或者选择研究民间美术、古代建筑、明清园林等艺术领域，以挖掘地域文化中独特的艺术表达形式和特点。

本章主要从宏观层面对代表性地域文化进行系统梳理，涵盖历史人文、民间美术、古代建筑、民族民俗、文化遗产五大核心领域。在探讨每一领域时，将结合微观层面的具体实例，进行深入介绍与分析，以促进读者对地域文化丰富内涵的深刻理解和全面把握。

## 第一节　历史人文

地域文化考察中，历史人文方面的内容主要是指一个地区在漫长历史发展中形成的丰富文化遗产和人文传统。它包含了历史遗迹与建筑物的艺术风格、宗教信仰与哲学思想、文学创作与方言、艺术作品与手工技艺、饮食文化与民间习俗、教育体系与科技进步，以及对历史名人和重大事件的记载。这些方面相互交织，不仅展现了一个地区的历史面貌和社会发展，而且也深刻影响了当地居民的生活方式、价值观念和社会关系。

探索一方地域的历史人文风貌需采用多种方法，包括深入文献研究以了解历史背景，实地考察历史遗迹和博物馆以观察物质文化，参与地方的社会活动以体验文化氛围，与当地居民进行交流以收集一手信息，参加学术活动以丰富专业知识，并亲身进行文化体验。最终，对收集到的资料进行整理和分析，形成对地域文化的综合理解，为文化交流、文化保护和文化传承提供重要的依据和指导。下面以关东文化、燕赵文化、秦晋文化、荆楚文化为例，依照由北向南的地理分布，分别介绍其历史渊源与人文概貌，以便从总体上获得对中国地域文化多样性与独特性的初步认识和深刻理解。

## 一、关东文化

当人们追溯中华文明起源时，常以黄河为源头，以炎黄为始祖。诚然，黄河是中华文明的伟大摇篮，她以博大的胸怀，吸收了无尽的文化营养，积淀成中华文化。但是，我们也应看到，在其他地方，也有中华文明的重要组成部分，关东文化便是其一。所谓关东，简单地说，是指今河北与辽宁临界的"天下第一关"山海关以东的地方，概指中国东北地区，以山海关为界，则有关内、关外之别。东北地处东北亚中心地带，多民族混居，形成了与中原既相联系又相区别的关东文化。她以刚健、壁立千仞的气概崛起于东北，同其他地区异彩纷呈的文化交相辉映。①

（一）历史渊源

在数千年的历史演变中，东北地区的名称经历了多次变化。"关东"概念产生于明朝修建山海关之后，盛行于明清并延及民国时期，如今"关东"概念已经深入人心。

实际上，在"关东"地理概念形成以前，东北地区就有历史悠久、源远流长的文化传统，向前可以追溯到先秦时期，为方便指称，我们姑且将其统称为"关东文化"。先秦时期，是关东文化萌芽与诞育的时期，其南部的农业经济文化与北部的渔猎、游牧文化并立，与中原地区的黄河文化平行发展。秦汉至魏晋时期，是关东文化形成与发展的时期。秦汉时期，长城外的诸多民族如乌桓、鲜卑等也纷纷崛起，相继登上历史舞台。至汉晋之际，中原动荡，形成

---

① 参见李治亭：《关东文化论》，《社会科学战线》1993 年第 1 期，第 209～211 页。

"五胡十六国"局面，民族融合加速。在后续的隋唐及辽金元等朝代，东北地区的繁荣空前，经济和文化等方面影响深远。与此同时，东北各民族政权相继问鼎中原，政权嬗变，推动了关东文化的进一步发展与传播，孕育出独具特色的文化体系。

明清时期，关东地区的文化发展呈现出复杂多样的格局。尽管辽东长期处于军事氛围之中，但其经济和文化依然保持了相对繁荣的状态。辽东以外，女真人、蒙古人居住的辽阔地带，文化则相对落后，而黑龙江、乌苏里江流域甚至还处在部落联盟和早期等级制度社会阶段。随着明末努尔哈赤的崛起和清朝的建立，"关东"一词逐渐开始专指今天的中国东北。清军入关后，为维护"龙兴之地"，采取了严格的封禁政策，导致关东地区人烟稀少。边疆危机的加深迫使清朝开禁，中原和其他地区的大批移民涌入东北，形成了文化和人才的大规模交流，"关东"一称更加深入人心，成为人们的习惯用语。

至民国初年，中国政局巨变，关东地区成为列强争夺的对象，经历了日俄等国的半殖民统治，并受到西方文化的影响。新中国成立后，受到工业化的推动与集体化生活的塑造，关东文化体现出鲜明的时代特色，在改革开放后又迎来市场经济和文化产业的繁荣，见证了传统艺术的复兴以及新兴文化形式的涌现。可以说，从远古至今，东北地区的历史就是一部人民不断融合、不断发展、不断迁徙的历史。如今的关东文化已经由传统向现代转型，展现出复杂的文化层次和丰富的地域特征。

(二) 文化风貌

马克思主义认为，作为观念形态的文化，都是一定时代经济发展的产物。从生产方式看，关东地区则有农耕、游牧、渔（射）猎，以及农牧相结合等多种经济形态。反映在文化上，与其经济状况相适应，则有农业文化、草原文化、渔猎文化及农牧兼有的混合型文化。关东文化的多样与多层次，构成了她极其丰富的内涵。就其文化风格而言，较之中原或江南文化，独具风范。关东诸民族大多生活在草原、山林地带，气候寒冷，为了生存，不得不同严酷的大自然做艰苦的斗争。这种艰难的生活环境造就了他们粗犷剽悍、质朴豪爽的民族气质和品格，反映在文化上，也形成一种雄健磊落、慷慨激昂而悲壮的格调，洋溢着积极向上、开拓进取的乐观精神。[①]

就民族与文化发展的历史来看，关东文化在相当长的一段时期内，是以少

---

① 参见李治亭：《关东文化论》，《社会科学战线》1993 年第 1 期，第 215～216 页。

数民族（尤其是满族及其前身）文化占主导地位的。清朝以后，汉族人口迁徙到关东地区的规模逐渐增大，对该地区的文化和人口构成产生了重大影响，汉族逐渐成为这里的主体民族，满族则星散其间。在其西部大兴安岭地区，同时还分布着达斡尔族、鄂伦春族和鄂温克族等以狩猎为主、兼营农业的少数民族；在东部长白山区有朝鲜族；在东北部三江平原有我国唯一以捕鱼为主并使用狗拉雪橇的赫哲族。因此，从民族分布与文化现状看，关东文化属于以汉族文化占主导、兼容少数民族文化的多元文化复合区。

关东各民族文化中，无不存在显著的宗教印记：汉族人多信佛教，而少数民族则保留了萨满教传统。萨满教是一种原始宗教，在漫长的古代，曾广泛流传于关东及毗邻的西伯利亚一带。其基本观念是，确信灵魂不死，在人世间之外还存在鬼神。在古代，各氏族都拥有自己的保护神及其他神灵，谁拥有的神灵越多，谁的势力就越大，因而形成了庞杂的多神信仰体系。萨满教蕴含在这些民族的日常生活如礼仪、祭祀、神谕、传说及生产活动的各方面。从某种意义上说，关东少数民族文化可归为萨满文化。①

关东地区丰富的文化遗产承载着关东地区的历史、人文和艺术价值。世界建筑文化遗产——沈阳故宫，又称盛京皇宫，为清朝初期的皇宫，始建于清太祖天命十年（1625年），建成于清崇德元年（1636年），是中国保存完好的两座古代宫殿建筑群之一，也是中国关外规模最大的皇家建筑群。沈阳故宫在建筑艺术上承袭了中国古代建筑传统，集汉族、满族、蒙古族建筑艺术为一体，具有很高的历史和艺术价值。

> **◉ 知识链接**
>
> 　　　　　
>
> 　沈阳故宫博物院官网　　　沈阳故宫博物院：智慧故宫

在关东地区的多元文化背景下，艺术也呈现出丰富多样的特点。各民族的文化和宗教信仰对关东地区的艺术发展产生了重要影响。东北秧歌形式诙谐，风格独特，广袤的黑土地赋予它纯朴而豪放的灵性和风情，融泼辣、幽默、文静、稳重于一体，将东北人民热情质朴、刚柔并济的性格特征表现得淋漓尽

---

① 李治亭：《关东文化论》，《社会科学战线》1993年第1期，第215～216页。

致。"二人转"曲调细腻，唱腔优美，唱词诙谐幽默，富有生活气息，集中反映了东北民歌、民间舞蹈和口头文学的精华，具有浓郁的地方色彩。此外，在关东地区的少数民族文化中，也有独特的艺术表现形式，如满族的传统舞蹈和音乐展现了他们对大自然的敬畏和崇拜，赫哲族则以独特的舞蹈和音乐表达了他们对捕鱼生活的热爱。

总的来说，关东地区的多元文化和民族特色为艺术创作提供了丰厚的土壤。不同的民族与宗教信仰相融合，形成独特的艺术风格和表现形式。这种多样性和深厚的文化底蕴使得关东地区的艺术独具魅力，为世人所称赞和喜爱。

## 二、燕赵文化

在我国悠久的历史发展进程中，燕赵文化以其丰富的历史内涵和精神特质，为中华民族的进步和中华文化的繁荣提供着滋养，成为其持续发展不可或缺的内在因素。韩愈所谓"燕赵古称多感慨悲歌之士"，便生动地概括了燕赵文化对人们思想性格所产生的巨大作用。今天，我们在开创社会主义经济建设、政治建设、文化建设和社会建设新局面的过程中，借鉴燕赵文化的丰富资源，弘扬燕赵文化的优良传统，具有十分重要的意义①。

### （一）历史渊源

燕赵文化是产生于古燕赵区域的一种地域文化，其地域范围包括北起今辽宁西部、南部，南至黄河，西起山西东部和北部，东至渤海的广大地区。河北地属春秋战国时期的燕国和赵国，其省界大体位于燕、赵二国疆界之内，故有"燕赵"之称。因此，今天讲"燕赵文化"，泛指古燕赵文化在河北区域内的继承和发展。

河北是中华民族的发祥地之一，早在五千多年前，黄帝、炎帝和蚩尤就在这里经历了征战，开创了中华文明的历史。在《尚书·禹贡》里，全国被划分为九州，河北属于冀州，因此如今河北又被简称为"冀"。春秋战国时期，战国七雄之一的赵国定都邯郸，经历了数百年的兴衰荣辱，而战国七雄之一的燕国则坐镇河北北部，演绎了又一段辉煌的历史。

燕、赵并称是在战国时期，这一时期，燕赵文化的风格特征发展成熟，趋

---

① 白玉民：《燕赵文化及其现代文明意义初探》，《河北师范大学学报（哲学社会科学版）》2006年第3期，第19页。

于定型，但其发端则远在战国以前。赵国由晋国分出，而晋国则是西周初年的同姓封国。赵国与魏国、韩国合称"三晋"，虽非姬姓，但其文化渊源主要来自周晋。燕国在西周初年时有召公奭受封，自司马迁作《燕召公世家》以后，普遍将燕国的历史溯源到西周初年。

从考古方面看，燕赵地区的旧石器时代文化遗址，早期的有周口店北京人和泥河湾遗址，晚期的有北京山顶洞人遗址。新石器时代有北京市门头沟区东胡林人遗址；仰韶文化遗址和龙山文化遗址自北而南分布，在北京、涿鹿、蔚县、曲阳、平山、正定、石家庄、邢台、永年、邯郸、磁县都有遗存。

燕赵文化源于勇武尚侠，"侠"是相对于"仕"的一种价值取向，也是中国文化中十分重要的组成部分。由"侠"形成了燕赵地区独特的文化特征，其中最为突出的是慷慨悲歌和尚侠任气。这一文化特征在战国时期发展成熟，隋唐时期仍然为人们所称道，直至明清时期影响依然延续，前后两千余年，形成了一种悠久而稳定的传统。

## （二）文化风貌

燕赵大地广袤的土地和悠久的历史孕育了绚丽多彩的文化和民间艺术，如底蕴深厚的古代建筑文化、慷慨悲歌的古典音乐戏曲、别具一格的雕塑书画艺术、个性鲜明的燕赵古代文学等。

河北历史久远，远古时期就有人类活动。长期以来，遗留在燕赵大地的众多古建筑、人类遗址、陵墓祠堂具有很强的文化价值、审美价值、历史考古价值和实用价值，体现出博大精深的燕赵文化特色。如磁山文化遗址、赵王城遗址、邺城遗址、承德避暑山庄、赵州桥、清西陵、清东陵等。其中，邺城遗址是我国著名的古城遗址，分为南北两个城区，北城为曹操于东汉建安九年（204年）营建，南城则是东魏高欢所建。目前遗址大部分已不存，但地面上仍保留着铜雀台和金凤台两处遗迹。铜雀台留下了"铜雀春深锁二乔"的文学想象，这代表了以"三曹"为代表的建安文学在历史上的繁荣。

荆轲刺秦王时，与燕太子丹在易水送别，高渐离击筑，荆轲作歌。史称荆轲为变徵之声，复为羽声，悲歌慷慨，士皆瞋目，发上冲冠。在宫、商、角、徵、羽五音中，羽音最高，徵在其次，可知慷慨悲歌是一种音调高亢、情绪悲凉壮烈的曲调。在汉代乐府歌辞中，有《燕歌行》《出自蓟北门行》《幽州马客吟》《邯郸少年行》等曲目，多以边塞、军旅、豪侠、远别为题材，反映出燕赵地域文化和音乐上的特点。

河北曾是金元杂剧盛行的地区，地方曲艺丰富多样，有乐亭大鼓、高邑腰鼓、快板书等，其中评剧影响最大。评剧起源于冀东，在冀东民间演唱艺术"莲花落"的基础上，吸收东北"二人转"的形式和唱法，形成"平腔"，后在梆子、京剧等艺术形式的影响下，诞生了新的剧种"平腔梆子"，又经过"唐山落子"和"奉天落子"两个发展、补充阶段，于1924年定型为评剧。评剧描写民间故事，歌颂人民品格，用白话的唱腔表达群众最质朴的情感，是中国历史悠久、群众基础广泛的传统剧种之一。

古燕赵大地孕育了具有深厚文化内涵的艺术形式，在对宗教文化的解读中，将佛教、道教以及民间神话传说等通过建筑雕花、陶瓷绘画、石刻书法等形式展现出来，如"曲阳石雕"渗透着燕赵文化之性灵。其中，以响堂山石窟为代表的北齐石窟文化，是中国佛教雕刻艺术的宝藏，这里有世界上最大的摩崖刻经群，代表着北朝时期佛教发展的最高成就。

> **◯ 知识链接**
>
>
>
> 【新闻直播间】
> 河北邯郸：品千年磁韵，赏北齐石窟，
> 过历史文化假期
> （央视网）

燕赵文学在整个中国文学史中占有重要位置，具有明显的地域风格，"慷慨悲歌、尚侠任气"构成了燕赵文学的底色。自上古传说时代的炎黄阪泉之战，慷慨悲歌的燕赵文化精神就已初具形态。荆轲高唱《易水歌》，仅仅两句，承载着远远超越文字本身的情感和意义容量，成就了慷慨悲凉、视死如归的英雄侠义精神，凝结为一种可以引起强烈共鸣的意象，成为燕赵文化精神定型的标志。以"三曹"为代表的建安文学，以其永恒的艺术魅力和"慷慨激昂""清峻通脱"的艺术表现手法，为后世文坛注入了朝气和生机。以高适、李颀为代表的盛唐边塞诗人，将追求不朽功名的高昂意气与直面冷峻现实的悲慨相结合，体现出一种慷慨悲壮之美。

## 三、秦晋文化

秦晋文化依托黄土高原，其范围西起河西走廊，东抵太行山脉，北以长城为界，南至秦岭山脉，在行政区域上主要包括今陕西、山西两省。该地域历史悠久，人文荟萃，拥有丰厚的历史文化遗产，是中华民族光辉灿烂的古代文明的发祥地之一。从先秦至北宋，秦晋两地形成了密切而复杂的地域关系，古文献中秦、晋并称，正是这种地域关系的体现。

### （一）三秦文化

陕西是中国古代文化的重要源头之一。历史上，周、秦、汉、唐等多个政权相继在这里建都立国，不仅创造了璀璨闪耀、厚重深远的历史文明，而且留下了灿烂独特、远播世界的多彩文化。《三辅黄图》中记载着"项籍灭秦，分其地为三"，由此有了"三秦"之称。[①] 今日，"三秦"泛指陕西关中、陕北、陕南三个区域，也是陕西的代称。

三秦文化是基于"三秦"之称衍生出来的一个历史的、传统的地域文化概念，有其自身形成、发展和演变过程。三秦文化根植于三秦大地，历经千年，弥久不衰，是中华文明的重要组成部分。三秦文化的脉络和内涵，融会并贯穿于中国历史发展的各个阶段。

在"三秦"地理概念形成以前，早在周秦时期，这里的文化便开始成形。周秦时期的文化既是中国传统文化的重要渊源，又是三秦文化的直接来源，其中"周礼"是让中华成为礼仪之邦的儒家文化基础，"秦制"奠定了中央集权大一统的制度格局。汉唐时期是三秦文化的鼎盛时期，这一时期的长安或关中，经济繁荣，人文荟萃，是全国经济、政治、文化、交通的中心，也是中原和西域文化交流的重镇与要冲。古代三秦文化的衰落从宋元开始。随着经济、政治中心向东以及东南方向转移，沟通中原和西域的交通要道也向东南沿海转移，因此三秦文化逐渐走向衰落。但北宋以张载为代表的"关学"，仍是宋明理学的重要组成部分。明清时期由于关中失去了全国政治、经济、文化的中心地位，三秦文化走入低谷，但是关中书院依然人才辈出。[②]

三秦文化在自身发展、演变的过程中，显示出诸多优良传统和思想特征。中国传统文化的基本特征之一是"天人合一"，正是在这种精神的鼓舞下，三秦父老生生不息，砥砺奋进，创造着自己的灿烂文化。三秦文化发展的前期，明显地表现出开放性和积极性；明清以后，由于经济、政治中心的转移，三秦文化逐渐走向了保守与封闭。

三秦文化的内涵极为丰富。从历史文化来看，陕西历史悠远，古迹众多，地上地下的文物数不胜数；就革命文化来看，陕西孕育了丰富的红色文化资源，延安、照金已经成为革命历史教育的文化圣地；就民俗文化来看，陕西在

---

① 陈军川等：《三秦文化概论》，西北大学出版社 2019 年版，序言。
② 参见鲁鹏：《三秦文化的历史发源及特性》，《兰州学刊》2011 年第 2 期，第 222～223 页。

历史的长河中创造并形成了诸如"陕西八大怪"等具有地域特色和民族特色的民风民俗；从自然文化来看，陕西的自然文化丰富多彩，"华夏故都、山水之城"，在质朴中藏着博大；从宗教文化来看，陕西是中国重要的宗教文化地区，佛教、道教、伊斯兰教等众多宗教和谐共存。无论是对有形还是无形的文化资源，三秦文化都在融会本土文化的基础上，将外来的文化元素转化吸纳为自己的养分，总体呈现兼容并包、多元开放的格局。①

三秦文化的绘画艺术也源远流长，从史前的半坡彩绘到唐宋名人名画，再到当今长安画派，从工整细腻的宫廷绘画到粗犷豪放的民间绘画，形成了与中国主流文化难以隔断的传统，以及颇具有地域文化特色的艺术风格。

### （二）三晋文化

战国时期韩、赵、魏的开国者均系晋国国卿，故称韩国、赵国、魏国为"三晋"。《商君书·徕民》称："秦之所与邻者，三晋也。"《战国策·赵策》谓："三晋合而秦弱，三晋离而秦强。"当时的"三晋"疆域，远远超过现今山西省。自从北魏王遵业的《三晋记》以及稍晚的《三晋山险记》两种地方志书出现后，"三晋"便成为山西的代称。② 三晋文化是山西大地自古以来人们外显行为与内在思想的折射，是山西的物质文化与精神文化的总和。其内涵丰富，底蕴深厚，是我国富有特色的地域文化之一。

三晋文化脉络清晰，框架完整，文明进程从未间断。三晋文化的渊源，可上溯到殷周之际。西周初年，周王朝为巩固其统治，实行宗法分封。晋国就是在分封的大潮中建立起来的一个国家。初封时的晋国，只是"方百里"的弹丸之地，地域狭小，国库不实，周边环境复杂。春秋时期，献公、文公父子两代不断开拓进取，奋发图强，使晋国一跃而为"尊王攘夷"的强国。战国时期，晋国　分为三，由韩、赵、魏取代。至此，三晋文化体系基本形成。自魏晋南北朝至隋唐，山西在多个时期曾是北方的重要中心，其政治、军事地位显赫；北宋以后，随着全国政治中心东移，山西逐渐转为区域性中心。

植根于黄土地、由黄河水哺育成长的三晋文化，源远流长，博大精深，是中华文化的重要组成部分。由于地理环境与历史背景的原因，它又不同于齐鲁、吴越等文化，而有其自身的特质。简单来说，三晋文化有四个特点：一是融合了不同民族的元素，充满了多样性；二是包容各种文化，抱持开放的态

---

① 陈军川等：《三秦文化概论》，西北大学出版社 2019 年版，第 18 页。
② 刘纬毅：《中华地域文化大系·三晋文化》，山西教育出版社 2006 年版，第 3 页。

度；三是不同城市、地区之间的差异很大，各有特色；四是注重实际、重视基础，不事虚华。三晋文化中，儒家思想始终占主导地位，但佛教蕴藏的智慧和对宇宙、人生的洞察，道家主张的少私寡欲、清静无为等思想，也有深刻而广泛的影响，形成了儒、释、道兼容的恢宏气势。此外，民间信仰也十分盛行。为了避灾祈福、摆脱困苦，或者寻找精神寄托，人们在乡间修建了各种巫神小庙和崇敬先贤的庙宇以供祈祷，如河神庙、山神庙、风神庙、雷公庙、介子推庙、关公庙等。特别是关公庙，遍布城乡，播及海外，形成辐射力很强的关公文化①。

三晋大地是华夏文化起源的中心区域之一，人们长期在这里生息繁衍、生产生活，遗留下许多丰富的物质文化财富。三晋大地的古建筑艺术以其独特的风貌和丰富的历史文化内涵而闻名，其精湛的工艺和优美的造型展现了中国传统建筑的精髓。中国今存的几座完整的唐朝木结构殿堂都在山西，如五台山南禅寺正殿、佛光寺东大殿，芮城广仁王庙正殿，平顺天台庵正殿。宋、辽、金、元时期，山西的建筑艺术最为辉煌，代表建筑有大同善化寺及华严寺、洪洞广胜寺、芮城永乐宫等。山西也是国内寺观彩塑最多的省份之一。这些彩塑作品通常选材于佛教经典故事，以精美的细节和逼真的形象塑造，展示了佛教教义和文化的深度内涵。其中保存于五台山佛光寺的东大殿、南禅寺大殿以及晋城的青莲寺等处的唐朝彩塑，造像庄重丰满、神形俱佳，极富时代特征。山西的石窟艺术成就非常突出，如云冈石窟、龙山石窟、天龙山石窟等，具有极高的艺术价值。其中，融合了中原文化和西域文化精华的云冈石窟，雕塑艺术风格独具特色，不但对孝文帝迁都后开凿的洛阳龙门石窟造像有直接影响，更远及敦煌北魏石窟，为隋唐以后中国雕刻艺术的发展增添了活力。

山西音乐的发展也比较早。其戏曲艺术以其悠久的历史、丰富的剧种，居全国首位，现主要存有晋剧、蒲剧、上党梆子和北路梆子四大剧种。其中晋剧是山西省的代表性剧种，旋律婉转流畅，曲调优美、圆润亲切，道白清晰，具有晋中地区浓郁的乡土气息和独特风格。山西民歌题材广泛，内容深刻，涉及社会生活的方方面面。如晋西北的"山曲"、太行山的"开花调"等，都是劳动人民在山间田野或崖畔场院传唱的短歌，形式短小，格律自由，感情真挚。

## 四、荆楚文化

荆楚文化指的是自春秋战国以来，两湖平原经过相对漫长而持续的文化交

---

① 参见刘纬毅：《中华地域文化大系·三晋文化》，山西教育出版社 2006 年版，第 12～16 页。

流、融合过程，逐渐形成的一种地域文化，其地域范畴大体与现今所说的长江中游地区相当。作为中国传统文化的一脉、南方文化的典型代表，荆楚文化的基本精神和特点被概括为开放、兼容、进取、自强不息、富有浪漫主义特色和多元价值取向，其形成经历了一个漫长的碰撞与艰难的融合过程。[①]

## （一）历史渊源

湖北位于长江中游、洞庭湖之北，故名"湖北"。今湖北，春秋战国时是楚国的辖地，汉代时属于荆州，宋代设荆湖北路，"湖北"之名始见于此。元代时，湖北属于湖广行中书省，清朝初期又将湖广划分为湖北和湖南两个省份。因历史上武昌长期为鄂州治所，故湖北简称"鄂"。同时，由于湖北地区盛产一种叫作"荆"的植物，因此也常被称为"荆楚"。《说文解字·木部》中解释："楚，丛木，一名荆也。"李时珍《本草纲目》中记载："古者刑杖以荆，故字从刑。其生成丛而疏爽，故又谓之楚……荆楚之地，因多产此而名也。"

荆楚文化作为一种多元性的典型地域文化，在楚人长期的社会生活实践过程中，承袭本土文化，吸收中原文化因素，并在此基础上融合、沉淀、发展、创新，逐步形成了特色鲜明的精神特质与文化特色。早在东周时期，见于记载的除了楚族外，还有汉阳诸姬、群蛮、濮、巴、杨、越等族属。六朝以后，诸多少数民族与汉族逐渐融合，形成今日湖北的多民族构成，包括土家族、苗族等。历史上，荆楚地区多次迎来移民，这种不同民族和不同地域文化的碰撞，使得荆楚文化呈现出包容和开放特征，激发了楚人独立创新的进取精神。在此过程中，荆楚地区在相当长的一段时间里是跟不上中原发展步伐的。西周初期楚国受封后，才奋起直追。那个时代，荆楚文化与中原文化还处于碰撞和融合的阶段，诸侯国间的激烈争斗，激发了楚人自强进取的精神。到秦汉以后，楚人的自强进取精神成为荆楚文化中的优良传统，代代传扬。近代不断加深的民族危机，激发了荆楚人更加强烈的民族责任感和时代使命感，他们勇于变革，努力创新，敢为人先，充分发扬自强进取的精神。无论是洋务运动的启蒙，还是新民主主义的建设，荆楚人都以自己的行动证明了他们的自强进取精神。

## （二）文化风貌

荆楚文化是我国传统文化的重要组成部分，拥有悠久的历史传统和独特的地域特色，蕴含着丰富的文化内涵。有学者提出，北方中原文化尊奉黄帝，崇

---

①　参见冯俊伶：《地域文化与旅游》，重庆大学出版社 2012 年版，第 107～108 页。

拜龙，以儒、法两家为代表，形成现实主义传统；南方荆楚文化则是尊奉炎帝，崇拜凤，以道家为代表，形成浪漫主义传统。北方中原文化是雄浑与严谨，而南方荆楚文化则是灵动与清奇。[①] 漫长的岁月在这片古老而神秘的土地上积累了辉煌的建筑文化、青铜文化、漆器文化、丝织刺绣、文学艺术、音乐艺术等，形成了独具特色的荆楚文化资源。

荆楚大地留存着许多具有重要文化价值、审美价值和历史考古价值的古建筑和古迹，无一不展现着深厚的荆楚文化特色。荆楚的建筑艺术包括古城池、寺庙、楼阁、陵墓等多种类型，融汇了中国传统文化的精髓。荆楚的人类文化遗址历史悠久，价值极高，有荆州鸡公山旧石器时代遗址、屈家岭新石器时代遗址、盘龙城商代遗址、铜绿古铜矿西周至汉代矿冶遗址等。其中屈家岭文化广泛分布于湖北境内的江汉平原、西北山地和豫西南地区，具有浓郁的地方色彩。荆楚还有许多历史文化名城，如荆州古城、汉阳古城、襄阳古城、随州古城。其中，荆州古城是我国历史上的名城重镇，地理位置重要，水陆交通便捷，历代都是兵家必争之地。荆楚大地的古帝王陵寝和古墓葬也别具特色，其中最著名的是钟祥市的明显陵。钟祥在春秋时期称为郊郢，是楚国的陪都。明朝时，它是全国三大直辖府之一承天府的所在地，被誉为"大地博物馆"。明显陵是中南六省唯一明代帝王陵，也是我国数千年历史中最有特色的帝王陵寝之一。荆楚地区还有许多精美的阁楼建筑，其中最为著名的便是位于武汉市武昌蛇山的黄鹤楼。其外形雄伟壮观、古朴典雅，古往今来吸引无数名人登临，留下许多脍炙人口的传世之作。

➡ **知识链接**

| 明显陵文化旅游景区 | 一部手机游钟祥 | 黄鹤楼官网 |

荆楚音乐是楚文化的重要组成部分，它艺术地表现了楚文化浪漫奇诡、自由开放的性格。[②] 春秋时期，楚国的音乐已经相当发达。根据《左传》等文献

---

① 参见黄莹：《略论南方荆楚文化与北方中原文化的人文特征》，《三峡大学学报（人文社会科学版）》2013 年第 1 期，第 75 页。

② 蒲亨强：《荆楚音乐的地方特色》，《中国音乐》2005 年第 4 期，第 39 页。

记载，楚国设立了专门掌管音乐事务的乐官。战国时期，楚地的音乐被称作
"楚声"，也被称为"楚调"或"南音"。楚声的鼎盛时期在战国和西汉，有诸
如屈原的《九歌》以及其他楚辞作品，多依据楚国民间音乐舞蹈形式创作而
成。此外，从出土的楚文物和古代文献记载中可以了解到，楚人特别钟爱编
钟。据文献记载，楚国以钟为氏的楚乐官中有钟仪、钟建，他们在钟乐方面有
很高的造诣。楚人不仅钟爱编钟，而且擅长琴艺。楚国著名隐士钟子期留下了
"高山流水"的典故。《荀子·劝学篇》中用"伯牙鼓琴，六马仰秣"来形容音
乐的魅力和影响力的深远。荆楚文化中音乐的繁荣还体现在荆楚地区的地方戏
曲上，戏曲品类达 20 多种。湖北的戏剧呈现出湖北文化多元的特点，也是荆
楚文化的一个缩影。

荆楚大地，孕育了众多杰出的人才，他们的智慧和才华为后世所敬仰。楚
地的浪漫氛围孕育了楚文化的浪漫主义品质，楚辞则开启了中国浪漫主义文学
之先河。楚文学的浪漫主义品质与楚国伟大诗人屈原密不可分，他的思想和作
品为后世留下了宝贵的遗产。

# 第二节　民间美术

## 一、民间美术概述

民间美术是劳动群众在生产劳动、社会活动之余，为满足精神生活的需要
自己创作、应用，并在民间流传的一种朴素的、自由的表意形式。[①] 民间美术
通常以表达民间生活、价值观念和情感为主要内容，反映社会的变迁和时代的
发展，展现出人民群众的智慧和创造力。作为文化传统的重要组成部分，民间
美术是人们了解、感知和传承民族文化的重要途径，可以丰富人们对世界多样
性的认知。在现代社会中，民间美术依然在不断演变和发展，以适应社会变革
和人们对美好生活的追求。它不仅是历史记忆的载体，更是时代创新的源泉，
同时也为文化交流、艺术欣赏和文化遗产保护提供重要的资源和途径。

中国是个幅员辽阔、民族众多的国家，地理环境、风俗习惯、生产方式的
差异，历史上文化中心的迁移变换，使得地域、民族之间出现了不同层次的发

① 吕胜中：《民间美术的基本概念》，《美术研究》1994 年第 1 期，第 56 页。

展，民间美术也因之呈现出多类型、多层次的现象。中国民间美术是民族美术中群众性最广泛、与社会生活关系最密切、历史文化内涵最丰富、地域最广阔、民族特征最鲜明的源远流长的具有代表性的文化形态。它是中华民族几千年历史文化的重要组成部分，体现了丰富的哲学、美学、考古学、历史学、民族学、社会学和人类文化学内涵，是中华民族文化的结晶，也是民族历史文化的活化石和博物馆。[①]

参考《中国民间美术全集》，一般将民间美术归纳为祭祀类、起居类、穿戴类、器用类、装饰类、游艺类六个门类（表2-1）。这六个门类从民间美术特有的意义出发，以人类物质生活和精神活动的几个主要方面为依据，基本上概括了民间美术的全部内容。

表 2-1　民间美术的分类

| 类别 | 介绍 |
| --- | --- |
| 祭祀类 | 原是反映下层民众对神、鬼、祖先信仰崇拜的艺术，大多是祭祀活动中的神像、供品、礼仪用具等。在今天看来，虽然内涵和功能有所改变，但作品所反映的信仰民俗仍有较高的学术价值。 |
| 起居类 | 民众居住的宅舍或聚落周围的亭、桥、牌楼以及平民的墓室建筑，还包括附着其上或其内的各种砖、石、木制的饰品及室内的家具陈设。 |
| 穿戴类 | 民众用来装饰自身的艺术，如服装、鞋帽以及头饰、耳饰、胸饰、腕饰等饰品。全国56个民族的服饰，比较集中地反映了各民族的风情和生活文化。 |
| 器用类 | 民众生产及生活中富有造型意义的器具，如生产工具、交通工具、生活器具及日常用品等。 |
| 装饰类 | 节令性的环境布置和服饰图样，限于二维空间的平面范畴，如年画、布画、炕围画以及窗花、花样等，主要用于烘托节日气氛和作为后世承传的样谱。 |
| 游艺类 | 游艺活动中的器具或场景布置用品，如木偶、皮影、面具、脸谱、灯彩、乐具和玩具等，往往在表演活动中更具神采。 |

对民间美术要从多学科角度进行全方位的综合考察，如历史学、人类学、民族学、民俗学、宗教学、艺术学、美学等，以揭示中国美术的独特性，厘清民间美术与传统文化、民俗文化、民族精神的关系。考察目的在于准确、客观、全面地揭示民间美术的历史原貌，探究它与历史、人文、地理之间的内在联系，以及它与地方文化风貌的关系。同时，也要探索民间美术的文化精神内

---

① 靳之林：《论中国民间美术》，《美术研究》2003年第3期，第64页。

涵，以及它与民歌、杂剧、戏曲等姊妹艺术之间的关系。此外，还要研究各地区民间美术的独特风格以及它们之间的相互影响。①

　　民间美术考察可以运用调查、访谈、分类、比较以及宏观研究和微观研究相结合的方法进行，根据个人考察选题有目的地侧重运用其中某些方法。科学地调查、收集、整理民间美术的历史资料，有助于客观而深刻地揭示民间美术的"俗文化"特征，准确地评价民间美术的"群众性"特征，客观地阐释民间美术的传承过程，总结民间美术的实践经验，并从理论的高度更加深刻地认识民间美术中积淀的人类学、历史学和社会学内涵。

## 二、民间美术举隅

　　不同地区和民族的民间美术形式各异，如绘画、雕塑、刺绣、剪纸、陶瓷等，但都常常通过生动的形象、明快的色彩和简洁的构图来展现平民百姓的生活场景、传统信仰、历史故事和社会风俗等，同时融合当地的民族文化、地域特色和审美观念，呈现出浓厚的民俗风格和地方特色。下面就以年画、刺绣、剪纸为例，来探讨一下这三种民间美术形式的基本特色和不同地区间的风格差异。

### （一）年画

　　我国早期的年画与驱凶辟邪、祈福迎祥这两个母题密切相关，在祈祷丰收、祭祀祖宗、驱妖除怪等年节仪式风俗化的过程中，逐渐形成了与之相适应的装饰艺术。② 从广义上说，凡民间艺人创作并经由行业作坊刻绘和经营的，以描绘和反映民间世俗生活为特征的绘画作品，都可以归为年画。③

　　年画题材广泛，种类多样，其中木版年画尤其独具特色。天津杨柳青、河南开封朱仙镇、江苏苏州桃花坞、山东潍坊杨家埠、四川绵竹、河北武强、陕西凤翔、广东佛山等地的木版年画都久负盛名，各有千秋。

　　开封朱仙镇年画以古朴夸张的构图、鲜艳饱满的色彩、简洁明快的手法而闻名，极具北方乡土味道，影响了整个北方木版年画的艺术风格。北宋时期，汴京（今开封）是全国的政治、经济和文化中心，商贾云集，庞大的市民阶层

---

① 参见林钰源：《艺术考察》，高等教育出版社 2002 年版，第 58 页。
② 吴祖鲲：《传统年画及其民间信仰价值》，《中国人民大学学报》2007 年第 6 期，第 115 页。
③ 王树村：《年画史》，上海文艺出版社 1997 年版，第 23 页。

促进了世俗文艺的繁荣，为年画的创作提供了肥沃土壤。雕版印刷技术的成熟使得笔绘年画转向刻印年画。这一时期的开封木版年画，主要反映中原传统民俗文化，体现了京都官雅文化与市井文化相结合的精致风格。明初以后，开封及中原地区遭受严重破坏，人们纷纷迁徙，城镇日渐衰落，朱仙镇年画逐渐失去北宋时期的雅致风格，融入了粗犷的民间审美传统。

➡ **知识链接**

 天津西青：话说杨柳青木版年画
（学习强国）

 【蜀工蜀艺】彩墨轻扬　传承指尖非遗
——绵竹木版年画
（学习强国）

 河北衡水：国家级非物质文化遗产
武强木版年画
（学习强国）

**（二）刺绣**

刺绣是一种通过绣针引领彩线，在纺织品上运针穿刺，以绣迹构成精美花纹图案的工艺。中国刺绣有着悠久的历史，它融合了绘画、书法等艺术形式，具有独特的艺术魅力和精湛的技艺水平。

刺绣从本质上看是一门运针用线的技术。在刺绣过程中，绣工们运用各种针法，巧妙地表现出图案的纹理、质感和色彩层次，使绣品栩栩如生。刺绣针法有一个从单一到多元、从简单到复杂的发展轨迹。从最初的辫子股针法，发展到今日的直绣、盘针、套和针、抢针、平针、散错针、编绣、绕绣、辅助针、变体绣等十多个品类，共计百余种针法。[①]

刺绣的种类丰富多样，其中苏绣、湘绣、粤绣、蜀绣被誉为中国四大名绣。作为四大名绣之一的苏绣，以针法精细、色彩雅致而闻名，其作品线条流畅、细腻光滑，给人以清新脱俗之感。湘绣是在湖南民间刺绣的基础上，吸取

---

① 张朵朵：《"绣"的书写——对中国刺绣艺术的分析》，《文艺研究》2006年第12期，第130页。

苏绣、粤绣的精华，逐步形成的以国画为蓝本，集诗、书、画、绣、金石为一体的，具有极强艺术特色的传统刺绣。[①] 粤绣以构图饱满、色彩艳丽为特色，常采用金银线等材料进行刺绣，显得富丽堂皇。蜀绣是以成都为中心的四川盆地一带刺绣产品的总称，由于受地理环境、风俗习惯、文化艺术等各方面的影响，经过长期发展，逐渐形成了严谨细腻、构图疏朗、浑厚圆润、色彩明快的独特风格。此外，还有京绣、鲁绣、汴绣、杭绣、汉绣、闽绣等地方名绣，以及壮、苗、瑶、彝等少数民族刺绣，它们各自承载着当地的文化传统和审美情趣，展现出丰富多彩的地域风格。

刺绣的题材广泛，涵盖了花卉、动物、人物、山水等诸多元素。这些题材常常蕴含着吉祥、美好和幸福的寓意，表达了人们对生活的热爱和对未来的憧憬。例如，牡丹象征富贵，鸳鸯寓意爱情，"福"字代表幸福等。刺绣作品不仅用于装饰衣物、鞋帽、枕头、窗帘等生活用品，使其增添艺术美感，还被制作成屏风、挂画等艺术品，用于观赏和收藏。

在现代社会，刺绣工艺得到了进一步的发展和创新。设计师们将刺绣与时尚设计等领域相结合，创造出了许多具有现代感的作品，使刺绣在保持传统韵味的同时，展现出新的活力和魅力。此外，刺绣也成为传承和弘扬传统文化的重要载体，相关展览、培训等活动吸引了更多人的关注和喜爱，为传统文化的传承和发展做出了积极贡献。

> **◉ 知识链接**
>
>  【非遗里的中国】当传统苏绣和创新技术结合
> 苏绣便有了花会开、蝶会舞的"魔法"
> （央视网）
>
>  【非遗里的中国】
> 国家级非物质文化遗产代表性项目——湘绣
> （央视网）
>
>  【非遗里的中国】
> 国家级非物质文化遗产代表性项目——粤绣
> （央视网）

---

① 许凡等：《湖南湘绣艺术特色研究》，《南京艺术学院学报（美术与设计版）》2008 年第 6 期，第 127 页。

（三）剪纸

剪纸是一种用剪刀或刻刀在纸上剪刻花纹，用于装点生活或配合其他民俗活动的民间艺术。中国民间剪纸是"一切民间美术的母体"，它有着广阔的内容天地和多彩的形式风格。[①] 千百年来，人们热切地追求、频繁地创作、不断地总结，使中国民间剪纸不断演变出新的花样，焕发着活力，展现出民间艺术的无限魅力。

我国疆界广阔，众多的民族、不同的历史背景、不同的生活习俗，形成了百花齐放的剪纸风格，其中最为显著的是南北地域风格的差异：北方剪纸以剪为主，以刻为辅；南方剪纸则以刻为主，以剪为辅。北方剪纸中较具代表性的是甘肃民间剪纸，由于受到敦煌文化、丝路文化、黄河文化、游牧文化、农耕文化、工业文化、红色文化的滋养，形成了古拙原始、粗犷浑厚的独特风格。剪纸内容上比较常见的有神话传说、民间故事、原始图腾、戏曲人物、生活劳作、花卉植物、动物、鸟虫鱼类等；剪纸样式涉及窗花、喜庆花、顶棚花以及服饰、鞋垫、枕头绣样等。南方剪纸中，湖南剪纸以其精美的艺术创作和细致的图案而著称，作品通常包括花鸟、人物、风景等传统题材，形象细腻、寓意丰厚；江西剪纸以红、白、黑三色为主，刀法独特，主题多样，包括历史故事、神话传说和民间故事等；广西剪纸注重流畅的线条和富有装饰性的图案；福建剪纸则以独特的剪裁技巧和插画风格著称。南北风格差异正如郭沫若写给《剪纸选胜》一书的题词中所描述："曾见北国之窗花，其味天真而浑厚。今见南方之剪纸，玲珑剔透得未有。一剪之趣夺神功，美在民间永不朽。"

剪纸最突出的特点是依附于民俗和体现民俗观念。农村的生产、生活特点和习俗习惯，以及剪纸的经济实用性，给民间剪纸形式和内容的发展带来了很大的空间，民俗风情、传统习俗成为剪纸艺术创作的源泉。如由年俗产生了窗花、灯花和过门笺，由婚俗产生了喜花，等等。中国人趋吉避凶的民俗观念和美好追求，在剪纸中也有所体现，如借助谐音和隐喻等手法，创作了"多子多福""连年有余""五福捧寿""娃娃坐莲"等一系列剪纸形象。广泛流传的民间传说和神话故事，也是中国民间剪纸最好的创作题材来源之一，如"梁山伯与祝英台""许仙和白娘子""大闹天宫""海瑞罢官"等，都是我们不时能见到的剪纸主题。

---

① 郑蔚珊：《漫谈中国民间剪纸艺术》，《装饰》2003 年第 10 期，第 32 页。

> ◆ **知识链接**

【全民整活迎龙年】
辽宁省沈阳市非遗项目剪纸代表性传承人冯元平
（央视网）

【全民整活迎龙年】
西安市非物质文化遗产保护协会剪纸传承人、
阎良新兴剪纸代表性传承人褚玲云
（央视网）

【古韵新声 春节节目】
窗花是种剪纸艺术
（央视网）

# 第三节　古代建筑

## 一、古代建筑概述

中国至少有七千年以上有实物可考的建筑历史。大量的考古研究、文献史料表明，几千年的中国古代建筑史是一部丰富多彩的文化史，充满着社会生活、历史文化、宗教信仰的积淀。[①] 虽经历多次社会变革、朝代更迭、政权交替、民族融合以及不同程度的外来文化的影响，不同时代的建筑却都能在传统基础上博采众长、持续发展，高台、木构架、人屋顶的外观形式以及庭院组合模式一脉相承。[②] 中国古代建筑在漫长的历史长河中逐渐形成了独特的体系，并在世界建筑史中独树一帜，成为人类建筑宝库中的珍贵遗产。这表明在中国古代建筑发展的历史长河中，存在着一种相对稳定的建筑发展观，这种发展观体现了古人对理想生活的追求，对客观世界的态度以及现实社会条件影响下建筑发展的价值取向。

---

① 周霞等：《"天人合一"的理想与中国古代建筑发展观》，《建筑学报》1999 年第 11 期，第 50～51 页。

② 傅熹年：《中国古代建筑外观设计手法初探》，《文物》2001 年第 1 期，第 74 页。

　　中国古代社会生产以农业为主体，基于农耕生活的现实需求，人们祈盼风调雨顺，五谷丰登，希望与自然建立起一种亲和的关系。这种关系概括起来就是人与自然的和谐共生，即"天人合一"。"天人合一"的观念成就了中国古代的文化精神，也直接影响着作为文化载体之一的建筑的发展演变。所以，中国古代建筑的发展观就是"天人合一"的建筑发展观。这一发展观有"崇尚天地"的营造思想、"中庸适度"的发展目标和"经验为本"的传承模式三个主要特征。"崇尚天地"，尊重自然，对自然资源既合理利用又积极保护，一直是中国古代建筑发展的主要特征。"中庸适度"，是把建筑的发展同经济的发展、自然的承受力结合起来考虑，体现出一种朴素的可持续发展意识。"经验为本"呈现的是一种建立在经验知识基础上，以传统为样本、以历史为取向的发展观，带给建筑的自然是深厚的传统积淀和丰富的历史营养。

　　中国古代建筑的历史可以划分为几个大的发展段落：从商周到秦汉，是建筑的萌芽与成长阶段，秦和西汉时期是发展的第一个高潮；从魏晋到宋，是成熟和高峰阶段，其中唐宋时期的成就更为辉煌，可谓中国建筑的巅峰；从元至清是充实与总结阶段，明至盛清以后则是发展的第三次高潮。可以看出，每一次发展的高潮都伴随着国家的统一、长期的安定和文化的交流等社会背景。可以说，国家的统一与安定、经济的繁荣以及文化的交流为建筑艺术的发展创造了重要的机遇。

　　中国古代建筑是科学、文化、审美的融合体，具有鲜明的精神属性、文化属性、艺术属性，材料美、工艺美在其中发挥着重要重用。其总体特征主要体现在外观、结构、群体布局以及装饰与色彩方面。首先是外观特征。屋顶、屋身、台基三个部分组成"三段式"外形，每部分各具特色，代表如北京故宫的太和殿（图2-1）。其中，大屋顶是区别于西方古典建筑最鲜明的特征，屋顶起翘和出翘形成如鸟翼般伸展的檐角和流畅优美的屋顶曲线（如山西晋祠的水镜台，图2-2），让巨大而沉重的屋顶看起来非常轻巧。其次是结构特征。中国古代建筑主要采用木构架结构，建筑的重量是由木构架承受的，墙体不承重，"墙倒屋不塌"这句谚语生动地说明了这种木构架的特点。再次是群体布局特征。中国古代建筑的群体布局在视觉上具有和谐、对称、有序的美感。除了受地形条件的限制或有特殊功能要求（如园林建筑）外，礼制建筑一般都有显著的中轴线，建筑物的分布体现出中国封建社会传统儒家思想，礼制制度贯穿其中。最后是装饰和色彩特征。中国古代建筑上的结构构件通常要经过艺术加工而发挥装饰作用，梁枋、斗拱、檩椽都是结构与装饰的完美结合。细部装饰包括精美的木雕和石雕、彩绘壁画、铜铁铸件等，色彩多用红、黄、绿、蓝等，代表着吉祥、繁荣和喜庆，给人以愉悦和祥和的感觉。

对于古代建筑的考察，要结合文献资料和历史知识，从艺术史学和美学的角度对建筑实物进行实地观察，揭示它们之间不同的样式、风格，以及其形成原因、发展过程，揭示建筑设计与特定历史时期的社会生活、价值观念、审美标准的关系，并给予客观的美学评价。对于早期宗教意识中的灵魂观念、巫术仪式、祖先崇拜和葬礼习俗等，要用历史唯物主义的观点和方法加以分析。对于各个历史时期建筑的艺术风格、表现手法、材料技巧等，要进行比较分析，基于特定的历史背景，从历史学、宗教学、民俗学和心理学等角度进行艺术学和美学的综合考察。

图 2-1　北京故宫太和殿

图 2-2　山西晋祠水镜台

将发现的问题提升到一定的理论高度，进行深入思考，是确保考察报告具有一定深度的前提；考察方法的科学性、客观性和先进性，是考察结果和结论可靠性的保障。实地考察中，可以用速写的形式记录建筑关键部位或整体结构，用摄影或短视频记录建筑的空间环境，重点关注建筑在外观、结构、空间布局和装饰设计上的鲜明特色，以及建筑规制、建筑风格、建筑形式、建筑色彩。考察完成后应及时撰写考察笔记，并思考如何将这些知识转化并应用于作品创作。

> ➡ **知识链接**
>
> 　　　　　　
>
> 　　中国建筑　　　　　中国古代建筑艺术（湖南大学　柳肃）
> 　（学习强国）　　　　　　　（中国大学 MOOC）

## 二、古代建筑举隅

中国古代建筑的种类非常丰富，按照不同的用途，可以分为宫殿建筑、陵墓建筑、坛庙建筑、宗教建筑、园林建筑和民居建筑六类[①]。

### （一）宫殿建筑

宫殿建筑是指古代帝王理政和居住的地方，这些建筑都是集中当时技术最高明的工匠，使用最好的材料，花费大量的人力和财力建造起来的，除了满足帝王物质生活要求外，还要以其巍峨壮丽的气势、宏大的规模和严谨整饬的空间格局，给人以强烈的精神感染，凸显帝王的权威。可以说，宫殿建筑代表了各个历史时期建筑技术和艺术的最高水平。现存规模最大、最完整的宫殿建筑是明清两代的皇宫，包括北京故宫和沈阳故宫。

北京故宫旧称紫禁城，坐落于北京中轴线的中心，是世界上现存规模最大的木结构古建筑群。明成祖永乐四年（1406 年），北京故宫开始营建，至永乐十八年（1420 年）竣工。它是一座长方形城池，南北长 961 米，东西宽 753 米，四面围有高 10 米的城墙，城外有宽 52 米的护城河。紫禁城内的建筑分为外朝和内廷两部分。外朝的中心为太和殿、中和殿、保和殿，统称三大殿，是国家举行大典礼、仪式等的地方。内廷的中心是乾清宫、交泰殿、坤宁宫，统称后三宫，明代时是皇帝和皇后居住的正宫。北京故宫是中国古代宫廷建筑之精华，是世界著名宫殿之一。

---

　① 参见林钰源：《艺术考察》，高等教育出版社 2002 年版，第 77～93 页。

➡ **知识链接**

故宫博物院官网　　　全景故宫

## （三）陵墓建筑

陵墓建筑是古代帝王、皇后及其他重要人物的埋葬地，它们具备独有的特征和意义。陵墓一般采用地上建筑与地下建筑相结合的方式，具有气势雄伟、雕琢精致、自然生动的特点。保存至今的部分反映出古代社会在砖石结构、防腐技术、建筑艺术、工艺美术等方面精湛的技艺。我国现存的陵墓建筑有秦始皇陵（含兵马俑陪葬坑）、南朝陵墓、唐乾陵、明十三陵、清东陵、清西陵等。

秦始皇陵兵马俑陪葬坑，堪称世界范围内规模最为宏大的地下军事博物馆，其总面积超过两万平方米，内藏文物丰富，包括七千余件陶俑、百余乘战车、四百余匹陶马，以及数量庞大的兵器，总数达数十万件。俑坑布局合理，结构奇特，展现了秦军的编制、武器装备和古代战争阵法，更深刻反映了秦始皇时期强大的军事力量与统一的国家意志。陶俑与陶马皆以真人真马为蓝本，形神兼备。陶俑大多依据秦军将士的形象塑造，身形魁梧，体态匀称，展现出秦军的英勇与威严；陶马则体形健硕，肌肉丰满，昂首伫立，表情机警，仿佛随时准备冲锋陷阵。秦始皇兵马俑作为历史文化遗产，展现了秦始皇统一六国、威震四海的雄伟军容，同时以其卓越的造型艺术，彰显出独特的审美价值。

清东陵位于河北省遵化市，西距北京 125 千米，是我国现存规模最大、体系最完备、布局最规整的古代皇家陵园。东陵陵区始建于清顺治十八年（1661年），完工于光绪三十四年（1908 年），历时 247 年，建有皇帝陵 5 座、皇后陵 4 座、妃园寝 5 座、公主园寝 1 座，共 15 座陵寝，埋葬了清朝的 5 位皇帝（顺治、康熙、乾隆、咸丰、同治）、15 位皇后，以及妃嫔、皇子、公主，共 161 人。诸陵寝以顺治帝的孝陵为中心，在昌瑞山南麓东西排列，辈分低的陵寝距孝陵较远，同一朝代的皇后陵和妃园寝均建在本朝皇帝陵的旁边。陵寝布局既体现了我国传统的居中而尊的理念，又体现了尊祖归宗、一脉相承的兆葬之制。[1]

清西陵位于河北省易县永宁山下，距北京 120 千米，是清军入关后建造的

---

[1]　清东陵－故宫博物院，https://www.dpm.org.cn/court/system/236370.html.

两大皇家陵墓群之一。清西陵建有 4 座皇帝陵、3 座皇后陵以及妃园寝、王爷园寝、公主园寝、皇子园寝，共计 14 座陵寝。其中埋葬着 4 位皇帝（雍正皇帝、嘉庆皇帝、道光皇帝、光绪皇帝）、9 位皇后，以及妃嫔、王爷、公主、皇子，共计 80 人。陵区内矗立着千余间宫殿和百余座石建筑，其规制都严格地遵循了封建社会的典章制度，皇帝、皇后陵主体建筑屋顶均施以黄色琉璃瓦，其他园寝屋顶则用绿色琉璃瓦或灰布瓦。这些古建筑环抱于苍松翠柏之间，在浩瀚的林海中既有雄伟恢宏之势，又不失灵秀清幽之韵。

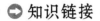

**知识链接**

秦始皇帝陵博物院官网

### （三）坛庙建筑

坛庙建筑是一种礼制性建筑，是中国古代崇拜图腾、祭礼天地的场所，依照其祭祀的不同用处大抵分为坛、庙、祠。坛庙建筑是中国特有的一种建筑类型，既不同于宗教寺院，也不同于直接用于居住的宫殿、住宅或园林。现存较为完整的坛庙建筑有北京的太庙、天坛，以及山东的孔庙、岱庙等。

太庙，坐落于北京市东城区天安门之东侧，始建于明永乐十八年（1420年），是明清两代皇帝祭祖的地方，旧时北京城"八庙"之一。其布局呈长方形，总占地面积 19.7 万平方米，南北长 475 米，东西宽 294 米，环绕以三重围墙。墙内主要建筑均为坐北朝南，庙内主体建筑为享殿（前殿）、寝殿（中殿）、祧庙（后殿）。太庙的建造严格遵循古代"左祖右社"之规制，与紫禁城（故宫）同时期建造，历经明清两朝，是中国现存较完整、规模较宏大的皇家祭祖建筑群。

天坛，原名"天地坛"，位于北京市东城区永定门大街东侧，为明清两代皇帝祭天、祈谷和祈雨的场所，是中国现存最大的古代祭祀性建筑群。明永乐十八年（1420 年），明成祖朱棣迁都北京，按照南京天地坛规制建成北京天地坛，包括有大祀殿、大祀门、皇乾殿等建筑，为祭祀天和地的场所；明嘉靖九年（1530 年）改名为"天坛"。天坛由两重坛墙环护，分为内、外两坛。其主要古建筑集中于内坛，内坛中间有东西向隔墙将内坛分隔为南、北两部分，隔墙中有门相通。内坛由圜丘、祈谷坛、斋宫三组古建筑群组成。祈谷坛位于内坛北部，圜丘坛位于内坛南部，斋宫位于内坛西部，一条长 360 米、宽 28 米的丹陛桥连缀圜丘坛和祈谷坛。内坛四周设有东天门（泰元门）、北天门（成贞门）、西天门（广利门）、南天门（昭亨门）。这些建筑都具有独特的建筑风格和文化内涵，体现了中国古代皇家祭祀建筑的庄严和神圣。①

### （四）宗教建筑

宗教建筑作为公共建筑的一种，是进行宗教活动的重要场所。不同宗教因其教义和教规的差异，其建筑空间和形象也各具特色。佛教的佛寺、道教的道观、基督教的教堂和伊斯兰教的清真寺，每一种宗教建筑都有其独特的形式和功能。

佛教建筑布局往往严谨有序，轴线清晰分明。如河北隆兴寺是我国现存时代较早、规模较大、保存较完整的佛教寺院建筑群，山西的南禅寺、善化寺、佛光寺、华严寺、悬空寺等在佛教建筑中也极具代表性。

布达拉宫作为藏传佛教建筑的杰出代表，始建于公元 7 世纪，由吐蕃第三十三代藏王松赞干布主持修建。公元 17 世纪，在清廷的扶持下，五世达赖喇嘛对其进行重建，并将其作为西藏地区的政教中心。之后历经逐步扩建，至 20 世纪 30 年代，形成占地约 40 万平方米，建筑面积约 13 万平方米，主楼高达 115.703 米，拥有 1267 间房舍，集宫殿、灵塔殿、佛殿、行政办公机构、僧官学校、僧舍等诸多功能于一体的大型宫堡式建筑群。布达拉宫主要由白宫、红宫和山脚下的雪城三部分构成，周边还有法王洞、东庭院、金顶区、十三世达赖喇嘛灵塔殿、布达拉宫广场等。白宫以东大殿、日光殿为要；红宫则以佛殿、灵塔、壁画为主，还收藏有壁画、唐卡、金印、金册等珍贵的历史文物。雪城里的珍宝馆主要展示藏于布达拉宫的宝物。整座宫殿具有鲜明的藏式风格，依山而建，气势恢宏。

道教建筑更多地彰显了"天人合一"的哲学理念，往往选址于山水之间，追求自然与建筑的和谐共生。四川青城山的宫观建筑群始于晋代，盛于唐代，现存数十处道教宫观，展现出中国道教文化风格和川西民俗特色。苏州城内的玄妙观大殿面宽九间，进深六间（一说五间），为重檐九脊顶，规模宏大，能让人略窥宋代道观的大致规模。永乐宫原建于山西距芮城县约 30 千米的永乐

---

① 天坛（北京市东城区第一批全国重点文物保护单位），https://baike.baidu.com/item/%E5%A4%A9%E5%9D%9B/2820294.

镇，因此得名，后迁至芮城县城城北的西周古魏国都遗址保存。永乐宫相对完整地保留了元代建筑风貌，是中国现存最大、保存最完整的道教宫观。

　　武当山古建筑群位于湖北省西北部十堰市丹江口市，是道教圣地和武当派拳术发源地。其始建于唐贞观年间，历经宋、元不断营建。明永乐十年（1412年），明成祖朱棣为巩固皇权，敕建宫观殿堂，以金顶为核心，构建了一系列道教宫、观、祠、庙，确立了整体格局，形成9宫、8观、36庵堂、72岩庙的古建筑群体系。现存古建筑49处，集中体现了中国元、明、清三代世俗建筑与宗教建筑领域的成就。此建筑群在明代形成规模，成为最大的明代皇家宫观建筑群之一，代表了中国明代道教建筑和艺术的最高水平。

> **→ 知识链接**
>
>
>
> 　　布达拉宫官网　　　世界遗产图鉴：武当山古建筑群
> 　　　　　　　　　　　　　　　（学习强国）

## （五）园林建筑

　　园林建筑注重人与自然的和谐，强调通过巧妙布置营造出精致宜人的景观。皇家园林是历代帝王的苑囿行宫花园等，大都规模宏大、富丽堂皇，珍藏有众多有价值的文物，筑有气宇非凡的亭台楼阁，如北京的颐和园、承德的避暑山庄等。私家园林一般指古代士大夫的私家花园，系当时达官贵人退隐享乐的地方，大都布局精巧、绰约多姿，充分体现出主人的审美情趣和艺术素养，如苏州的拙政园、扬州的个园、上海的豫园等。

　　颐和园，前身为清漪园，坐落于北京西郊，距城区约15千米，总面积达3.009平方千米，内含各式宫殿园林建筑逾三千间，大致可分为行政、生活、游览三个部分。它是以昆明湖、万寿山为基址，以杭州西湖为蓝本，汲取江南园林的设计手法而建成的一座大型山水园林，也是保存最完整的一座皇家行宫御苑，被誉为"皇家园林博物馆"。自万寿山顶的智慧海向下，经由佛香阁、德辉殿、排云殿、排云门至云辉玉宇坊，一系列建筑构成了一条层次分明的中轴线。而山脚下，一条长达728米的"长廊"蜿蜒伸展，长廊枋梁上彩画1400余幅，被誉为"世界第一廊"。长廊之前则是昆明湖，其布局仿照西湖苏堤，更添几分江南水乡的韵味。整个园林艺术构思巧妙，在中外园林艺术史上有着举足轻重的地位。

拙政园，位于江苏苏州姑苏区东北街 178 号，由御史王献臣建于明正德八年（1513 年），取意西晋潘岳《闲居赋》。后几经易主，并几度入官，迭经兴衰分合。曾属太平天国忠王府，1951 年整修。全园占地 5.2 万平方米，分东、中、西三部分及园林博物馆展厅。东部明快开朗，以平冈远山、松林草坪、竹坞曲水为主。中部为拙政园精华所在，池广树茂，景色自然，建筑错落有致，主次分明。西部水池呈曲尺形，台馆分峙，回廊起伏，水波倒影，别有情趣，主体建筑为靠近住宅一侧的卅六鸳鸯馆。拙政园虽为人造，但自然野趣突出，风格融合晚清江南园林特色，被认为是江南古典园林的代表作和中国园林艺术的珍贵遗产。

**⊙ 知识链接**

颐和园官网　　　　纪录片《颐和园》　　　苏州园林官网
　　　　　　　　　　（央视网）

## （六）民居建筑

民居建筑狭义上是指庶民住所，广义而言则为帝王宫室以外的住所。民居的形式与地方气候、建筑材料、文化观念、民族习惯及经济水平等因素有关。中国幅员辽阔，民族众多，所以民居的种类也很多样，如北京的四合院、福建的土楼、傣族的竹楼、安徽的徽派建筑、江南的园林式住宅等。中国民居受传统礼制思想影响，布局和空间均遵循贵贱有等、上下有序、内外有别等原则。此外，阴阳五行及风水学说，对历代住宅也有一定影响。

北京的四合院是中国传统民居建筑的典型代表，具有深厚文化底蕴与独特风格。"四"意指东西南北四面，"合"则代表四面围合，这就是四合院的基本形制。按其规模大小，有简单的一进院、二进院，繁复者沿着纵轴增加为三进院、四进院或五进院。四合院严格按照中轴线布局，体现了中国传统家庭观念和礼教制度，强调家族秩序和谐。在房间的使用上，家庭成员按尊卑、长幼等进行分配。

福建土楼又称"客家土楼"，主要分布在闽西南的永定、南靖和华安等地，是闽南人世代相袭、繁衍生息的住宅。其依山就势，布局合理，吸收了中国传统建筑规划的理念，适应聚族而居的生活和防御的要求，巧妙地利用了山间狭小的平地和当地的生土、木材、鹅卵石等建筑材料，是一种自成体系，具有节约、坚固、防御性强等特点，又极富美感的生土高层建筑类型。现存的各式土楼有3000余座，形成一个个依山偎翠、错落有致的土楼群。土楼以其悠久的历史、奇特的风格、巧妙的构筑、恢宏的规模，被誉为世界民居建筑的奇葩。

# 第四节　民族民俗

## 一、民族民俗概述

中国是一个多民族国家，每个民族都拥有独特的文化传统和民俗习惯。这些文化现象不仅反映了各民族的历史、地理、经济和社会背景，还体现了他们的价值观、审美观和生活方式。民俗文化涵盖了广泛的内容，从日常生活中的衣食住行，到节日庆典、婚丧嫁娶等社会活动的习俗，再到民间信仰、艺术和传统手工艺等精神文化层面。例如，汉族的春节、藏族的雪顿节、苗族的苗年等，都是各民族在长期历史发展过程中形成的具有鲜明特色的文化符号。据《中国民族民俗文化志》统计，中国56个民族中，每个民族都有至少数十种独特的民俗活动和文化传统。这些文化现象不仅丰富了中华民族的文化宝库，也为世界文化多样性做出了重要贡献。

对民族民俗的考察和研究，不仅是对于民族文化多样性的尊重和保护，也是对于我们自身文化根源的理解和探索。只有深入理解和尊重各民族的文化传统，才能更好地维护民族特色和文化多样性，促进中国优秀传统文化的发展和传承。

民族考察、民俗考察的对象和内容有所不同。民族考察主要关注的是不同的民族群体，其研究对象包括人口、语言、宗教、文化、社会组织等方面。通常要比较不同民族之间的特点和差异，探索其起源和发展过程，分析族群之间的关系以及在历史上的相互影响。民俗考察则关注特定地区或民族的传统社会行为、习俗和惯例等。通常要了解这些习俗的历史渊源、象征意义以及与特定社会和文化背景的关联，还要了解这些习俗的演变和传承及其在社会生活中的作用。此外，与民族、民俗息息相关的宗教、巫术和神话也是考察中需要关注的内容。艺术类专业师生则需将关注重点放在民族艺术作品中所表现的民俗文化和民俗生活上，考察和研究民俗文化和民俗生活中所采用的艺术形式。

民族民俗考察要立足民族学、民俗学、人类学、宗教学等社会学科，不断提升考察方法和研究视角的科学性、客观性和先进性，以更深入的视角和更广阔的视野去揭示和理解这些丰富多彩的民族民俗现象。考察过程中，既要收集和研究中国民俗文史资料，也要实地考察一些传统风俗保存完好的地区和民族，并亲身参与当地的民俗活动，体验个中滋味。另外，还可以通过交流、摄影、摄像、写生甚至购买、收藏实物的方法，来记录民族民俗的相关情况。

## 二、民族民俗举隅

民俗反映出不同民族的文化传承和历史演变，同时也能够促进不同民族之间的文化交流和相互了解，增进民族团结。尽管各民族的民俗文化各具特色，却无一不蕴含着深厚的历史文化底蕴与人民智慧，它们共同构成了中国多元文化的基石。

下面将选择一些在文化、人口、历史等方面具有较强影响力和代表性的少数民族，对其民族状况和民俗文化进行概述。

### （一）回族

回族是中国人口较多的一个少数民族，具有独特而丰富的民俗文化。

宗教信仰在回族生活中占据重要地位，其大多信奉伊斯兰教，日常遵循教规教义。饮食方面，有着严格的禁忌，禁食猪肉、马肉、驴肉、骡肉、狗肉等，也不吃未经信仰伊斯兰教者宰杀的和自然死亡的畜禽肉，以及动物的血。服饰上，男子通常戴白色无檐小圆帽，妇女戴盖头，不同地区对盖头颜色要求不一。在节日方面，开斋节、古尔邦节和圣纪节是回族的重要节日。开斋节期间，回族群众会停止斋戒，盛装参加聚餐、礼拜、走亲访友；古尔邦节即宰牲节，在回历十二月十日，节日当天到清真寺做过礼拜之后宰牛献牲；圣纪节则是纪念穆罕默德诞辰的节日，当天会举行诵经、赞圣等活动。回族的建筑风格据地域不同而有差异，中原及北方部分城市采用四合院结构，西北地区多受中亚影响，以穹顶、拱门为特征，西南地区则融合傣族干栏式建筑风格。婚俗方面遵循伊斯兰教规定，有一定的传统仪式。回族人的葬礼按伊斯兰教信仰实行土葬。

回族的民俗文化展现了其独特的民族特色和深厚的宗教底蕴，是中华民族多元文化的重要组成部分。

（二）蒙古族

蒙古族是中国少数民族之一，也是传统游牧民族，他们生活在广阔的草原上，有着独特的文化和传统。

首先是他们的游牧生活方式。蒙古族长期逐水草而居，擅长骑马射箭，马在他们的生活中占据重要地位，被视为忠实的伙伴。蒙古包是他们传统的居住形式，是一种适合草原生活的圆顶帐篷，通常由木材和毡制成，易于搭建和搬迁，充分适应了游牧生活的需求。蒙古族的饮食以牛羊肉、奶制品为核心，烤全羊是极具代表性的美食。他们的日常服饰特色鲜明，颜色以蓝色、金色、红色为主，多以羊毛和牛皮为原材料，宽大舒适，适合骑马游牧。在帽子和配饰上也极为讲究，常常采用精美的工艺和华丽的装饰，展现出独特的审美追求。在音乐舞蹈方面，长调民歌悠扬辽阔，呼麦更是令人叹为观止。舞蹈以豪放刚健著称，如盅子舞、筷子舞（流行于鄂尔多斯一带）和顶碗舞（卫拉特蒙古传统）。此外，蒙古族还保留着一系列传统的游戏和娱乐活动，如摔跤、赛马、射箭等。在一些重要的传统节日和庆典活动中，这些游戏往往成为吸引游客前来参与和观赏的重要文化景观。

蒙古族的民俗文化展现了他们对大自然的敬畏和热爱，以及勇敢豪爽的民族性格，在蒙古族人民的日常生活中得到了传承和发扬。

（三）藏族

藏族是中国的少数民族之一，有着悠久的历史和灿烂的文化。藏族的民俗文化涵盖了宗教、文学、艺术、建筑等多个方面，反映了藏族人民的生活习惯、信仰和价值观念。其中，藏传佛教是藏族民俗文化中的重要部分，它在藏族的生活中扮演着重要角色，影响着建筑、服饰以及各种节日和仪式。

藏族的寺庙建筑及其内部装饰都具有独特的艺术风格和文化内涵，藏历新年、赛马节、雪顿节等节日都体现了藏族人民对佛教信仰的虔诚和崇敬。藏族的文学艺术形式丰富多样，包括诗歌、歌曲、舞蹈、戏剧等。果谐、弦子是藏族歌舞艺术中最具代表性的形式，在传统的祭祀仪式和庆祝活动中广泛应用。藏族建筑以藏式建筑为特色，结构合理、造型美观，建筑材料如石材、夯土、木材等也体现丰富的文化内涵。藏族的饮食主要以牦牛肉、羊肉为主，糌粑、酥油茶等是常见的食品，藏族人在特殊场合会准备丰盛的食物以表达对客人的尊重和款待。

藏族的民俗文化是其独特的文化遗产，具有非常深厚的历史和文化内涵。随着时代的变迁和文化的传承，藏族的民俗文化也在不断地发展和创新，是中国民族文化中的重要组成部分。

### （四）维吾尔族

维吾尔族是中国少数民族之一，分布于新疆等地区，拥有自己独特的民俗文化。维吾尔族民俗文化主要包括宗教、婚俗、服饰、饮食等方面。

宗教信仰方面，维吾尔族信仰伊斯兰教，伊斯兰教对维吾尔族的生活方式、社会关系、婚姻等方面产生了深远的影响。维吾尔族多信仰伊斯兰教，宗教节日里会到清真寺参加宗教仪式。婚俗方面，婚礼非常隆重，新娘和新郎都要穿上华丽的传统服饰，表达对彼此的尊重和祝福。维吾尔族的服饰华丽多彩，多以鲜艳的色彩和金银丝绣花为特点。男性的传统服饰为"袷袢"，颜色多样；女性的传统服饰则以艾德莱斯绸裙为核心，以抽象几何纹样和多色混织为特色。饮食以羊肉、牛肉、面食和奶制品为主，其中最为著名的有烤包子、拉条子、抓饭、烤馕等。此外，还有许多传统节日，也都有自己独特的庆祝方式，如家庭聚会、歌舞等。人们盛装打扮，走亲访友，互道祝福，举行丰富的庆祝活动。

维吾尔族人民素以能歌善舞、热情好客著称，其民俗文化丰富多彩，充分展现了该民族的独特魅力和民族风情。

# 第五节　文化遗产

## 一、文化遗产概述

文化遗产是历史留给人类的财富。从存在形态上分为物质（有形）文化遗产和非物质（无形）文化遗产。

物质文化遗产，根据《保护世界文化和自然遗产公约》（简称《世界遗产公约》）之界定，涵盖历史文物、历史建筑、人类文化遗址等诸多领域。具体而言，其范畴包括古遗址、古墓葬、古建筑、石窟寺、石刻、壁画、近代现代重要史迹及代表性建筑等不可移动文物，历史上各时代的重要实物、艺术品、文献、手稿、图书资料等可移动文物。此外，那些在建筑风格、空间布局或与环境融合方面展现出普遍价值的历史文化名城（包括其街区、村镇）亦属此类。

非物质文化遗产指以非物质形态存续，与群众生活密切相关且世代相承的传统文化。依据联合国教科文组织《保护非物质文化遗产公约》之界定，此类遗产涵盖各群体、团体乃至个人视为文化遗产的各种实践、表演、表达形式、知识与技能，及其相关联的工具、实物、手工艺品与文化空间。具体而言，它包括了各族人民长期传承、与民众生活息息相关的各种传统文化表现形式，例如民间文学、民俗活动、表演艺术、传统技能，以及与之相关的器具、实物、手工制品等。此外，文化空间，即那些定期举办传统文化活动或集中展示传统文化表现形式的场所，亦属这一范畴。

表 2-2　中国的世界文化遗产

| 遗产分布 | 遗产名称 | 列入时间 |
|---|---|---|
| 北京市 | 周口店北京人遗址 | 1987 年 |
| | 北京皇家园林——颐和园 | 1998 年 |
| | 北京皇家祭坛——天坛 | |
| | 北京中轴线——中国理想都城秩序化杰作 | 2024 年 |
| 河北省 | 承德避暑山庄及周围寺庙 | 1994 年 |
| 山西省 | 平遥古城 | 1997 年 |
| | 五台山 | 2009 年 |
| | 云冈石窟 | 2001 年 |
| 山东省 | 曲阜孔庙、孔林、孔府 | 1994 年 |
| 甘肃省 | 莫高窟 | 1987 年 |
| 重庆市 | 大足石刻 | 1999 年 |
| 陕西省 | 秦始皇陵及兵马俑坑 | 1987 年 |
| 江苏省 | 苏州古典园林 | 1997 年 |
| 浙江省 | 杭州西湖文化景观 | 2011 年 |
| | 良渚古城遗址 | 2019 年 |
| 湖北省 | 武当山古建筑群 | 1994 年 |
| | 湖北咸丰唐崖土司城遗址 | 2015 年 |
| 西藏自治区 | 拉萨布达拉宫历史建筑群（含罗布林卡和大昭寺） | 1994 年、2000 年（大昭寺）、2001 年（罗布林卡） |

续表2-2

| 遗产分布 | 遗产名称 | 列入时间 |
|---|---|---|
| 云南省 | 丽江古城 | 1997 年 |
| | 红河哈尼梯田文化景观 | 2013 年 |
| | 普洱景迈山古茶林文化景观 | 2023 年 |
| 河南省 | 龙门石窟 | 2000 年 |
| | 殷墟 | 2006 年 |
| | 登封"天地之中"历史建筑群 | 2010 年 |
| 四川省 | 青城山－都江堰 | 2000 年 |
| 江西省 | 庐山国家公园 | 1996 年 |
| 安徽省 | 皖南古村落——西递、宏村 | 2000 年 |
| 澳门特别行政区 | 澳门历史城区 | 2005 年 |
| 广东省 | 开平碉楼及村落 | 2007 年 |
| 广西壮族自治区 | 左江花山岩画文化景观 | 2016 年 |
| 福建省 | 福建土楼 | 2007 年 |
| | 鼓浪屿：历史国际社区 | 2017 年 |
| | 泉州：宋元中国的世界海洋商贸中心 | 2021 年 |
| 内蒙古自治区 | 元上都遗址 | 2012 年 |
| 黑龙江省、辽宁省、吉林省、河北省、河南省、北京市、天津市、山西省、山东省、内蒙古自治区、陕西省、宁夏回族自治区、甘肃省、青海省、新疆维吾尔自治区 | 长城 | 1987 年 |
| 北京市、辽宁省 | 明清皇宫（北京故宫、沈阳故宫） | 1987 年(北京故宫) 2004 年(沈阳故宫) |
| 湖南省、湖北省、贵州省 | 土司遗址 | 2015 年 |
| 北京市、天津市、河北省、山东省、江苏省、浙江省、安徽省、河南省 | 大运河 | 2014 年 |

续表2-2

| 遗产分布 | 遗产名称 | 列入时间 |
| --- | --- | --- |
| 湖北省、河北省、江苏省、北京市、辽宁省 | 明清皇家陵寝 | 2000年（明显陵、清东陵、清西陵）<br>2003年（明孝陵、明十三陵）<br>2004年（清永陵、清福陵、清昭陵） |
| 辽宁省、吉林省 | 高句丽王城、王陵及贵族墓葬 | 2004年 |
| 中国（河南省、陕西省、甘肃省、新疆维吾尔自治区）、哈萨克斯坦、吉尔吉斯斯坦 | 丝绸之路 | 2014年 |

表2-3　中国的世界自然与文化遗产

| 所属地区 | 遗产名称 | 列入时间 |
| --- | --- | --- |
| 山东省 | 泰山 | 1987年 |
| 安徽省 | 黄山 | 1990年 |
| 四川省 | 峨眉山-乐山大佛风景名胜区 | 1996年 |
| 福建省 | 武夷山风景名胜区 | 1999年 |

表2-4　中国非物质文化遗产名录

| 批次 | 时间 | 数量 | 知识链接 |
| --- | --- | --- | --- |
| 第一批国家级非物质文化遗产名录 | 2006年 | 共518项 | 中国非物质文化遗产网·中国非物质文化遗产数字博物馆 |
| 第二批国家级非物质文化遗产名录 | 2008年 | 共510项 | |
| 第三批国家级非物质文化遗产名录 | 2011年 | 共191项 | |
| 第四批国家级非物质文化遗产名录 | 2014年 | 共153项 | |
| 第五批国家级非物质文化遗产名录 | 2021年 | 共140项 | |

　　对于文化遗产的考察，应秉持敬畏之心、尊重之情，不断探索、学习与创新。我们的视野不应局限于历史的沉淀与岁月的痕迹，更应深入挖掘其背后的文化意义与社会影响。传统建筑如古老的宫殿、庙宇、民居等，是研究地域文化特色的重要载体；民间艺术如剪纸、皮影戏、木偶戏等，展现着独特的艺术魅力与文化内涵；古老的节庆习俗，像特定地区的传统节日庆祝方式、祭祀仪式等，蕴含着深厚的历史渊源；传统音乐舞蹈，例如地方戏曲、民间歌舞等，

其表演形式和音乐特点承载着丰富的情感表达；传统服饰方面，不同民族和地区的特色服饰在材质、款式、图案上都具有不同的象征意义。我们也可以将注意力延伸至那些鲜为人知的小众文化遗产。这些或许不是世人皆知的名胜古迹，却同样承载着丰富的文化内涵和独特的艺术价值。比如，某个偏远村落里世代相传的手工艺，它们不仅仅是技艺，更是民族记忆与文化认同的载体。

中华文化源远流长，文化遗产丰富多样，建议在考察时采用多元化的方法。首先，实地观察是直观感受文化遗产真实状态的重要途径。通过亲身体验，可以对文化遗产进行细致的观察与记录，获取一手资料。其次，文献研究是获取文化遗产全面背景知识的重要手段。通过查阅历史文献、地方志、学术著作等，可以深入了解文化遗产的历史背景、文化内涵及传承情况。再者，访谈调查是与文化遗产相关的直接参与者进行深度交流的有效方式。通过与当地居民、文化传承人、专家学者等交流，可以倾听他们的见解和经历，获取更为丰富和生动的信息。此外，参与体验也是了解文化遗产的重要途径。通过投身于文化遗产活动，如传统节日庆典、手工艺制作等，可以获得直观的感受和体验，加深对文化遗产的理解和认同。对于物质文化遗产，样本采集与分析是科学研究的重要手段，可以揭示其制作工艺、材料特性及历史价值等方面的信息。此外，还可以充分利用线上资源，如"玩转故宫""数字敦煌"等，进行更广泛的探究。我们将在第三章详细阐述这些方法的具体应用。

## 二、文化遗产举隅

在历史的长河中，诸多文明均遗留下了丰富且宝贵的文化遗产。这些遗产不仅见证了人类的智慧与创造力，更是民族精神与文化认同的重要载体。从古老的建筑到传统的艺术，从非物质文化遗产到物质文化遗产，每一处文化遗产都承载着独特的历史故事与文化价值。文化遗产具有广泛性与复杂性，其内容与民间美术、古代建筑、民族民俗等多个领域均有显著的交织与融合。为避免与前几节内容重复，本节特选取具有代表性的佛教石窟造像类文化遗产作为分析案例，深入解读其艺术魅力与文化内涵。

佛教石窟造型类文化遗产，是指在山崖或岩壁上开凿的洞窟以及其中的雕塑和壁画。这些石窟不仅是佛教艺术的宝库，也是研究古代社会历史、宗教信仰、文化交融的重要实物资料。其中，最为人熟知的当属敦煌莫高窟、云冈石窟和龙门石窟。

## （一）敦煌莫高窟

敦煌莫高窟，坐落在甘肃省敦煌市东南的鸣沙山东麓，是世界上现存规模最大、内容最丰富的佛教艺术圣地之一。莫高窟始建于十六国的前秦时期，历经北朝、隋、唐、五代、西夏、元等历代的开凿和扩建，形成了长达 1680 米的石窟群，拥有洞窟 735 个，壁画 4.5 万平方米，泥质彩塑 2415 尊。

莫高窟的艺术风格独特，融合了中原文化、西域文化和印度文化的元素，展现出多元文化的魅力。洞窟内的壁画题材丰富多样，涵盖了佛教故事、神话传说、历史事件、社会生活等诸多方面。这些壁画色彩鲜艳绚丽，线条流畅自然，人物形象生动传神，展现了古代艺术家的高超技艺和丰富想象力。例如，壁画中的飞天形象，色彩斑斓，装饰精美，姿态优美轻盈，飘逸灵动，仿佛在天际翱翔，给人以如梦如幻的美妙感觉。莫高窟的彩塑也极具艺术价值。彩塑形式多样，有佛像、菩萨像、弟子像、天王像等，造型精美绝伦，神态各异，栩栩如生，体现了佛教艺术的庄严和神圣。这些彩塑在艺术造型上达到了极高的水平，通过细腻的表情和姿态传达出深刻的宗教情感和精神内涵。

敦煌莫高窟不仅是艺术的殿堂，更是历史文化的宝库。它见证了古代丝绸之路的繁荣，反映了当时的社会生活、宗教信仰和文化交流的盛况。莫高窟的藏经洞曾出土了大量的写卷，为研究古代历史、文化和艺术提供了重要的资料。此外，莫高窟还见证了中外文化交流互鉴的悠久历史，是古代世界不同文明之间相互学习、共同进步的重要见证。

## （二）云冈石窟

云冈石窟是中国著名的古代石窟艺术群，位于山西省大同市。石窟开凿于北魏时期，核心开凿期约 34 年，前后总历时约 150 年，东西绵延约 1 千米。现存主要洞窟 45 个，附属洞窟 209 个，大小造像 59000 余尊。

云冈石窟以其宏伟的规模、精美的雕刻和独特的艺术风格而闻名于世。佛像造型多样，既有印度风格的影响，也有中原文化的融合，体现了佛教艺术在中国的本土化过程。早期的石窟造像风格受到印度犍陀罗艺术的影响，佛像高大雄伟，面相丰满，高鼻深目，双肩齐挺，显示出一种雄浑的气势。中期石窟则呈现出汉化的趋势，佛像的造型更加清秀，面容和蔼可亲，服饰也逐渐变得宽松飘逸，反映了当时社会文化的融合与发展。晚期石窟的规模较小，造像呈现出"秀骨清像"的风格，注重神态的刻画，充满了生活气息。例如，昙曜五窟中的佛像高大庄严，令人敬畏，而中期的石窟中，佛像的面容更加和蔼可亲，展现出一种慈祥的神态。

云冈石窟反映了北魏时期的社会生活、宗教信仰、艺术水平以及中外文化交流的情况，是历史文化的重要见证。它融合了印度、中亚、西域等多种文化元素，体现了中华文化的包容性和开放性。

云冈石窟的艺术成就对后世的石窟艺术产生了深远的影响。它的造像风格、雕刻技艺和艺术表现形式，为后来的石窟艺术提供了重要的借鉴和启示。许多后来的石窟，包括龙门石窟在内，都在一定程度上受到了云冈石窟的影响，在艺术风格上呈现出传承和发展的脉络。

### （三）龙门石窟

龙门石窟位于河南省洛阳市，是继敦煌莫高窟、云冈石窟之后的又一佛教艺术宝库。龙门石窟主要开凿于北魏迁都洛阳后至唐代中期，宋代有零星补刻，形成了长达 1 千米的石窟群。石窟群依山而建，错落有致，现存洞窟像龛 2345 个，造像 11 万余尊。

龙门石窟的艺术特色独具一格。北魏时期，造像风格受印度犍陀罗艺术影响，同时融合了中原文化元素，佛像面部清秀，身材修长，衣纹紧贴身体，着重展现佛教的神圣与庄严。到了唐代，艺术风格更为雄浑大气、丰满圆润，佛像面部饱满，神态慈祥，彰显出唐代盛世的繁荣与自信，衣纹流畅自然，富有动感，更加注重表现人物的神态和情感，使佛像具有更强的亲和力。卢舍那大佛是龙门石窟中最具代表性的佛像之一，位于奉先寺，通高（含基座）达 17.14 米，面容庄严慈祥，眼神深邃，嘴角微含笑意，给人以温暖安宁之感，头部略微向前倾斜，身体比例协调，充分展现了唐代佛像的雄伟气势。宾阳洞内的三世佛造像精美，面容端庄，衣纹流畅，生动传神，洞壁上的浮雕也十分精美。万佛洞洞内则有大量的小佛像，密密麻麻地排列在洞壁上，形态各异，表情生动。

龙门石窟反映了当时的社会生活、宗教信仰、艺术审美等情况，对于研究中国古代历史、文化和艺术具有重要意义。在历史方面，龙门石窟的开凿跨越了多个朝代，记录了中国古代社会政治、经济、社会生活等方面的变迁，是研究中国古代历史的重要窗口。在文化方面，它是佛教文化在中国传播和发展的重要见证，承载着丰富的佛教教义、故事和象征，为研究佛教文化的演变提供了珍贵的实物资料。同时，它融合了多种文化元素，体现了中华文化的包容性和多元性，对促进文化交流和融合起到了积极作用。在艺术方面，龙门石窟的造像艺术精湛，佛像的面部表情、姿态和服饰刻画细腻入微，展现了古代工匠的高超技艺和创造力。

> **→ 知识链接**
>
> 　　　
>
> 数字敦煌　　云冈石窟官网　　全景云冈　　大美中国：洛阳龙门石窟
> 　　　　　　　　　　　　　　　　　　　　　　　　（央视网）

### 延伸阅读

1. 潘鲁生：《四时工巧：乡土中国寻美》，人民文学出版社 2022 年版。

2. 黄海波：《跨越时空：中国古代建筑艺术赏析》，安徽美术出版社 2022 年版。

3. 中国文化遗产研究院出版社：《中国世界文化遗产保护研究报告（2023）》，社会科学文献出版社 2023 年版。

### 思考与练习

1. 请参照本章第一节的内容，对你所在地区的地域文化进行系统梳理，阐述其历史渊源及当前所展现的文化风貌。

2. 除了广为人知的年画与剪纸艺术，你是否还能列举出其他富有地域特色的民间美术形式？它们具有哪些鲜明的特点？

3. 中国古代建筑的"天人合一"发展观在不同类型的建筑（如宫殿建筑、园林建筑等）中是如何具体体现的？

4. 不同民族的民俗文化反映了各自怎样的价值观和生活方式？这些价值观和生活方式在当今社会中发生了怎样的变化？

5. 选择一处你所在地区的文化遗产，进行实地考察并撰写考察报告，包括但不限于以下内容：该文化遗产的基本信息、历史沿革、现状描述、文化价值分析、保护情况及存在的问题。同时，可以附上相关的照片、图表或其他资料，以增强报告的可信度和可读性。

第三章
# 地域文化考察的方法

## 本章导览

地域文化考察不仅是对一地历史、艺术、社会习俗的观察，更是对其深层文化意义的探究。在此过程中，方法论发挥着至关重要的作用，它为系统地收集、整理和分析文化资料，深刻地认知地域文化，提供了一套系统化的工具和框架。

本章将深入介绍地域文化考察的具体方法，主要包括观察法、访谈法和田野考察法，并涵盖实物测量法、资料采集法、历史溯源法等其他常用方法。这些方法将指导我们在实地考察中收集信息，与文化传承者进行有效沟通，以及通过实物和文献资料深入了解地域文化的丰富内涵。掌握上述方法，并在具体实践中灵活变通、综合运用，将为后续的研究工作与创新设计奠定基础。

## 第一节　观察法

观察法是社会科学研究中的一种基本方法，它涉及对现象的直接感知和记录。在地域文化考察中，观察法尤其重要，它允许研究者直接接触和体验文化现象，从而获取一手资料。观察可以是系统的，也可以是非系统的，其核心在于对文化现象的直接感知和理解。通过观察，研究者可以捕捉到文化活动中的微妙细节，理解文化元素在特定社会和历史背景下的意义。此外，观察法也是其他研究方法的基础，为后续的分析和解释提供原始数据。

## 一、观察法的定义与形式

### （一）观察法的定义

观察法，顾名思义就是就是用感官去获得信息，这是最基本的一种方法，也是艺术类学科实地考察最常用的方法。观察是人类与生俱来的一种能力，几乎所有的日常学习都基于观察。当然，要将观察能力导入科学研究的范畴，仅靠天生的能力是不够的，它必须超越本能，形成可信赖的、具有一定有效度和普遍适用性的模式，才能成为科学的工具和手段。

与日常所说的观察不同，科学的观察具有目的性和计划性、系统性和可重复性。在《设计调研》一书中，戴力农指出：观察法是指研究者根据一定的研究目的、研究提纲或观察表格，用自己的感官和辅助工具去直接观察研究对象，从而获得资料的一种方法①。在实地考察过程中，观察者应该努力调动自己的各个感官，沉浸在周围的环境中，尽可能多地收集有利于创作的元素与素材。由于人的感觉器官具有一定的局限性，观察者往往要借助各种现代化的仪器和手段，如照相机、摄像机等来辅助观察。

### （二）观察法的形式

根据对观察的提前构建水平、记录方法和预期用途，观察法具有不同的形式，并体现出不同的设计目的。

直接观察和参与观察是两种常见的形式。直接观察（如图 3-1、图 3-2），也称非参与观察，研究者以旁观者的身份进行观察，不干预被观察的文化现象，有助于保持观察的客观性，但可能会限制对文化现象深层次内涵的获取。参与观察（如图 3-3）则要求研究者深入文化活动的实际环境中，通过亲身体验与参与来获取信息，有助于形成对研究对象更深入、更全面的理解，但同时需要研究者在客观性与深入性之间保持平衡，以免研究结果受主观偏见的影响。

---

① 戴力农：《设计调研》，电子工业出版社 2014 年版，第 3 页。

图 3—1　直接观察　　　　　　　　图 3—2　直接观察

（开封博物馆　石刻）　　　　　　（山西王家大院敬业堂　器物）

图 3—3　参与观察

（沂南红色影视基地小剧场　道具）

依照观察的计划程度和灵活性，可以分为结构性观察、非结构性观察和半结构性观察。结构性观察，是指观察者事先确定观察样本和观察项目，并设计记录观察结果的指标。它建立在对所观察事物深入了解的基础上，设计严格的记录表格，对资料进行准确的分类、记录、编码。非结构性观察，则是一种相对较为灵活和开放的观察方法，观察者通常没有预先设定的详细观察计划和特定的观察指标，也不会遵循严格的观察程序和规则。这种观察方法给予观察者更大的自由度和自主性，让他们能够根据现场的实际情况和个人的直觉、洞察力来决定观察的内容、重点和方向。半结构性观察既不像结构性观察那样有非常明确和详细的计划，也不像非结构性观察那样完全没有预设。观察者会在观察前确定一些关键的观察要点和问题框架，但在实际观察过程中，并不严格局限于这些预设内容，具有一定的灵活性。其适用范围较广，能够在一定程度上适应不同情境和研究对象的特点，有利于观察者更全面地捕捉到观察对象的各种行为和现象。

此外，观察法还包括自然观察与实验观察、定量观察与定性观察，以及隐蔽观察等多种类型。自然观察追求在自然环境中获取真实数据，实验观察则通过人为控制条件来观察变量对研究对象的影响。定量观察侧重于数据的量化和统计分析，定性观察则更注重对现象的深入理解和解释。隐蔽观察要求研究者隐藏身份和目的，以获取更真实、自然的数据，但也对研究者的道德敏感性和责任感提出了更高要求。

在地域文化考察实践中，需根据实际情况选择最适宜的观察方法。例如，直接观察与参与观察相结合，能够更直接地了解地域文化的真实面貌；半结构性或随机性观察能捕捉地域文化中偶然发生的现象；自然观察与定性观察相结合，有助于从整体上把握地域文化的特点和内涵。这些观察形式相互补充，共同构成了地域文化考察的有效手段。

## 二、观察法的过程与实施

观察法的实施是一个系统化的过程，大致划分为三个阶段（图3－4）。

1.明确观察目标　　1.保持客观公正　　1.资料的整理与分类
2.制订观察计划　　2.看、听、问、思、记　2.统计分析与数据解读
3.预观察　　　　　3.掌握记录技巧　　3.根据结果撰写报告

图3－4　观察法的三个阶段

### （一）准备阶段

#### 1. 明确观察目标

在开展观察活动之前，首先需要清晰界定观察的目标，并明确期望通过观察获取的具体信息类型。对于特定项目而言，一旦选定使用观察法，务必确保研究团队的成员对研究目标有清晰且一致的认知，否则在观察过程中就很容易被纷繁复杂的信息干扰。清晰的目标有助于指引研究者辨别哪些信息对于研究具有实质性价值，哪些信息虽然有趣但并非研究所需。有些项目（例如毕业设计），初始阶段研究对象并不是非常明确，可以适当放宽筛选条件，初步观察后再重新确定对象范围，亦是一种有效的策略。

2. 制订观察计划

为确保观察活动的系统性和有效性，需制订详尽的观察计划，包括观察的对象、地点、时间、采用的方式和可能需要的设备器材等。

地域文化考察中，观察对象广泛而多元，无论是城市的建筑风格、乡村的田园风光，还是人们的服饰习惯、饮食文化，均可纳入观察范畴。应注意，不可忽视那些看似细微却蕴含丰富文化内涵的瞬间和细节。

地点的选择对于观察活动的成败至关重要。例如，若要深入探究某一地域建筑风格的演变及其与当地环境、气候和人文因素的融合情况，可以选择历史悠久且文化底蕴深厚的文化名城作为观察对象。

此外，某些文化现象和习俗仅在特定时间节点出现，如农历新年、端午节等传统节日。因此，在制定观察计划时，需充分考虑时间因素，以确保能捕捉到最真实、最生动的文化现象。

至于观察方式的选择，如前所述，应基于观察对象的特点和观察者的目的进行决策。同时，应根据实际观察需求准备相应的设备器材，如相机、录音设备、测量工具等，以确保能够准确记录观察到的现象和数据。

3. 预观察

在正式展开观察之前，进行预观察是必要的步骤，特别是对于以创新为设计目标的调研，其目的是使观察者提前熟悉观察环境，并根据实际情况对观察计划进行必要的调整和完善。当然，如果研究目标比较简单，研究者对于调研的内容也很熟悉，可以跳过这一步。

其他观察的准备还包括人员培训、分工以及应变措施等。

（二）实施阶段

正式观察阶段，观察者按照既定的计划，对研究对象进行直接观察，并记录卜相关的信息。这一阶段需要注意的是，观察者应尽可能保持客观公正，避免主观偏见影响观察结果。

在进行观察的过程中，应注意看、听、问、思、记等相互配合，以确保信息的全面获取和准确理解（图 3-5）。

　　看　　　　听　　　　问　　　　思　　　　记

最主要的方式　现场的声音　获取信息的重要途径　关键环节　注重现场记录

图 3-5　观察法的五要素

看，是观察中最主要的方式。凡是与观察目的有关的行为反应和各种现象，都要仔细观察。要注意到事物的细节，观察其变化过程，从而发现其中的规律和特点。同时，还要学会从不同的角度去看待事物，以获得更全面的认识。

听，凡是现场发出的声音都要听。特别是观察对象的发言、工作人员的讲解，更要仔细听。要倾听他人的声音，理解他们的观点和感受。在倾听的过程中，还要善于捕捉关键信息，以便在后续的思考和分析中运用。

问，是获取信息的重要途径。观察者可面对面询问观察对象有关问题。要学会提问，提出有针对性的问题，引导对方深入回答。同时，还要善于倾听对方的回答，从中发现新的线索和问题，推动对话的深入。

思，是观察过程中的关键环节。要对观察到的信息进行深入思考，分析其中的逻辑关系和因果关系。同时，还要善于运用已有的知识和经验，对信息进行归纳和整理，形成自己的理解和认识。

记，观察法注重现场记录。现场记录主要分为两大类：一是对客观现象的详尽记录，二是对观察者个人见解的记录。这两类信息必须明确区分，避免混淆。记录要力求准确、客观、全面、有序。有序的记录不仅为后续的研究工作提供便利，而且有助于揭示观察对象内部的联系和规律。

表 3-1 是一些基本的观察记录技巧：

### 表 3-1　观察记录技巧

| 记录技巧 | 补充说明 |
| --- | --- |
| 详细记录 | 记录观察到的所有细节，包括时间、地点、参与者、活动内容等。 |
| 分类记录 | 一个有效且简便的方法，在记录纸上画出纵向两栏，较大一栏记录客观信息，较小一栏记录自己的想法，相关的记录并列在一行。 |
| 及时记录 | 在观察结束后尽快记录，以减少记忆的偏差。 |
| 使用描述性语言 | 尽量客观描述观察到的现象，避免使用评价性或推断性的语言。 |
| 使用多种记录工具 | 根据观察需要选择合适的工具，如笔记本、录音设备、摄影设备。 |
| 定期回顾和整理 | 定期回顾记录的内容，为后续的分析打下基础。 |

### （三）整理与分析阶段

所有丰富的信息资料，如果没有经过妥善的整理与深入的分析，都将失去其应有的价值。现场观察极为忙碌，大量的信息冲击着观察者的感官。在此过程中，各种想法和创意不断涌现，一场观察下来，收获颇丰。要想使劳动成果的价值最大化，最好的办法就是在一个小时内找到一个安静的地方进行整理。人的短期记忆稍纵即逝，而研究工作相对繁琐，进入研究、设计阶段之后就无暇再次完整地回顾观察时记录的原始资料；况且，在即时记录过程中，可能会存在略写、省写或仅勾勒草图的情况，详细信息日后可能忘记。因此，需要尽快整理，才能将观察记录转化为有价值的数据。

整理数据时，要把所有现场记录的材料详细地加以检查，看分类是否恰当，对于其中的遗漏和错误，也要设法补足和改正。整理完数据后，如果观察的项目少，按观察记录的时间顺序存放保管即可；如果观察的项目较多，记录材料繁杂，就要分类存放以便查阅。数据的价值不仅仅在于其表面的信息，更在于它们背后所隐藏的趋势和规律。因此，数据分析的过程中，可以借助各种统计方法和分析工具，对数据进行多视角、多维度的解读。

最后，根据观察结果撰写报告。报告应详细记录观察的过程、发现的问题以及得出的结论等各项内容。同时，报告应简洁明了、逻辑清晰、易于理解。撰写报告不仅是对观察结果的再次审视与总结，更是提升研究质量的关键环节。

### 三、观察法的优点与局限

观察法作为地域文化考察初期的一种非常开放的工具，对于创新设计具有非常重要的作用。其优点在于收集到的资料和数据丰富而完整，往往能够突破研究者既有的知识框架，为后续的创造性工作提供扎实的基础。此外，观察法应用相对简单直接，观察内容相对客观真实，只要观察者足够认真仔细，便能获取大量信息资料。

然而，观察法也有其显著的缺点。首先，它几乎是所有方法中耗时最长、人力物力成本最高的。其次，观察过程涉及个人的观察能力及其他心理因素。再者，如果观察对象是人，他们在被观察时可能会对某些不愿公开的内容进行遮蔽与隐瞒，这势必会影响观察内容的真实性与客观性。因此，观察法需要与其他研究方法相结合，以克服其局限，提高地域文化考察的全面性和准确性。

在地域文化考察中，观察法是不可或缺的工具。通过细致的观察和准确的记录，我们能够更加深入地理解和把握地域文化的特征和内涵。然而，我们亦需清醒认识到，观察者的主观性可能会影响到观察结果的客观性，而文化现象的复杂性亦可能导致观察结果难以达到全面和准确的要求。此外，在进行观察活动时，还需充分考虑伦理问题，要充分尊重被观察者的隐私与文化习俗。

# 第二节　访谈法

访谈法，作为一种通过对话形式来收集信息的考察方法，旨在使考察者得以全面、深入地了解个体或群体的知识、态度、经历以及感受。在地域文化考察中，访谈法的运用有助于挖掘文化现象背后的丰富内涵和深层意义。

## 一、访谈的类型

根据不同的考察目的和需求，访谈法可以细分为多种类型，每种类型都有其独特的特点和适用场景。根据访谈进程的标准化程度，访谈法可分为结构化访谈、非结构化访谈和半结构化访谈；就参与者数量而言，访谈法可区分为焦点小组访谈与单人深度访谈等形式；若以媒介作为分类标准，访谈法则涵盖书面访谈、口头访谈以及电话访谈等多种形式；考虑到文化和语境因素，访谈法进一步细化为民族志访谈、生活史访谈等。除此之外，还包括深度访谈、叙事访谈等细分类型，亦有研究者将访谈法划分为文化访谈与主题访谈[1]，以适应不同需求。

结构化访谈，又称标准化访谈，是一种对访谈过程高度控制的访谈形式。[2] 访谈时使用固定的访谈提纲，确保对被访者提出的问题、提问的次序和方式，以及对被访者回答的记录方式都与提纲保持一致。因此，结构化访谈较少使用开放式问法，询问结果大多可以直接用于量化和统计分析。其优点在于

---

① 参考赫伯特·J. 鲁宾等：《质性访谈方法：聆听与提问的艺术》，卢晖临等译，重庆大学出版社 2010 年版，第 8～10 页。

② 戴力农：《设计调研》，电子工业出版社 2014 年版，第 28 页。

过程标准化，便于对比和量化分析；缺点是不能做太多的语言表述，可能会限制对被访者个人经验和观点的深入了解。

**案例：纪录片《星火乡育》拍摄前访谈提纲（部分）**

采访教师 A（办公室）：

（1）先大致介绍一下您的情况吧！

（2）为什么选择留下来成为一名乡村教师呢？

（3）做这件事的初衷是什么呢？

（4）您对乡村教育有什么样的看法？在您看来，乡村教育在整个教育体系中扮演着什么样的角色？

（5）您在乡村生活中遇到了哪些困难和挑战？您是怎样克服的？

（6）教学过程中，有没有什么特别的故事或经历让您感到特别难忘？

（7）当前乡村教育存在哪些困境？方便展开谈谈吗？

采访同学 B 家属（家中）：

（1）病情对他的生活有什么影响？

（2）他没法去学校上课，那您是怎样安排他的教育的？

（3）他对未来有什么期待和梦想吗？

非结构化访谈，又称开放式访谈，是一种较为开放的探索性访谈方式[1]。访谈时抛出的问题，不需要被访者按照某种固定格式回答，可以由被访者自由地描述事件、态度、感受。被访者在表达过程中已自然引导下一个提问，可基于实际情况对预先准备的问题进行先后顺序调整，围绕被访者所关注的内容进行意见的收集。其优点在于能够收集到丰富的叙述性数据，为访谈者提供更为广阔的视角；缺点是比较考验访谈者的访谈技巧，需要访谈者具备良好的现场适应能力和敏锐的洞察力，才能确保访谈有效地进行下去。

半结构化访谈是介于结构化访谈和非结构化访谈之间的一种访谈形式。访谈者依然会遵循一个基本的访谈框架，但可以根据访谈的实际情况灵活地做出必要的调整。至于提问的方式和顺序、被访者的回答方式、访谈记录的形式以及访谈时间、地点等都没有具体的要求，均由访谈者根据情况灵活处理。半结构化访谈旨在平衡标准化和个性化，既保持一定的数据一致性，又能充分捕捉

---

[1] 戴力农：《设计调研》，电子工业出版社 2014 年版，第 29 页。

被访者的个性化见解。

焦点小组访谈，是一种集体性的访谈，通常包括 6 至 12 名参与者，由一名或多名访谈者引导讨论。这种方法适用于探索性研究和市场调研，通过群体讨论来激发新的观点、想法。焦点小组访谈的优势在于能够观察到群体互动，发现共同主题和模式，以及捕捉不同观点之间的冲突和协调。然而，这种方法也存在局限性，如参与者可能受到群体压力的影响，不愿意表达不同意见，或者讨论可能偏离主题。

深度访谈，则是一种更为深入、细致的访谈形式，通常针对单个被访者进行。深度访谈旨在揭示被访者的个人经历、情感、态度和观点，通过开放性问题、追问和澄清，使被访者能够充分表达自己的想法和感受。这种方法适用于需要深入了解个体经验和观点的研究，如心理学、社会学和人类学等领域。深度访谈的优点在于能够收集到丰富的定性数据，提供深入的洞察和见解；缺点则是需要更多的时间和资源来准备和执行，同时访谈者需要具备良好的倾听和提问技巧，以确保访谈的深入和有效。

在实际考察过程中，考察者可以根据考察目的、考察对象和考察资源的不同，选择适合的访谈类型。譬如，在探索性阶段，可采取非结构化访谈或焦点小组访谈，旨在发掘新观点、新主题；在深入阶段，则采用半结构化访谈或深度访谈，以深入挖掘被访者的个人经验与观点。对于地域文化考察而言，灵活运用各种访谈技巧和方法，能够深入挖掘出地方文化的独特魅力和深层内涵。在考察初期，建议广泛采用非结构化访谈，通过与不同年龄、职业背景、教育程度的居民交流，初步掌握该地域文化的多样性与复杂性，为后续研究指明方向。随着研究的深入，可逐步转向半结构化访谈或深度访谈，通过与特定领域的专家学者或文化传承者进行深入交流，在地域文化的历史演变、传统习俗、艺术特色等方面获取更为真实、生动的资料。

## 二、访谈的过程

访谈过程通常分为三个阶段。首先是准备阶段，这一阶段要明确访谈的目标和主题，设计访谈提纲，并通过预访谈进行验证和调整。其次是接触阶段，要与被访者保持联系，说明访谈目的和潜在价值，并征得对方同意。实施阶段要在安静的环境中进行，访谈者保持客观中立的立场，避免提出具有引导性的问题。访谈内容可以通过录音、笔记或视频等多种形式进行记录。最后进入分析阶段，主要是对访谈内容进行转录和深入剖析，提炼关键信息，并将其与考察目的和理论框架进行关联，以形成有价值的研究成果。

## （一）访谈结构

访谈的整个结构一般包含介绍、暖场、一般问题、深入问题、回顾与总结、结束和感谢 6 个环节（图 3-6），以下将对这些环节逐一展开说明。

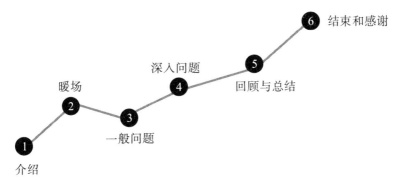

图 3-6　访谈结构

### 1. 介绍

访谈伊始，访谈者会向被访者说明访谈活动的具体内容。这一环节并非随便说说，而是有一定流程。一般来说，需要包含访谈的目的、访谈者的自我介绍、被访者的自我介绍、访谈的规则描述，以及访谈者对被访者参与此次访谈活动的诚挚感谢。

访谈目的：向被访者描述此次访谈的目的。例如："您能分享一些您日常生活中的传统习俗吗？""这些习俗对您和您的家庭有什么特别的意义吗？""您能描述一下您最重视的文化节日或庆典吗？"

访谈者自我介绍：一般要给出自己的姓名、工作内容，告诉对方如何称呼自己等。例如："您好！我是［姓名］，目前在［工作单位或所在机构］担任［职位或角色］。我的主要任务是收集地域文化相关素材，以便通过创新设计更好地保护和传承我们的文化遗产。您可以称呼我为［名字或头衔］。"

被访者自我介绍：访谈者进行自我介绍之后，还需要请被访者进行自己介绍，这是初步建立一对一合作关系的重要步骤。例如："请您来做一下自我介绍，好吗？""您叫什么名字？在哪里工作或学习呢？"

访谈规则描述：对于单人访谈或多人访谈，在起初的开场介绍中，都要对访谈规则做出说明，这是为了保证访谈的顺利进行。访谈规则一般包括：表达真实想法，没有对错之分；访谈根据一定的问题开展；访谈的时长。例如：

"在今天的访谈中，非常期待听到您的观点和经历，您对［具体文化主题，例如传统节日、手工艺、方言等］的了解和体验将为我们的研究提供宝贵的一手资料。我们事先准备了一些问题，我们的访谈会围绕着这些问题进行。整个过程大概需要 1 个小时的时间。"

2. 暖场

在正式访谈开始之前，有一个暖场环节，即通过一定的沟通营造一种和谐融洽的氛围，从而使被访者能够迅速进入一种放松自在的状态。暖场与访谈紧密相连，可以从被访者来到访谈地点的那一刻起，巧妙穿插于整个流程之中。

3. 一般问题

访谈的问题可以分为一般问题和深入问题，一般问题可以通用于各个访谈对象，各种考察研究或项目的目的。例如："请您说说平时是怎么使用［具体物品或其他］的呢？能和我们描述一下吗？""请您讲讲您是怎么看待［社会现象/文化现象或其他］的呢？""您平时是怎么做［某件事情］的？""能说说您有哪些需求吗？""您当时购买的原因是怎样的呢？"

4. 深入问题

访谈的结构安排通常遵循一定的逻辑顺序，其中可能先引入一般性问题，随后逐渐过渡到深入探讨。在某些情况下，一般性问题问毕后，紧接着便进入对深入问题的探讨。深入问题旨在聚焦细节，比如基于用户的使用情况反馈，访谈者可能会进一步追问，要求被访者详细阐述其操作步骤。在深入交流的环节，访谈者亦可根据实际情况与被访者进行灵活的探讨，这些问题可能并非完全预设。例如："刚才您说到使用的过程，我想就［具体某个步骤］再询问一下，您是怎么考虑的？这一步具体怎么操作？为什么这样做呢？""我们也看到有其他可选项，那你为什么不选择那一个，能跟我们讲讲吗？"

5. 回顾与总结

在访谈的各个环节中，建议进行适度的回顾与小结，以此作为当前段落的结束，并自然过渡到下一阶段。待整个访谈活动结束时，可以对全场各个部分进行全面总结，这样不仅有助于整理访谈内容，也能够对被访者所陈述信息的进行最终确认。

6. 结束语与感谢

访谈即将结束的时候，要注意结束语。如果在最后一个问题问完就突然终结访谈，会显得很突兀。结束语即在此前回顾和总结的基础上，表示访谈即将结束，感谢被访者给予的信息。例如："感谢您抽出宝贵时间参与此次访谈，您的见解对我们来说至关重要。"

### （二）访谈技巧

在访谈过程中，为确保交流的有效性和准确性，还要遵循一定的技巧和方法，如采用客观中立的提问方式，能让被访者感受到尊重和关注的倾听与回应，以及适时运用重复与释义、跟进与深挖等手段，以确保双方信息的准确传递和理解。

1. 提问方式

访谈时的提问方式以及访谈的问题，都需要事先做好准备。提问措辞要客观、中立。访谈者要尽可能使用开放性问句，如："是怎样的？""原因是什么？""可以描述一下吗？""如何考虑的？"要避免使用指向性强的问题，这样的问题会导致被访者不能很好地思考，或者陷入需要反驳的情况。例如，在被访者还没有给出答案的时候就询问："这两个，你喜欢的是 A 吧？"合适的问法应该是："A 和 B 两个，你喜欢哪一个呢？"尽管只是很小的改变，但被访者的感受会大不相同。

2. 倾听与回应

在访谈过程中，当被访者表达观点时，访谈者应采取一种自然且鼓励的倾听方式，让对方感到轻松自在，能表达真实的想法。回应时，访谈者应适时通过轻微的肢体动作，如点头示意，或轻声说"嗯"或"哦，是这样"等给予回应，来体现对被访者发言的尊重和关注。回应无需过于频繁，但应确保被访者能感受到自己的发言内容始终被认真倾听。

4. 重复与释义

妥善地运用重复和释义的技巧，有助于澄清和梳理被访者回答的内容，提升访谈的效率和效果。

针对被访者所陈述的内容，采用重复的方式（包括适度的语序调整或词语替换）可以使被访者想要表达的意思得到确认，并引发其继续展开话题。例如："我觉得 A 更有质感，样子也好看一些"，访谈者可以回应道："哦，您觉得 A 更有质感，也更好看一些。"此时被访者可能会继续展开："对，因为……"而当被访者尝试用大段语言描述某一观点或经历，却没有找到确切的词语时，访谈人要帮助其概括并阐述，也就是释义。释义的过程中，应确保不带有任何引导性，避免对被访者的原意造成扭曲或改变。例如，被访者说："怎么说呢，这个有点说不清楚，我觉得它不是我很喜欢的样子，有点做过头了。"访谈人可以做出回应："您的意思是它有点夸张，不是您期望的样子，对吗？"

5. 跟进与深挖

当被访者提及与项目需求高度相关的话题，却又无意中转换了方向的时候，访谈者适当地跟进和深挖就很有必要。一般要凭借自己对项目的了解和访谈的经验，抓住回答的关键点，进行有针对性的跟进和深挖。

例如，当被访者谈道："我奶奶过去常常编织一种特殊的篮子，但现在几乎没人会这门手艺了。"访谈者可以这样跟进："这种编织篮子的技艺听起来非常独特。您知道它在您的家族中是怎样传承的吗？您认为怎样才能让这门手艺得到复兴？"这种方式，不仅展现了访谈者对被访者谈话内容的关注和兴趣，也有助于访谈者更深入地了解被访者的文化观点和生活经验，从而获得更丰富的信息。

# 第三节　田野考察法

田野考察法，是一种在自然环境中进行观察和研究的方法。它要求考察者深入考察对象所在的社会或文化环境，通过亲身体验和直接观察来收集资料。在人类学研究中，田野考察是一项最基本的工作，也是最基本的研究方法。在艺术学研究，尤其是民间、民族艺术和都市艺术的研究中，长期以来，田野考察工作几乎是正确认识研究对象内容、形式、规律的唯一途径。[①]

## 一、田野考察法的发展历程

田野考察是人类学最具特色的研究方法，自 19 世纪末诞生以来，历经百余载的沉淀与发展，已形成一套行之有效的工作方法。回顾人类学田野工作的历史脉络与早期实践方法，对于明确当下设计学领域中田野考察的对象、目的和意义很有帮助，对于设计田野考察的准备、实地考察和分析整理三个阶段的规划也具有一定参考价值。

人类学作为一门研究人类及其文化的学科，其起源可以追溯到古希腊时期。亚里士多德在《论灵魂》中就曾讨论过人与动植物的差别。人类学作为一门独立的学科，是在 19 世纪随着西方社会对"人"的概念的启蒙认识逐渐形

---

① 李立新：《设计艺术学研究方法》，江苏凤凰美术出版社 2009 年版，第 240 页。

成的。当时的大部分人类学著作是研究者根据传教士、殖民地官员、探险家及游客的口述、日记写成的，这种间接的信息获取方式还不是真正的田野考察。

19 世纪末是田野考察方法的萌芽时期。真正第一位深入村寨进行田野考察的是英国著名人类学家鲍德温·斯宾塞（Baldwin Spencer），他主要聚焦于土著部落的调查与民族志的书写，特别在澳大利亚中部土著民族的研究上取得了显著成就。被誉为"美国人类学之父"的弗朗茨·博厄斯（Franz Boas），也主张通过田野考察来收集和分析特定文化的历史和社会实践，他的田野考察工作主要涉及对北美印第安人、因纽特人等群体的研究。

20 世纪初，更多的人类学家开始到土著民族地区进行调查活动。其中波兰社会人类学家勃洛尼斯拉夫·马林诺夫斯基（Bronislaw Malinowski）是最为突出的一位。1914 年，他参加罗伯蒙特人类学考察团，到新几内亚和美拉尼西亚进行实地考察，因第一次世界大战爆发，被迫留在当地超过两年。由于长期与当地人共同生活、学习当地语言与文化，以及对当地生产生活的大量参与和观察，马林诺夫斯基提出了一套系统的田野工作方法。根据这种方法，人类学家通常要长期居住在被考察民族的一个小社区中，通过"参与观察"与"深度访谈"这两种方法了解当地居民的生活和行为方式，熟悉当地居民的伦理、道德、价值观念及心理特征等，进而了解其文化全貌。[①] 马林诺夫斯基的调查方法，成为后来人类学家田野工作的经典范式。

中国的人类学研究一开始就以田野考察实践为起点，1928 年，蔡元培任中央研究院院长时就建立了人类学组，组织一批研究者对广西瑶族、台湾高山族、黑龙江赫哲族、湖南苗族等少数民族进行实地考察。自蔡元培开始，李济、吴文藻、费孝通、林耀华等一批杰出的人类学家为中国人类学学科的建立和发展做出了重要贡献。新中国成立后，1953 年，文化部在全国范围内展开了一系列前所未有的民间工艺田野普查工作；1956 年和 1958 年，中央民族事务委员会和中国科学院联合发起了两次"少数民族社会历史调查团"，全面普查全国各地少数民族聚居区的社会历史状况，其中美术、音乐、工艺、戏剧、舞蹈等学科均有相关人员参与。

20 世纪 80 年代，中国人类学研究步入了一个新的历史时期。田野工作再次获得重视，并成为一种重要的方法论得到广泛讨论和应用。无论是哪种性质的人类学研究，都将田野工作视为夯实学科建设的基础。缺乏或忽视基础性的田野工作，人类学研究，包括艺术人类学、设计人类学，乃至设计学领域的研

---

① 何星亮：《人类学民族学田野调查的历史与未来》，《民族研究》2002 年第 5 期，第 44 页。

究，都可能面临后续乏力的问题。

## 二、设计类田野考察<sup>①</sup>

早期的人类学研究，主要集中在异域民族文化、原始文化以及小规模社会形态上。而在当代，人类学的研究出现了从"异域"向"故乡"的回归、从"原始"向"现代"的延伸，以及从"边寨"向"都市"的拓展。这种研究视野的开拓，丰富了田野工作的考察对象和内容，也促使我们重新思考以人类学方法论为指导的设计类田野考察的对象和主题。

### （一）设计类田野考察的对象

设计田野考察的对象是物品，但物品并非考察的唯一对象和全部内容。在物品本体之外，还存在着生产、消费、流通等环节，也就是创造和使用物品的行为过程和行为理念。因此，物品本体、行为主体、思想理念构成了设计类田野考察的结构要素（图 3-7），也即设计类田野考察的对象整体。

1.物品本体
物品的形式构成
物品的材料工艺
物品的实用功能

2.行为主体
物品的制作过程、工艺
物品的创作个体与群体
物品的传承方式与传播过程

设计类田野考察
的对象

3.思想理念
设计者的设计经验和理念显现
物品的社会功能和文化属性
设计者与使用者所处的自然和人文生态环境

图 3-7　设计田野考察的结构模式

对"物品本体"所要考察的内容，主要包括物品的形式构成、材料工艺及实用功能。对"行为主体"所要考察的内容，主要包括物品的制作过程、工艺，物品的创作个体与群体，以及物品的传承方式与传播过程。对"思想理念"所要考察的内容，主要包括设计者的设计经验和理念显现，物品的社会功

---

① 参考李立新：《设计艺术学研究方法》，江苏凤凰美术出版社 2009 年版，第 244～248 页。

能和文化属性，以及设计者与使用者所处的自然和人文生态环境。

以上所列九个方面的考察并不一定是分开的，而是可以综合在一起进行。在对"物品本体"做调查时，也应对"行为主体"做深入的调查，同时还要关注其中"思想理念"的各个方面。总之，这是一个综合的考察过程，以物为起点，同时关注行为主体及其思想理念。

随着田野工作研究视野的拓展，"田野"在时空上已不再局限于原始、乡村、边寨、过去，而是"指一切离开书斋、案桌而面向社会艺术生活实践的现场"。因此，设计类田野考察的对象也应有相应的拓展，不再仅仅局限于民间、民族、民俗的工艺设计，也要关注现代设计的动态，研究不同层面设计之间的互动与融合，以及当代设计与生活的各种联系。

## （二）设计类田野考察的过程

从田野工作实施的程序上看，设计类田野考察大致可分为三个阶段（图3-8）。

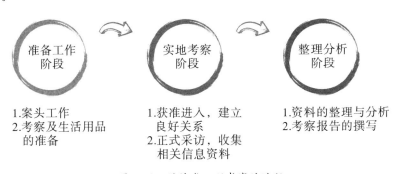

图3-8　设计类田野考察的过程

### 1. 准备工作阶段

准备工作阶段是田野考察的基础，充分细致的准备能够为后续的实地考察提供有力保障，提高考察的效率和质量。

在进入实地考察之前，需完成的准备工作主要有两项：一是案头工作，二是考察及生活用品的准备。案头工作包括明确考察目标、撰写考察提纲、筛选考察地点及访谈对象等。一般来说，应优先考虑与考察主题紧密相关且具备典型性的地区、人物或事物，同时还需综合考虑经费预算及进入考察地点的难易程度。对于陌生地区，应提前搜集相关资料，如地方志、旅游指南、地方报纸、回忆录、地方人物传记、地理杂志及手工艺介绍等，以确保对考察地有充分的了解。如果是个人考察，要注意合理规划时间；团队考察则需要明确组织分工，制定并遵守相关规章制度。此外，还需准备必要的物资及设备，如高清摄像机、录音笔、绘图工具、采访用具等，以及日常换洗衣物、遮阳帽、水壶等生活用品，以确保考察工作的顺利进行。

以关于少数民族传统手工艺的田野考察为例，案头工作需明确考察目的，为深入了解特定手工艺的制作流程、传承现状及其所面临的挑战，需撰写详细的考察提纲，包括手工艺人的生活背景、手艺传承模式、手工艺制品的市场销售状况等。在选择考察点时，应优先选择该手工艺历史悠久、传承良好且具有代表性的村落。对于不熟悉的村落，要预先搜集并研读当地的民俗志、相关研究论文等资料。团队成员应明确各自分工，如与手工艺人沟通交流、进行记录与拍摄、后勤保障等几大类。

2. 实地考察阶段

实地考察阶段也包括两项工作。首先是获准进入，建立良好关系。通常需要一份正式的单位介绍信来证明考察者的身份，以免被对方拒绝。如果能由当地政府机构如乡政府协助准入通常会更为顺利。此外，请熟悉考察对象或了解当地情况的熟人、朋友做引路人，也是不错的选择。在获准进入后，应努力与考察对象打成一片，取得信任。接下来才是正式开展采访，收集相关信息资料。在此过程中需做到"五勤"——

眼勤：多加观察，密切留意考察对象的行为举止，但需适度，以免引起对方不适。

脑勤：开动脑筋，积极思考，深挖原因，明确核心环节。

口勤：善于发问，通过闲聊或正式访谈提问获取新资料。

手勤：详实记录所见、所闻、所想，白天考察时未能记录详尽的可于当晚补记，以防遗忘；同时要进行拍摄与实物收集工作。

腿勤：加强联系，广泛走访，可多次前往、多地走动，促进多看、多想、多问、多记，助力资料收集。

3. 整理分析阶段

这一阶段的工作是对获取的资料加以整理和分析，形成考察报告。在田野考察的三个阶段中，前两个阶段是关键，扎实完成相应的工作之后，整理分析也就水到渠成了。

在对资料进行整理分析的时候应该注意，实地考察获得的资料属于原始资料，是根据看、听、问、摄、录、记所取得的一手资料，这些原始资料繁杂零乱，形式不同，呈无结构状态，需要整理。经过适当的分类整理之后，形成的是有序且具主题编码的记录资料，这是对庞杂资料清理后的结果。例如对录音、录像、图片进行分类整理，从而形成可分析、便于查找的资料。此后还要对这些资料进行选择、归纳、提炼，形成重点资料，这是经过分析、比较、评价所得的结果，资料数量不多，但应该十分精简，能够充分展现考察的成果。比如，在对乡村民俗文化的考察中，原始资料可能是大量村民口述的习俗细节，分类整理后形成有关不同节日习俗的有序记录，而在考察报告中则重点呈现最具特色和传承价值的民俗内容。

### 三、田野考察的策略与方法

#### （一）田野考察的策略①

田野考察中要解决的一系列问题，包括如何进入考察地点、进入后如何取得对方信任、如何顺利完成考察任务，以及如何安排吃、住、行等，可以概括为田野考察的生存策略问题。主要包括以下四个方面：一是需精心准备一份详实的考察提纲；二是应细心选择一个适宜的考察地点；三是需依靠当地政府、群众，并深入民间结识朋友；四是要找准重点对象，追踪深访（图 3-9）。

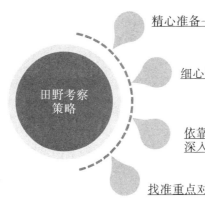

精心准备一份详实的考察提纲

细心选择一个适宜的考察地点

依靠当地政府、群众，深入民间结识朋友

找准重点对象，追踪深访

图 3-9 田野考察策略

1. 精心准备一份详实的考察提纲

有些人初次做田野调查的时候，往往背上行囊就上路了，一般不会有什么计划，更不会考虑先制订一份考察提纲。但是，假如没有一份明确且详尽的考察提纲，我们考察的目的何在？是先做这件事还是先做那件事？我们或将面临选择困难，难以确定先后次序，茫然不知所措。这种情况下，对方不可能信任

---

① 参考李立新：《设计艺术学研究方法》，江苏凤凰美术出版社 2009 年版，第 248～255 页。

你，接待你，想在那里继续考察就十分困难了。因此，经验丰富的考察者在做田野工作之前都会制订一份详实的考察提纲。

有人认为先列提纲可能和实际情况不相符，在实地考察中会受到提纲的束缚；也有人认为只需列个大概框架，具体细节到达现场再随机应变。实际上，准备不充分就会在实地考察中漏掉一些重要的内容。比如，在对某古老村落建筑风格的考察中，如果没有详细的提纲，就可能会忽略建筑结构中一些独特的榫卯连接方式，或者遗漏对不同年代建筑所用材料的细致对比。所以，在考察前精心策划一份详实的考察提纲是田野考察的第一大策略。

2. 细心选择一个适宜的考察地点

田野考察的特征是从书斋走向实践现场，因此，考察地点的选择是考察前一项极为重要的工作，地点选得好，到达现场才有立足之地。选择适宜的考察地点，是田野考察的第二大策略。

在选择考察地点时，会遇到两种情况。一种是考察者十分熟悉的地区，考察者在当地亲戚朋友多，社会关系复杂；另一种则是陌生的地区，甚至交通闭塞、语言不通。对考察者来说，是选熟悉的地区还是陌生的地区，要看哪一种选择对研究更有利。一般来说，考察地点是越熟悉越好，因为越熟悉就越容易进入，越有利于接近考察对象，自然也就能参与其中了。

例如，方李莉[①]对景德镇民窑变迁所做的田野考察。作为一位在景德镇生活、学习、工作多年的学者，她与当地社会人事的密切联系，这为考察研究提供了极大便利。同时，景德镇民窑业历史悠久且市场庞大，也为考察民窑变迁提供了得天独厚的条件。在这里，方李莉能够观察到手工艺人们是怎样承传父辈的技艺的，新的创作中又有哪些独特之处，以及他们如何适应工业化时代的生产方式，如何去销售，如何以此谋生。同时，她也深入探讨了受过高等教育的艺术家如何介入陶艺领域形成品牌等现代陶艺发展的现实问题。这种基于亲身经历和熟悉背景的考察，不仅确保了考察的顺利进行，也充分体现了对考察地区研究价值的深思熟虑。方李莉的选择无疑是一个成功的范例，为相关领域的研究提供了宝贵的经验和启示。

3. 依靠当地政府、群众，深入民间结识朋友

研究者顺利进入考察现场，是田野考察中异常关键的环节。有学者归纳出

---

① 方李莉（1956— ），江西都昌人，中国艺术研究院艺术人类学研究所所长、博士生导师、研究员、中国艺术研究院学术委员会委员。主要研究方向为艺术人类学，主要著作有《艺术人类学》《传统与变迁：景德镇新旧民窑业田野考察》《中国陶瓷史》《遗产·实践与经验》《艺术人类学的本土视野》等。

几种常见的进入方式，值得我们参考：官方支持、选择家乡、运用个人关系、匿名曲线进入等①。

官方支持：通过官方的许可与支持，自上而下地逐级深入现场。一些大型的考察，如对社会问题、民族问题的考察大都采用这种方法。其缺陷是官方色彩过浓，由政府工作人员陪同或安排入场容易"破坏"现场，从而使考察结果失实。

选择家乡：对于大多数研究者来说，选择家乡开展田野考察可能更为合适。例如，费孝通②选择其家乡开弦弓村作为调查地点，杨懋春③选择童年时生活过的山东省胶县（今胶州市）东南乡台头村进行文化人类学研究。

运用个人关系：运用个人关系非正式进入考察现场，这一方法比较有效，经常被采用。例如，李立新等人在湖南浏阳考察夏布织造的销售情况，就是采用这种方式进入考察地的。④

匿名曲线进入：当研究课题敏感或预料会受到拒绝时，可采取隐蔽进入的方式。如郑欣在华北农村进行"村民上访研究"时，以毕业分配实习生的身份隐蔽进入。这种方式虽然可以避免协商进入的困难，但也存在弊端，如考察者可能受到良心谴责，担心暴露身份，且与考察对象的接触范围有限。

4. 找准重点对象，追踪深访

在田野考察中，需要找准重点对象进行追踪深访。这些重点对象可以是当地的文化传承人、社区领导者、专家学者等，他们对当地的文化和社会情况有着深入的了解和认识。考察者要善于发现和识别重点对象，一般来讲，可以通过与当地居民交流、参与社区活动、查阅相关资料等方式，了解谁是在该领域具有权威性和影响力的人物。

追踪深访是深入了解重点对象的重要手段。这意味着不仅仅是进行一次简单的访谈或观察，而是要持续与他们保持联系，深入了解他们的经历、观点、见解和背后的故事，通过多次访谈、参与他们的日常活动、观察他们的工作环境等，全面地了解他们与研究主题相关的方方面面。例如，在对少数民族传统

---

① 郑欣：《田野调查与现场进入——当代中国研究实证方法探讨》，《南京大学学报（哲学·人文科学·社会科学版）》2003 年第 3 期，第 56～60 页。

② 费孝通（1910—2005），江苏吴江人，著名社会学家、人类学家、民族学家、社会活动家，中国社会学和人类学的奠基人之一，主要著作有《行行重行行》《学术自述与反思》《从实求知录》《乡土中国》等。

③ 杨懋春（1904—1988），中国社会学家。主要著作有《一个中国村庄：山东台头》《乡村社会学》《社会化与生活礼节》等。

④ 李立新：《设计艺术学研究方法》，江苏凤凰美术出版社 2009 年版，第 251～253 页。

文化的考察中，文化传承人可能是重点对象。考察者可以通过多次拜访文化传承人，了解他们学习和传承传统文化的经历，掌握传统技艺的精髓和演变过程。同时，还可以观察他们在社区中传授传统文化的方式和影响力，了解传统文化在现代社会中的传承挑战。

## （二）田野考察的基本方法①

田野考察的策略问题解决后，考察者便能顺利地进入实地开展工作。此时，应特别重视田野考察的基本方法，它们能帮助我们摒除偏见，更全面、深入地了解考察对象，进而得出更准确、更有价值的研究结论。

田野考察的基本方法包括参与观察法、深度访谈法、实物测量法、资料采集法、历史溯源法和学科融合法。其中，参与观察和深度访谈已在前两节做过基本介绍，本节将结合田野考察进一步阐述这两种方法的具体应用，并简要阐述其他几种方法。

### 1. 参与观察法

俗话说，"百闻不如一见"。参与观察的方法至今仍是田野考察中最基本的方法。在社会学研究中，有研究者装扮成流浪汉，混迹街头，亲身体验，更有甚者，在取得管理部门同意后，装扮成犯人进入监狱进行观察和交谈。这种深度的参与性观察能够收集到极为真实的资料。在地域文化的田野考察中，我们往往面临一个挑战，即许多传统技艺十分复杂，难以在短时间内掌握。以宜兴紫砂壶的制作和缂丝工艺为例，即便是学徒也需要历经数年的刻苦学习，才能独立操作。所以，研究者很难亲身体验这些技艺的全过程，但凭借其专业素养和技术敏感，直接观察其制作过程，捕捉其中的关键环节，深入挖掘技巧背后的深层信息，仍不失为获取生动可信的一手资料的有效途径。

参与观察需要多看、多听、多问、多记，处处留心。地域文化的田野考察有自己的目的性，可以围绕特定主题进行观察，但要适当关注与民俗具有相关性的议题。

观察的主要内容包括以下几种：

首先，观察周围环境，如村落、里弄、居民建筑（如图3-10），周边地区的地形、河流、桥梁、山川、树木等，以全面了解地域环境。

---

① 参考李立新：《设计艺术学研究方法》，江苏凤凰美术出版社2009年版，第258～268页。

图 3-10　参与观察：院落环境

其次，观察当地的民风、习俗，辨识哪些习俗是历史传承的，哪些是新近产生的变化，以此把握地域文化的脉络。

再者，需将观察重点放在考察对象——具体物品上，细致观察其形态、构造及功能，并留意与之相关的制作工具，以全面理解其生产与使用（如图 3-11）。同时，还需将目光投向人，观察工匠、设计者、使用者的工作状态与流程，包括他们的日常生活与工作情况，了解他们在生产实践中的具体行为与决策过程。

图 3-11　参与观察：推碾子

最后，不可忽视对物的流通环节的观察，需追溯原料的来源、成品的销售渠道与流向，以及经济效益的评估，以全面把握传统技艺的经营情况。

2. 深度访谈法

深度访谈通常采取半结构化形式进行，这意味着访谈过程中没有预先设定的问卷或固定流程，但会提前准备一个明确的访谈主题及探讨范围。围绕这一主题，访谈双方进行相对自由、轻松的对话，主题探讨逐渐深入，被访者能够充分表达其对访谈主题的认知、态度、情感、理解以及潜在的信念和动机。这些丰富而生动的信息同步被详细记录，成为宝贵的研究资料。由此可见，深度访谈有两个重要的特征：首先，它基于预先设定的访谈主题及范围展开，同时赋予访谈双方足够的灵活性，以便在交流过程中灵活把握和深化主题；其次，它强调深谈而不是浅谈，是要深入事实的本质层面，获取具有深度的信息和见解。

深度访谈一般有两种，即正式访谈与非正式访谈。正式访谈强调事前的周密计划与准备，明确访谈的主题与被访者名单，并与被访者提前约定访谈的时间与地点。在访谈过程中，携带必要的采访工具前往约定的地点进行深入交流。正式访谈在深度访谈中占据主导地位，被广泛应用于各类研究之中。例如，人类学家对湖南江永县妇女间流行的古文字"女书"的研究，就采用了正式访谈，专门访问了两位以"女书"进行创作的老太太——高银先与义年华。[①] 非正式访谈无事先预约，是观察到一个重要现象或追踪到一条重要线索时即时进行的深入交流。这一性质的访谈也应围绕考察主题展开，但可以因势利导，从中挖掘出更多有价值的新资料。例如，走在当地的街头巷尾进行直接观察时，可能会遇到某些新鲜的现象、习俗或民风等。这时，就可以主动与路人、商店或餐馆的经营者等进行交谈。这种交谈虽然没有预定话题，但能集中于遇到的具体问题，帮我们解答疑惑、克服困难。

深度访谈虽看似随意、自由，但实则与一般聊天有别，它需要遵循一些特定原则，简单来讲包括以下几个方面：

其一，了解被访者日常生活。确定访谈主题时，明确被访者并研究其个人情况，以个人生活史、奋斗史为切入点，使访谈自然展开。例如，可询问"您获大奖时才 30 多岁吧？""您何时跟师傅去外地谋生的？"等等。

其二，提问简明扼要、突出重点，且不让对方为难。开始前对自己进行介绍，说明访谈目的时应清晰明了，随后提出问题时应通俗易懂、由浅入深，避免一开始就抛出所有问题。如果对方回避某类问题，可以转换话题，适时再提。

其三，抓住发问时机，引导访谈方向。当对方回答离题时，可重复叙述或稍做停顿，邀请对方稍事休息后再切换至新的问题。整个访谈过程应由访谈者掌控主题方向和进度，由浅入深地推进，以获取深层资料。

其四，尊重对方，用心提问、认真倾听、专心记录。采访时要尊重被访者，开始或结束时，务必诚恳地向对方表达感谢。提问时目光一定要与对方的眼睛保持接触，对方回应问题时，一定要认真聆听，专心记录。

其五，访谈时间和地点最好由被访者决定。与被访者联络时，一定要协商

---

① 乔健：《漂泊中的永恒：人类学田野调查笔记》，山东画报出版社 1999 年版，第 67~74 页。

时间、地点，最好由被访者决定，切不可擅自决定后再通知被访者。即使被访者说可以由访谈者决定，也要询问对方"时间是否合适？""是否会影响您的工作或休息？"等等。

深度访谈是田野考察工作中最重要的方法，涉及访谈者与被访者直接面对面的互动关系。访谈者需要从被访者日常生活的角度去了解、观察其行为、目的。同时还应遵守一定的原则，保持清醒的访谈思路，以便引导访谈过程，达到深度访谈的预期目标。

3. 实物测量法

实物测量法是一种通过定量手段对文化实物进行系统记录和分析的方法，广泛应用于建筑、文物、艺术品等文化遗存的尺寸、比例、材料等方面的考察。作为科学记录考察内容的基本手段，实物测量法能够确保对文化实物关键数据的获取，有助于研究者在保护、修复和重建工作中，保持对原有文化特征的准确理解和尊重。在考古学、建筑学的田野工作中，实测工作不仅重要，而且是唯一能够获得关键资料的方法。建筑学家梁思成与林徽因自 1930 年到 1945 年，访遍我国 15 个省 200 多个县，考察测绘 200 多处古建筑物，其中有赵州桥、应县木塔、五台山佛光寺等，他们在田野工作中，成功地了解到中国古建筑结构设计的奥秘，并完成了对《营造法式》的解读。[①]

实物测量的目的是掌握物的基本尺寸和结构。传统的实物测量法一般采用直尺、卷尺、游标卡尺等工具，通过直接接触物体表面或内部，来获取物体的尺寸、形状、角度等参数。但仅做详细的实物测量还不够，更重要的是了解其功能特征，包括复杂的工作原理及过程。测量时除了记下全部尺寸数据及部件名称、位置、材质等，还必须了解每一部件在整体中所起的作用、意义。

随着科技的进步和测量需求的多样化，传统实物测量法已经不能完全满足现代工业、科研和日常生活的需求，现代测量技术应运而生。激光扫描、三维建模等技术，不仅极大地提高了测量的精度和效率，还使得文化实物的数字化保护成为可能。

4. 资料采集法

资料采集法有广义和狭义之分。广义的资料采集法包括观察、访谈、实物测量等方法，旨在通过各种途径对考察对象进行全面了解，以获取一手资料。狭义的资料采集法则是通过图书馆、档案馆、博物馆等渠道收集相关文献资料，并借助互联网等现代技术手段获取最新的研究成果和动态。资料采集法是

---

① 李立新：《设计艺术学研究方法》，江苏凤凰美术出版社 2009 年版，第 261~262 页。

地域文化考察的基础，综合运用多种方法和工具，能够有效收集和评估资料，为深入分析和文化创新提供丰富的信息资源。

资料采集的全面性和准确性对研究至关重要，因此在采集过程中应注意两个方面：其一，尽可能广泛地搜集与调查内容紧密相关的各类现象资料，包括思维方式、设计手法、使用习惯、价值观体现等，以确保资料内容丰富完整；其二，注意所收集资料的可信度与准确性，对于别人提供的资料，需要反复核对和验证，只有经过实物比对或实际验证，证明资料真实可靠后，才能将其作为正式资料，用于后续研究和设计，否则只能作为参考性资料保存备查。

资料采集的内容主要包括三个方面。一是前人针对此项考察内容所做的工作。在考察前期，了解前人的工作能够为自己的考察提供方向和思路，为下一步的考察工作打下基础。二是自己发现的新内容、新资料。尽管前人可能已对同一主题进行过研究，但可能存在某些方面未被关注或资料收集有限的情况，因此要特别注意新资料、新内容的采集。三是其他同类型考察采集的资料。注意收集与其他地区同类主题存在明显差异的资料，通过对比分析，揭示地域特色和文化差异，为深入理解和诠释研究对象提供独特视角。

无论采集何种资料，都必须注意筛选优劣、辨别真伪，确保资料真实可靠，只有这样才能为作品创作与设计提供坚实的资料支撑和数据支持。

5. 历史溯源法

历史溯源是指通过追踪和分析文化现象、社会习俗、语言、宗教、艺术等的历史起源和发展过程，来理解它们在现代社会中的形态和意义。

设计类田野考察具有较强的历史溯源性，这与设计学科的特殊性相关。在人类生活的演进中，许多必需品发生了显著变化。部分物品在历史长河中逐渐消失，而绝大多数则经历了演化，变得繁复多样，需全面系统的梳理和研究。这便是设计类田野考察的重点。

例如，李立新关于传统纸伞的田野调查就充分体现了历史溯源的方法。其报告开头指出："伞在中国有悠久的历史，几乎与青铜器、瓷器一样古老。几千年来，伴随着先民的生活，经历了烈日风雨的考验，尤其令人瞩目的是，它比其他传统器具更具生命力。在现代高科技急速发展的今天，它在结构装置基本保持不变的情况下，仅在材质上略施替代就延续下来，至今仍是我们生活中必备的器具之一。"①

---

① 李立新：《移动与收放：中国纸伞的结构设计研究》，《艺术人类学的理论与田野》（上），上海音乐学院出版社 2008 年版，第 374 页。

在地域文化考察中，历史溯源是对地域文化的历史追溯，以深入了解其发展脉络、演变过程及影响因素。进行历史溯源时，要广泛收集和研究相关的历史文献、考古资料、地方志等。这些资料能提供关于地域文化的起源、发展阶段、重要事件和人物等息。同时，对历史遗迹、古建筑、传统手工艺进行实地考察，与当地老人、学者、文化传承者交流，倾听他们的口述历史和故事，也能为历史溯源提供宝贵的线索和见解。历史溯源不仅有助于理解地域文化现状，还能为其保护、传承和创新提供重要依据。了解历史能让我们发现地域文化的独特价值和魅力，从而更加珍视和保护它。

6. 学科融合法

学科融合是当今学术研究和实践发展的重要趋势。设计类田野考察旨在调查人类的设计行为及其文化，它涉及人类学、民族学、社会学、心理学、材料学等多个学科。将这些学科整合起来对同一对象进行考察，相较于过去单一、封闭的工艺考察，能使研究更加深入、准确、可信。例如，方李莉的《传统与变迁：景德镇新旧民窑业田野考察》（江西人民出版社 2009 年版），就综合运用了历史学、社会学、艺术人类学的理论与方法，对景德镇民窑业近 500 年的历史进行了深入研究，对景德镇新兴的陶瓷手工业作坊做了系统考察和缜密分析。

在地域文化考察中，融合多学科的知识和方法可以更全面、更深入地理解和解读地域文化。例如，将历史学、人类学、社会学、地理学、艺术学等学科的理论和方法相结合，可以从不同角度对地域文化进行分析。历史学可以提供发展脉络和演变过程，人类学可以揭示内涵和意义，社会学可以探讨文化与社会结构的关系，地理学可以研究文化与自然环境的相互作用，艺术学可以赏析文化的艺术表现形式。此外，还可以运用现代科技手段，如地理信息系统（GIS）、虚拟现实（VR）、大数据分析等，为地域文化考察提供新的视角和方法。

学科融合需要跨学科的团队合作和交流，不同学科的团队成员可以共同探讨问题，分享观点和经验，从而实现优势互补，得出更丰富的考察结论。通过学科融合，我们可以打破学科壁垒，拓展研究视野，为地域文化的保护、传承和发展提供更有效的策略和方案。

## 延伸阅读

1. 李立新：《设计艺术学研究方法》，江苏凤凰美术出版社 2009 年版，第 239～278 页。

2. 戴力农：《设计调研》，电子工业出版社 2014 年版，第 2~93 页。

3. 柯玲：《传统刺绣创意设计田野实录》，东华大学出版社 2023 年版。

## 思考与练习

1. 直接观察和参与观察有什么区别？在地域文化考察中，应该如何选择？

2. 在地域文化考察中，如何根据研究目的和对象选择合适的访谈类型？

3. 撰写一份简单的访谈提纲，用于了解某个地域的传统节日习俗。

4. 设计类田野考察的对象包括哪些方面？请简要说明。

5. 田野考察的策略包括哪些方面？请简要说明。

6. 结合实际例子，说明在田野考察中如何综合运用多种基本方法。

**本章导览**

　　资料的整理与分析是地域文化考察中不可或缺的环节，有助于我们从纷繁复杂的资料中梳理出有价值的信息，洞察其深层的文化内涵。为确保这一过程的科学性和有效性，有必要采用合理的工具与方法。

　　根据研究的性质和资料收集的方法，有定性资料和定量资料之分。"定性资料是指那些从实地考察中所得的访谈记录、观察文字、速记符号、图片、录音、摄像信息，以及其他类似的文献资源和相关实物。"① 在地域文化考察中所收集的资料以定性资料为主，因此，本章将重点围绕定性资料的整理与分析，介绍一些常用的方法与工具。第一节围绕资料的整理与归纳，介绍资料的分类与编码、知觉图与概念图、卡片归纳法、人物角色法和故事板等工具。第二节围绕资料的分析与洞察，介绍情景分析、历史分析、比较分析和案例研究等方法，并探讨如何实现由分析到洞察这一过程。

## 第一节　考察资料的整理与归纳

　　考察资料的整理与归纳是对地域文化考察所获取的信息进行系统梳理和分类的过程。这一过程有助于将零散的资料系统化，以发现其间的关联和规律，同时也使资料的保存和查阅更加便捷，从而为后续的分析和应用提供便利。

　　参照"本章导览"中定性资料的定义，地域文化考察资料的来源至少有四

---

① 李立新：《设计艺术学研究方法》，江苏凤凰美术出版社 2009 年版，第 118 页。

种，一是实地访谈，二是观察所得，三是文献资料，四是实物器具，其内容如表 4-1 所示：

表 4-1　考察资料的来源

| 资料来源 | 形式内容 |
|---|---|
| 实地访谈 | 访谈记录、录音、摄像、图片、环境记录、受访者概括等。 |
| 观察所得 | 现时记录、事后记述、图片、录像、体验过程、心得等。 |
| 文献资料 | 古籍、画稿、图片、音像、信件、备忘录、记事簿、唱片、图谱、符本等。 |
| 实物器具 | 文物、民间用具、制作工具、设备、现代产品、个人用品、公共用品等。 |

## 一、资料的分类和编码

对于大量原始资料，需要遵循一定的原则和方法（图 4-1）进行分类，标以代码，即编码。资料的分类与编码是考察资料整理过程中基础且关键的步骤，对于实现信息的有效管理和快速检索具有重要意义。分类和编码工作，要求我们对资料的性质和内容有深入的理解，并具备一定的逻辑思维和系统化处理的能力。

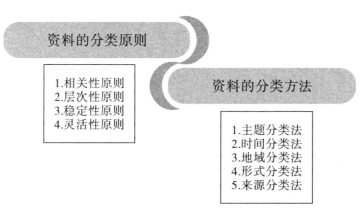

资料的分类原则

1.相关性原则
2.层次性原则
3.稳定性原则
4.灵活性原则

资料的分类方法

1.主题分类法
2.时间分类法
3.地域分类法
4.形式分类法
5.来源分类法

图 4-1　资料的分类原则与方法

### （一）资料的分类原则

在进行资料分类时，通常要遵循以下原则，以确保分类的科学性和实用性。

1．相关性原则

相关性原则指的是在分类过程中，应当将那些在内容、主题或用途上具有紧密联系和相似性的资料归为同一类别，以确保资料之间的逻辑性和连贯性。这一原则要求我们在分类时，要深入分析每一份资料的核心内容和主要特征，找出其与其他资料之间的内在联系。此外，相关性原则还强调在分类过程中要考虑到资料之间的交叉和互补关系。有些资料可能在多个类别中都有一定的相关性，这时就需要根据其主要特征和用途来决定其最终的归属。

2．层次性原则

层次性原则是指在整理和组织资料时，应根据其重要性和详细程度，建立一个层次分明的分类体系。这种原则的核心在于通过多级分类方法，如大类、中类、小类等，对信息进行有序的划分和归类，使整个分类体系更加清晰。例如，在"春节"这一类别下，可以进一步按照层次性原则进行细分，将春节的历史渊源分为古代春节的起源和发展、春节传统习俗的演变等子类别，将春节的庆祝活动分为祭祀活动、家庭团聚、娱乐活动等子类别。

3．稳定性原则

稳定性原则是指在进行资料分类和研究时，应当采用相对稳定且一致的分类标准，避免频繁变动和调整。这样可以保证在不同的研究阶段和不同的研究者之间，资料的分类具有一致性和连贯性，便于进行比较和交流。这一原则要求我们在制定分类标准时，要充分考虑其长期适用性和广泛适用性，尽量避免那些容易受到时间变化或特定情境影响的因素。

4．灵活性原则

灵活性原则是指在进行分类时，应根据实际情况和具体需求，灵活地对分类体系进行调整和补充。这一原则强调分类的动态性和适应性，旨在确保分类体系能够有效地适应不断变化的研究需求和资料特点。例如，若发现春节在少数民族地区有独特的庆祝方式，可在"春节"类别下新增一个"少数民族地区的特色"子类别，以容纳这些新的资料。

（二）资料的分类方法

1．主题分类法

主题分类法是一种将资料按照其主题或内容对资料进行归类和整理的方法。如将地域文化考察资料按历史、艺术、建筑、民俗等主题进行分类。

2．时间分类法

时间分类法是指按照资料涉及的时间顺序进行分类，例如按历史时期、年代或具体时间节点来分类。

3. 地域分类法

地域分类法即根据资料所属的地域范围进行分类。例如，根据传统节日在不同地域的习俗差异，将资料分为北方地区、南方地区等，以研究地域对传统节日的影响。

4. 形式分类法

形式分类法是指依据资料的形式进行分类，如文献资料、图像资料、音频资料等，便于对不同形式的资料进行管理和分析。

5. 来源分类法

来源分类法就是根据资料的来源渠道进行分类，如官方文献、民间传说、实地调查等。

在实际应用中，通常会综合运用多种分类方法，以确保资料的分类更加全面、准确和符合研究需求。例如，先采用地域分类法将资料按地区划分，然后在每个地区内再采用主题分类法进一步细分，同时结合时间分类法和来源分类法，对资料进行更加细致的整理。

（三）编码系统的建立

建立编码系统是对分类后的资料进行有效标识和管理的关键环节，通常包含如图 4－2 所示的五个步骤。

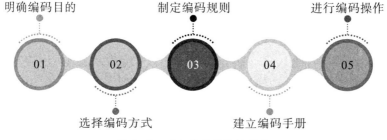

图 4－2 建立编码系统的步骤

1. 明确编码目的

明确编码的目的可以帮助我们选择合适的编码方式和规则。编码的目的通常是提升资料检索效率、便于数据统计分析，或者是与特定的数据库或信息系统兼容等。

2. 选择编码方式

选择合适的编码方式可以提高资料编码的效率和准确性。数字编码简洁直观，适合大规模的资料分类和排序；字母编码则更具表意性，便于理解和记忆。混合编码能结合两者的优势，适应复杂的资料架构。比如：可以用字母"C"代表春节，"D"代表端午节；后面紧跟数字来表示具体的子类别，用"C01"表示春节的起源，"D02"表示端午节的习俗。

3. 制定编码规则

制定严谨的编码规则可以确保编码的一致性和准确性。规则应涵盖编码的结构、长度、字符使用规范等方面。比如规定编码由两位字母和三位数字组成，前两位字母表示类别，后三位数字表示具体细分内容，数字越大表示内容越具体。同时，编码系统还需具备良好的扩展性。考察资料可能不断丰富和更新，最好预留一定数量的备用编码或者在编码结构中留出一定的灵活空间，以便能够扩充新的资料类别和细节。

4. 建立编码手册

详细的编码手册不可或缺。手册中应详细说明每个编码中每一位的具体含义、适用范围、相关示例以及可能出现的特殊情况，以帮助使用者准确理解和运用编码，减少误解。

5. 进行编码操作

进行编码操作时要严格遵循既定规则，对资料进行逐一编码，以确保编码的准确性和完整性。还要定期对编码进行验证和修正，检查是否存在重复、遗漏或错误的编码，以保持编码系统的可靠性和有效性。

## 二、知觉图与概念图

知觉图、概念图同思维导图一样，都是联系各种观点和关系的可视化思考工具。这三种工具都可用于组织复杂的（通常是混乱的）信息空间，由此识别、研究、共享及思考概念之间的关系。

在地域文化考察中，面对大量纷繁复杂的资料，合理利用这些工具能够帮助我们整合分散、零碎的信息，形成清晰的结构和逻辑。

（一）知觉图及其绘制[①]

知觉图（Perceptual Mapping）也叫感知图，是一种用于呈现人对不同物品的感知和评价的图形工具，通常由两个及以上维度组成，每个维度代表人用

---

① 参考戴力农：《设计调研》，电子工业出版社 2014 年版，第 127～133 页。

于评估物品的一个重要属性或特征。知觉图是一种理想的分析工具，通过收集特定目标群体对某物在多个维度上的体验，可以直观地展示事物及其属性、特征。

　　二维知觉图（图4－3）是最常见的知觉图类型，它以两个感知维度为坐标轴构建平面直角坐标系。这两个维度通常是人们在评价某种物品时最重要的两个因素。二维知觉图的优点是：简单直观，易于理解和制作，能够快速呈现物品两个关键属性的关系，方便比较。其缺点是：内容信息量小，只展示概况；在数据收集不到位的情况下容易得出错误、形式化的结论。

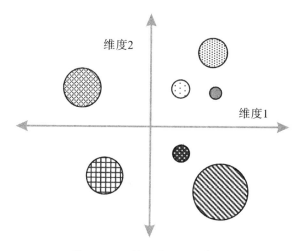

图4－3　二维知觉图（示意图）

　　多维知觉图由三个或更多维度组成，意味着可以进行更多维度的比较，其示意和解读也更加复杂。例如，图4－4展示的是人们如何看待啤酒，从啤酒的13个属性切入，最后总结出啤酒受众分群的两大依据：价格和口味。在此基础上继续详细解读：带箭头的矢量表示啤酒的属性，越靠近的矢量相关性越强。多维知觉图的优点是可以更全面地了解不同事物在各个重要维度上的综合表现，从而进行更精准的设计定位。多维知觉图对使用者要求较高，需要进行系统学习和不断实践操作才能熟练掌握。

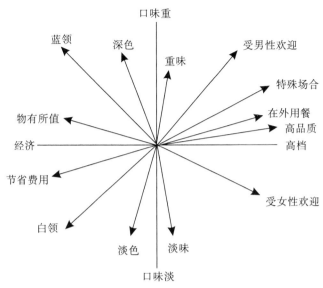

图 4－4　多维知觉图（以啤酒为例）①

　　地域文化考察中搜集到的大多为定性资料，而知觉图主要用于清晰呈现地域文化在不同维度上的特点和优势，揭示地域文化中那些尚未被充分挖掘的领域，进而帮助我们明确其文化特色与定位，为挖掘设计思路提供线索。如果想要绘制清晰、准确、有效化知觉图，还需结合定量的数据收集。

　　为了更好地绘制知觉图，在分析地域文化资料时可以从以下三个方面入手：

　　第一，维度确定。首先，根据地域文化资料，提炼出用于构建知觉图的文化特征维度，如传统性与现代性、实用性与装饰性、开放性与保守性等。例如，对于传统手工艺，可以从制作工艺的复杂程度（传统性）、产品的功能实用性和外观装饰性等维度来分析。其次，考虑用户对地域文化的认知和评价维度，如知名度、吸引力、认同感等。通过市场调研或用户访谈，了解用户对不同地域文化元素的看法。例如，调查用户对不同地方传统美食的了解和喜爱程度，作为知觉图的一个维度。

　　第二，对比分析。一是将不同地域的同类型文化元素进行对比，找出差异和共性。例如，比较不同地区的传统婚礼习俗，分析婚礼仪式、服饰、宴请等方面的差异，这些差异可以作为知觉图上区分不同地域文化的依据。二是对同一地域内的不同文化元素进行对比，分析它们之间的关联性。例如，在一个地

---

① 参考戴力农：《设计调研》，电子工业出版社 2014 年版，第 129 页。

区内，分析建筑风格与传统服饰图案之间可能存在的审美共性或文化关联，以便在设计中更好地整合这些元素。

第三，文化内涵挖掘。一方面，要深入分析地域文化资料中所蕴含的价值观和信仰体系。例如，从传统建筑的风水观念、祭祀活动的仪式规范中挖掘出当地人对自然、祖先的敬畏之情和对美好生活的向往等价值观。另一方面，也要寻找能够引发人们情感共鸣和记忆的文化元素。例如，儿时听过的民间故事、家乡的传统小吃等，这些元素往往能够唤起人们对地域文化的情感认同，在设计中可以作为增强用户情感连接的重要因素。

## （二）概念图及其设计①

概念图是一种用来组织和表征知识的工具，它将概念和概念之间的关系以图形化的方式展示出来，帮助人们更好地理解、记忆和交流知识。作为一种视觉化框架与意义构建工具，概念图可以将某个领域相关的各种想法、物品和事件连接在一起，在现有知识的基础上吸收新的概念，从而创造出新的意义。

概念图通常由节点和连线组成：节点代表概念（众所周知的想法、物品或事件，通常是一个名词或名词词组）；连线表示概念之间的关系，连线上则标注关系方式（即连接词，通常是动词）（图4-5）。当一个连接词连接两个或两个以上的概念时，就形成了一个意义明确的主题。主题出现之后，一些关系可以反映已知知识，另一些关系则可以体现新知识。

在设计概念图时，需要充分了解该领域的相关知识。如果对这些概念的理解有限，就很难通过恰当的连接词展示其间的意义关联。此外，阐明正确的焦点问题也是关键的一步。例如，"人们如何分享图片"和"人们想怎样分享图片"是两个不同的问题，相应的概念图亦应有所不同：前者应该提供实际可行的分享方式，而后者更注重探索性调查，应该提供一系列扩展性选项。

绘制概念图首先需确定焦点问题，确定焦点问题之后，需筛选出与之紧密相关的15至25个概念，并按照由普遍至具体的逻辑顺序进行排列。随后，利用纸质或电子工具绘制初步的概念图框架。在形成最佳层次结构之前，最好能让概念的位置便于改变，以纠正错误并优化概念的布局。完成概念布局之后，需运用交叉连接来确认不同子领域之间的内在联系，并借助连接词解释每个独立的概念。最后，经过不断的修改、重排与重绘，充分解释焦点问题。

---

① 参考贝拉·马丁、布鲁斯·汉宁顿：《通用设计方法》，初晓华译，中央编译出版社2013年版，第38~39页。

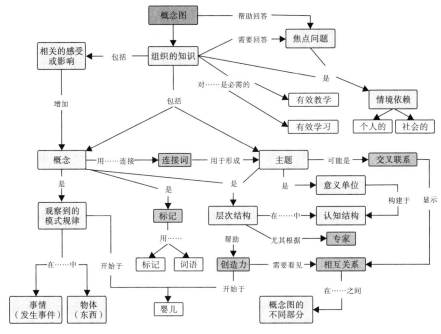

图 4-5　概念图生成示意图

## 三、卡片归纳法

卡片归纳是一种整理和分类信息的方法，将信息记录在卡片上，然后根据不同的主题或类别进行整理和归纳。这种方法可以独立使用，也可以作为资料分类和编码过程中的辅助手段。

### （一）卡片归纳法的基本概念[①]

卡片归纳法是一种利用卡片作为载体来呈现、整理和交流思维的手段。其历史可以追溯到早期的图书馆时代，在计算机等现代检索工具尚未普及之时，卡片分类便成为图书管理最经典的方法之一。

卡片归纳法不仅具有悠久的历史，还具备多种优点，能够根据不同需求进行创造性运用。在日常生活与工作中，卡片归纳法具有广泛的应用场景与价值。例如，很多同学会将课程的知识点记录在卡片上，以便随时复习；企业则通过卡片广泛征集想法，甚至用卡片进行投票。

---

① 参考戴力农：《设计调研》，电子工业出版社 2014 年版，第 139～140 页。

在设计行业，卡片法主要用于信息分类整理，或者结合一些信息分析方法使用。具体而言，卡片归纳法是将收集的资料信息记录在卡片上。一张卡片可以记录一个问题、一段文字、一幅图画或一个感想。与整本笔记相比，卡片具有更大的灵活性，便于整理，方便查找，同时也便于对信息按不同需求进行比较和排列。

## （二）卡片归纳法的操作步骤

首先，卡片归纳的核心在于将每一条信息单独记录在一张卡片上。这样做的好处是方便对每一条信息进行单独处理和分类。卡片可以是实体的纸质卡片，也可以是电子形式的卡片，如数字笔记软件中的卡片。对于地域文化考察而言，卡片信息记录可以在现场即时完成。

接下来，根据信息的内容和性质，对卡片进行分类。分类的标准可以是主题、时间、重要性等不同的维度。例如，把所有关于特定地域传统习俗中节日庆典的卡片归为一类，将所有关于该地域宗教建筑的卡片归为另一类。这样做的目的是方便我们在需要的时候快速找到相关信息。

此外，还可以通过添加标签或关键词来进一步提高信息的检索效率。例如，在每张卡片上添加与内容相关的标签，像"湘西苗族蜡染""徽州古村落布局"等，这样我们就可以通过标签快速找到所有相关的卡片。这种方法特别适用于电子卡片，因为电子卡片的搜索功能可以快速定位到带有特定标签的卡片。

最后，还可以通过定期回顾和更新来保持信息的时效性和准确性。随着研究的深入和时间的推移，我们可能会获得新的信息或发现旧信息的错误，这时就可以及时更新卡片的内容。定期回顾可以帮助我们巩固记忆，提升效率。

## 四、人物角色法[①]

人物角色法（Persona Method）是一种在设计、市场营销、用户研究等领域广泛应用的方法，用于创建虚构但具有代表性的用户模型。它不仅仅是对用户的简单描述，更是对用户群体特征的综合提炼和概括，包括用户的个人信息、生活方式、目标、痛点、使用场景等。

那么，为何需要人物角色法呢？在实践工作中，设计人员常常会犯许多常

---

① 参考戴力农：《设计调研》，电子工业出版社 2014 年版，第 166～169 页。

识性错误，典型的比如"我就是用户""我比用户更了解产品"，等等。他们忘记了，自己只是千万用户之一，既非典型用户，也不代表大多数用户。设计人员的利益点决定了他们更关注如何使产品技术合理、流程优化之类的问题，而用户是基于自己的知识、能力从外部去使用产品，并不需要懂得产品背后的技术原理和运行程序。在当今竞争激烈的市场环境中，以用户为中心的设计理念已成为产品成功的关键。人物角色法作为一种有效的用户研究工具，能够帮助设计师和研究人员立足于用户角度看问题，深入了解用户的需求、行为、目标和动机，从而为产品设计提供有力的依据。

（一）人物角色法的类型

人物角色法按照性质可以分为定性人物角色、定量人物角色和经定量检验的定性人物角色。这三种类型在运用步骤上有所不同，适用于不同的情况，也各有优缺点。

定性人物角色主要依赖于研究者的主观判断和经验，适用于初步探索阶段，能够提供深入的见解和理解。然而，由于其主观性较强，结果可能缺乏普遍性和可重复性。定量人物角色则侧重于通过数据和统计来描述和分析人物角色，适用于需要精确测量和验证假设的研究。这种方法的优点在于结果具有较强的客观性和可重复性，但可能无法充分捕捉到人物角色的复杂性和细微差别。经定量检验的定性人物角色结合了前两种方法的优点，首先通过定性研究获得深入的理解，然后通过定量方法进行验证和测量。这种方法能够提供更为全面和可靠的分析结果，但过程相对复杂，需要较强的使用技能和较高资源投入。

总体而言，定性人物角色成本较低，有 15 个用户访谈和观察就可以细分用户群，建立模型卡，需要投入的研究人员也不多，适合小项目或者一般项目。定量的人物角色则需要较多的时间和资金投入，更多的研究人员以及更多的用户，并且需要运用统计聚类分析来细分用户群，适用于需要量化数据支撑的项目。在实际应用中，应根据研究目标、资源和时间等因素综合考虑，选择最适合的人物角色法类型。

在地域文化考察中，定性人物角色法可以用于初步了解当地居民对传统文化的认知和情感态度。比如通过与几位土生土长的老人深入交谈，描绘出"坚守传统的老张"这一定性人物角色（图 4-6），了解他对本地传统节日、习俗的深厚感情和传承愿望。而定量人物角色则适用于大规模的地域文化认同感调查。例如通过对众多居民发放问卷并做数据分析，得出像"积极参与的小王"

这样的定量人物角色（图4-7），明确不同年龄段、职业群体对地域文化活动的参与频率和意愿。经定量检验的定性人物角色则适用于那些对精确度和可靠性要求更高的考察项目。如某一地域特色文化产品的市场定位考察。先通过定性的方法确定"热衷收藏的李女士"这类角色对特色文化产品的品质、设计等方面的具体需求，再通过定量方法检验其普遍性和规模，从而为产品的精准定位提供有力支持。

图4-6　坚守传统的老张（刘芳菲　绘）　　图4-7　积极参与的小王（刘芳菲　绘）

## （二）人物角色法的步骤

在此，介绍一下系统创建人物角色的方法，即尼尔森（Lene Nielsen）的"十步人物角色法"。具体步骤如下：

（1）发现用户：确定研究的目标用户群体。

（2）建立假设：基于初步了解，对用户的行为、需求等做出假设。

（3）收集数据：通过各种渠道，如访谈、观察、问卷调查等收集用户相关数据。

（4）发现共同模式：对收集到的数据进行分类和整理，并根据数据的相似性和差异性，将用户细分为不同的群体。

（5）构建人物角色：为每个细分群体创建一个具体的人物角色，包括个人信息、目标、行为、态度等。

（6）定义场景：描述人物角色在各种场景下的行为和需求。

（7）检查和验证：确保人物角色的真实性和有效性。

（8）优先级排序：确定不同人物角色的重要性和优先级。

（9）知识传播：将人物角色的信息在团队内部分享和传播，以指导设计和决策。

（10）持续的发展：通过可用性测试及引入新数据，分析探讨人物角色模型是否需要修改。

上述十个步骤并非均需逐一执行，应根据项目的具体需求来决定哪些步骤应当实施，哪些可以省略，以及哪些环节至关重要，哪些相对次要。需特别留意，在实际的项目执行过程中，人物角色模型需要持续迭代和不断完善，并非一旦构建即成定局。随着研究与设计工作的推进，人物角色将逐步增添更多细节，例如功能特性、交互模式以及与其他角色的关联等。

人物角色法具有诸多显著优势。它能够将抽象的用户群体具象化为具体的虚拟人物，帮助我们更好地理解和共情用户。通过详细描绘人物的特征、需求、目标和行为模式，为设计和决策提供方向。此外，该方法有助于提高团队内部的沟通效率，使成员围绕共同的"用户形象"开展工作，减少分歧。它还能增强设计的针对性和有效性，进而提升用户的满意度和忠诚度。其缺点主要表现为只显示用户的部分属性、描述不够准确、观点片面和易形成印象刻板等[①]，在实际应用中应通过不断优化和创新，最大限度地发挥其优势，减少其负面影响。

## 五、故事板

故事板（Storyboard）是一种用于叙述故事的视觉工具，通常由一系列连续的画面组成，每一幅画面都代表故事中的一个关键场景或情节。这一工具在电影、动画、广告等领域被广泛应用，它可以帮助创作者在制作前规划和预览整个故事的流程，确定镜头角度、画面构图、角色动作等细节，从而更好地传达故事的意图和情感。此外，故事板也可应用于教育、商业和娱乐等领域，帮助人们更直观地理解和传达复杂的信息和故事情节。

创造性地将故事板应用于地域文化考察资料的整理和归纳过程中，能够使复杂的信息变得更为形象化、易于理解，进而更好地展现地域文化的魅力和特色，也便于与团队成员之间的沟通与合作。

### （一）故事板设计与表现

故事板一般会使用 3 至 6 个情节表达一个观点。每个故事板应该集中表达一个突出的概念或想法。如果需要表达多个信息，就需要考虑设计多个故事

---

① 英格丽·葛斯特巴赫：《设计思维的 77 种工具》，方怡青译，电子工业出版社 2020 年版，第88 页。

板，用每一个故事板描述其中一个信息。

在绘制故事板时，通常会包含表 4-2 中的内容。

表 4-2　故事板的内容

| 内容项 | 内容描述 |
|---|---|
| 场景描述 | 简要说明每个画面所发生的地点和环境。 |
| 角色动作 | 描绘角色在画面中的动作和表情。 |
| 镜头角度 | 指示拍摄的角度和视角。 |
| 对话和旁白 | 如果有相关的对话或旁白，也可以在故事板中注明。 |
| 时间顺序 | 明确每个画面在故事中的时间顺序。 |

故事板的表现形式应当始终遵循时间线概念，根据时间推移，展示相应的故事、人物和周围环境的互动，形成有系统、有逻辑的排列，并尽量保持风格上的统一。[①] 如果需要描绘流逝的时间，可以把时间作为一种设计元素融入画面之中，例如，在背景中添加时钟、日历、放大的手表图片或者移动的太阳，以确切地表示时间的变化。

绘制故事板可以运用不同的绘画材料，如铅笔、水彩、水粉等；亦可根据需求灵活选择软件工具，如 Toon Boom Storyboard Pro、Storyboarder、Storyboard Fountain（Mac）等。此外，BoardMix、Creately 等在线协作平台也可以用于制作较为基础的故事板。

在地域文化考察资料整理与归纳过程中使用故事板，可以参照以下做法：

首先，明确地域文化考察的主题（参照"主题分类法"），确定整理归纳资料的线索，如时间顺序、文化类别等。然后，从收集到的大量资料中，筛选出最能代表该地域文化特色的关键信息，包括图片、文字描述、数据等。

接下来，根据确定的线索，将筛选出的关键信息转化为一幅幅画面。每幅画面可以代表一个具体的文化元素或场景，如传统节日的庆祝活动、独特的建筑外观、民俗活动的过程等。如需解释画面所展示的文化内容及其历史背景、意义等，可以在每幅画的旁边添加简洁的文字说明。

最后，按照一定的逻辑顺序，将绘制好的画面组织起来，形成一个连贯的故事板。可以按照时间顺序展示地域文化的发展演变，也可以按照文化类别展示地域内不同文化事项。

---

① 戴力农：《设计调研》，电子工业出版社 2014 年版，第 180 页。

## 案例：云南大理白族地域文化故事板

第一步：明确主题和线索。

主题：大理白族的传统生活方式。

线索：（时间顺序）从清晨到夜晚。

第二步：筛选关键信息。

白族的传统建筑"三房一照壁"、白族的特色服饰、白族的三道茶习俗、白族的扎染技艺、白族的火把节。

第三步：转化为画面并添加文字说明。

给以上5点关键信息各绘一幅画，并草拟文字说明。

第四步：组织画面形成故事板。

按照从清晨到夜晚的时间顺序，将5幅画依次排列，形成一个连贯的故事板，据故事板画面改定说明文字，综合展示大理白族一天中的传统生活场景和特色文化。最后所得结果见表4-3。

表4-3 大理白族的传统生活方式（刘芳菲 绘）

| 序号 | 画面内容 | 文字说明 |
|---|---|---|
| 1 | | 描述：清晨，阳光洒在白族村落，一座座传统建筑错落有致。<br><br>说明：白族传统建筑"三房一照壁"，展现独特的建筑风格和布局。 |
| 2 | | 描述：白族姑娘们身着色彩鲜艳的传统服饰，在庭院中忙碌。<br><br>说明：白族特色服饰，图案精美，色彩艳丽，体现白族审美。 |

| 序号 | 画面内容 | 文字说明 |
|---|---|---|
| 3 | | 描述：上午，白族人家中，主人热情地为客人献上三道茶。 |
| | | 说明：三道茶，一苦二甜三回味，蕴含人生哲理。 |
| 4 | | 描述：午后，白族妇女们聚在一起进行扎染，手法娴熟。 |
| | | 说明：扎染技艺，传承千年，展现白族人民的智慧。 |
| 5 | | 描述：傍晚，人们手持火把，欢快地庆祝火把节。 |
| | | 说明：火把节，驱邪祈福，彰显白族的民俗风情。 |

## （二）情景故事板及其应用

通过讲故事的方式来构建地域文化事项的发生、地域文化物品的使用的场景，从而发现并寻找问题的解决方案，即情景故事板。一个完整的情景故事板一般包含人、物、环境、事件/行为四个方面的要素（表4-4）。[①]

---

① 戴力农：《设计调研》，电子工业出版社2014年版，第181页。

表 4-4 情景故事板的四要素

| 要素项 | 要素描述 |
|---|---|
| 人 | 　情景主体，在整个情景中有行为、会思考的单个人或一群人。对于故事板而言，人通常是指故事中的角色。 |
| 物 | 　指现实存在的某个物品或产品，也可以是某个实体的功能，或者是设计创意。 |
| 环境 | 　包括物理环境和社会环境，是整个社会、经济、技术、文化以及具体设计应用等因素的反映。在故事板中，演变为一种情境，包括时间、地点、周围的情况等一系列内容。 |
| 事件/行为 | 　人的交互行为，它将人、物和环境结合起来，构成了整个故事的内容。通过突出某个关键交互动作，整个设计应用过程中的某个关键因素得以凸显。 |

情景故事板在创新设计中具有重要的应用价值，它可以帮助我们更好地探索创新思路、展示设计概念和促进团队协作，从而提高创新设计的质量和成功率。

首先，情景故事板有助于深入了解用户对某一文化新产品的需求和使用情境。通过创建用户故事，设身处地地想象用户在使用产品或服务时的场景、行为和情感，从而发现用户的需求，为创新设计提供有针对性的解决方案。

其次，情景故事板是激发创新思路的有效工具。通过绘制不同的场景和情节，尝试各种创新的想法和概念，突破传统思维的局限，开拓新的设计方向，并快速地表达和验证这些想法，筛选出最有潜力的创新点。

最后，情景故事板能够清晰地展示设计概念。通过图像和文字相结合的方式，将抽象的设计概念转化为具体的视觉场景，让团队成员和利益相关者更容易理解和接受设计方案。此外，情景故事板还可以用于展示设计的交互过程和用户体验，帮助团队更好地评估设计的可行性和有效性。

**案例：川剧文化传承创新设计**

人：年轻戏曲爱好者小王。

物：川剧脸谱、戏服、乐器、线上教学视频。

环境：川剧剧院、小王的家。

事件/行为：小王在川剧剧院观看演出，被精彩的表演吸引；回家后，小王在网上购买川剧脸谱和相关道具；小王报名参加线上川剧教学课程，通过视频学习唱腔和动作；周末，小王邀请朋友到家里，展示自己所学，并一起绘制川剧脸谱；小王参与社区组织的川剧文化活动，上台表演，传播川剧文化。

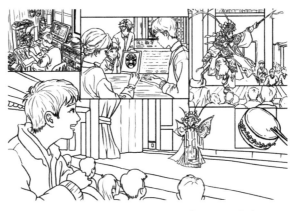

图 4-8　川剧文化传承创新设计故事板（刘芳菲　绘）

# 第二节　考察资料的分析与洞察

考察资料的分析与洞察，是在整理和归纳的基础上，对考察资料进行深度剖析和挖掘的过程。这一过程能帮助我们从繁杂的资料中提炼出有价值的信息和见解，清晰把握资料所反映的地域文化的本质特征和内在规律，从而为地域文化的保护、传承和发展提供有力支持。

## 一、情景分析

情景分析（Scenario Analysis）是一种用于预测和规划未来的分析方法，它通过构建不同的假设性情景来探索可能发生的变化及其影响。这一方法在战略规划、风险管理和创新设计等领域中被广泛应用。

一般认为，荷兰皇家壳牌石油公司（Royal Dutch Shell Group of Companies）于 20 世纪 60 年代末首先使用基于情景的战略规划，获得成功。该公司的沃克（Pierre Wack）于 1971 年正式提出情景分析法。20 世纪 90 年代末，在人机交

互领域，约翰·卡洛尔（John M. Carroll）① 提出了以场景为基础的设计理念
（Scenario-Based Design）。相较于企业战略分析上所使用的情景法，该设计理
念更偏重于用户客观行为描述，但二者的核心要素基本一致，即通过故事的形
式生动形象地迅速描绘用户执行任务时的大致情况。

在设计调研中，情景法是比较容易学习且易于操作的，入门比较简单。如
果有现成的故事构思框架，即使没有较好的文笔，只要能做到叙事清晰，也可
操作。

## （一）情景故事的撰写②

情景法描述的故事必须涵盖以下要素：环境状态、角色、互动对象、事情
经过和结果、角色在过程中的行为和对结果的反应。在实际的操作过程中，为
了让用户的行为更加鲜活，还会采用故事板的形式来表现（具体内容见上节）。

具体来说，撰写情景故事要做四个方面的准备工作。

### 1. 归纳情景故事主线

在经过观察、访谈数据采集后，会得到许多简要的、零碎的个体情景故
事。和编剧写剧本一样，写情景故事首先需要明确故事主线，确定故事从哪里
开始，经过哪些关键情节，最终走向什么样的结局。归纳主线，可以使整个故
事具有清晰的方向和逻辑，避免在创作过程中出现混乱和偏离主题的情况。

### 2. 收集情景故事要素

情景故事的主线已经有了，但要让情景故事能更直观地反映用户行为状
况，还需要更多的细节。故事要素即人物、环境、事件等方面的详细信息。人
物的性格特点、经历，环境的特点、社会背景，以及具体的事件细节等，都是
构成一个丰富、真实的情景故事的重要元素。

（1）人物：一个或多个角色。

在构建情景故事时，明确描述那些对故事进展具有关键影响的用户的动
机、能力和知识是至关重要的。即便在相似的环境背景下，由于用户所具备的
知识和能力存在差异，产品仍需提供针对性的信息引导或采取不同的设计
策略。

（2）环境：一个特定的环境或状态。

---

① 宾夕法尼亚州立大学信息科学与技术学院教授，著有 *Making Use: Scenario-Based Design of Human-Computer Interactions*。

② 参考戴力农：《设计调研》，电子工业出版社 2014 年版，第 156～161 页。

特定的环境指的是目标用户和产品发生交互关系的环境或状态，包括物理环境、社会环境和文化环境等。物理环境涵盖空间布局、光线、温度等方面，社会环境涉及人际关系、群体规范等要素，文化环境则包含价值观、信仰、习俗等内容。环境因素会直接或间接地影响用户与产品的交互方式和行为表现。

（3）事件：与角色互动的行为、活动或变化。

事件不仅包括与角色直接互动的工具或物体，还涵盖了具体的行为动作、交流内容以及由此引发的一系列连锁反应。这些元素共同构成了故事中的关键情节，推动着故事的发展和演变。

3. **整理完善情景故事**

在收集完要素后，需要对这些信息进行整理和筛选，将其合理地融入故事主线，确保故事的情节连贯、流畅，没有突兀和不合理的地方。同时，还要注意语言的表达和修辞的运用，使故事更具可读性和感染力。

4. **标注情景故事中的要点**

标注要点是为了突出故事中的关键情节、重要人物或者核心主题。通过标注，可以快速抓住故事的重点和精髓，同时也有助于在回顾和修改故事时，进行更有针对性的调整和优化。

## （二）情景分析方法的应用

情景分析为设计师提供了一种有效的工具，帮助设计师更深入地理解用户、环境和未来需求，进而创作出更具创新性和适应性的设计作品。例如，在手机应用程序的界面设计中，可以设想用户在户外强光下使用、单手操作、夜间模式等不同情景。针对这些情景，优化界面的颜色搭配、字体大小、按钮位置和操作流程，从而提升用户在不同环境和使用习惯下的体验。

情景分析也为设计师提供了更广阔的思维空间，使其能够在复杂多变的现实环境中准确把握用户需求，创造出更具价值和影响力的设计作品。

**案例：情景分析法在传统手工艺领域的应用**

情景：

在一个热闹的传统民俗文化节现场，人来人往，各个摊位展示着丰富多样的手工艺品和特色美食。一位想要深入了解地域文化的年轻游客小明，被一个精美的手工木雕吸引，走向摊位。他向摊主李大爷询问木雕的制作工艺和文化寓意。李大爷热情地为他讲解，并展示了雕刻过程。小明决定购买这个木雕，但在价格上与李大爷产生了分歧。经过一番讨价还价，他们最终以一个双方都能接受的价格成交。

用户潜在需求和期望：

（1）小明希望能够更深入地了解木雕背后的地域文化故事，不仅仅是制作工艺和寓意。

（2）他可能期望有更多与木雕相关的互动体验，比如亲自尝试简单的雕刻。

（3）对于购买的木雕，小明可能希望有配套的保养说明和工具，以保证木雕的长期保存和美观。

（4）游客们可能希望有一个线上平台，可以随时回顾和学习所了解到的地域文化知识。

产品规划和设计：

（1）开发一款关于当地木雕文化的手机应用程序，包含详细的木雕文化故事、历史演变、制作工艺的视频教程等。

（2）在摊位旁设立一个小型的木雕体验区，配备简单的工具和材料，由专业人员指导游客进行简单的雕刻尝试。

（3）为售出的木雕配备一套专属的保养套装，包括专用的保养油、擦拭布和详细的保养说明手册。

（4）建立一个线上交流社区，游客可以在其中分享自己的购买经历、木雕作品，交流各自的感受和见解。

上述案例向我们展示了情景分析在传统手工艺领域的应用潜力。构建生动的情景，深入探究用户的潜在需求和期望，为传统手工艺的传承与发展提供了创新的思路和方法。我们可以进一步拓宽情景分析方法的应用范围，将其应用于更广泛的文化领域和设计场景中，促进文化与设计的融合，为人们创造更加丰富和有意义的产品与体验。

## 二、历史分析

历史已经过去，但我们不能否认历史与现实及未来的因果关系。[1] 有些矛盾或问题的出现，总是有它的历史根源，在分析和解决某些问题的时候，只有追根溯源，弄清它的来龙去脉，才能提出符合实际的解决办法。历史分析法是

---

① 李立新：《设计艺术学研究方法》，江苏凤凰美术出版社 2009 年版，第 160 页。

一种运用发展、变化的观点分析客观事物和社会现象的方法。它强调将事物发展的不同阶段加以联系和比较，以揭示其实质和发展趋势。

在文化研究、社会学、历史学等领域中，历史分析扮演着至关重要的角色。通过这种方法，研究者可以深入理解社会和文化现象的复杂性，识别不同因素之间的相互作用，并基于历史数据和模式预测未来的发展趋势。

在艺术学领域，历史分析为理解和评价艺术作品、艺术流派及其在社会文化中的作用提供了基础。通过历史分析，我们能够识别艺术风格和形式的演变，理解艺术家如何反映和回应他们所处的时代，以及艺术如何作为一种工具参与社会表达和沟通。同时，历史分析的方法也使我们能够深入探讨艺术作品的创作背景、社会影响和文化价值，从而更全面地评价其艺术成就和历史地位。此外，历史分析还有助于我们发现艺术作品中的普遍主题和跨时代的共鸣，激发新的创作和表达，促进对艺术遗产的保护和传承。

（一）历史分析的基本步骤

历史分析是一项系统而复杂的工作，它涉及对历史事件或现象的深入研究，以揭示其发展脉络和内在逻辑。这一过程一般包括阶段划分、特征提取与分析、因果关系探究以及趋势分析四个关键环节（图4-9）。其前提是搜集到足够的与研究对象相关的所有历史资料，包括现场收集的一手资料和进行历史溯源收集的二手资料，如原始文献、次级文献、艺术作品、批评文章、传记等。然后对这些资料进行分类和整理，并评估其可靠性和相关性。

图4-9　历史分析的步骤

1. 阶段划分

阶段划分即根据资料所呈现的变化，将考察对象的历史过程划分为不同的阶段。例如，在分析中国古代青铜器艺术时，可以划分为夏代初创期、商代鼎盛期、西周转变期、春秋战国变革期等阶段，每个阶段在造型、纹饰、功能等方面都有明显区别。

2. 特征提取与分析

通过对文献、档案以及其他历史资料的深入分析，提取出考察对象在不同历史阶段的核心特征，包括但不限于技术工艺、表现形式、主题内容、社会功能等维度，并进一步探讨这些特征之间的相互作用及其历史影响。例如，在分析某一历史时期的建筑风格时，可以从建筑技术的进步如何影响设计的变化、社会文化背景如何塑造建筑的功能和形式，以及这些建筑如何反映当时的社会结构和价值观等方面进行深入探讨。

3. 因果关系探究

分析不同阶段之间的联系，找出推动发展变化的因素，是历史分析中的重要环节。这些因素可能包括社会政治变革、经济发展水平、文化交流融合、科技进步等。例如，宋代瓷器艺术的繁荣，其原因一方面是当时城市经济的发展和市民阶层的兴起，使得对瓷器的需求明显增加；另一方面是制瓷技术的革新，如窑温控制技术的提高、釉料配方的改进等。

4. 发展趋势分析

基于前面的分析，可以预测考察对象未来可能的发展趋势。在艺术领域，对历史上艺术风格演变趋势的分析，可以为当代艺术创作和艺术市场发展提供参考。例如，观察到现代艺术中对传统材料和技法的突破以及与新媒体技术的融合趋势，可以预测未来艺术创作可能会更加多元化和跨学科化。

上述步骤中的相关内容，可以根据不同考察对象进行适当的调整，以适应不同领域的创新设计需求。

（二）历史分析方法的应用

设计学中，大部分历史性研究属于纵向研究，无论是长时段、中时段或短时段，都是通过对一个设计主题在不同时期的状况、功能、形式、色彩、审美进行比照，寻找或揭示设计现象的变化发展规律。[①] 这就需要将不同时期、不同节点的文献资料进行汇总解析。下面将围绕"山东木版年画"这一主题，简要介绍历史分析方法的运用。

首先，广泛收集有关山东木版年画的各种资料，包括历史文献、地方志、前人的研究成果、年画作品实物、民间传说以及相关的图像资料等。然后对收集到的资料进行整理和分类，辨别其可靠性与准确性并按时间顺序归类。

完成以上工作后，确定关键的时间节点，构建历史脉络，包括山东木版年

---

① 参考李立新：《设计艺术学研究方法》，江苏凤凰美术出版社 2009 年版，第 71 页。

画的起源时期、重要发展阶段（如明清时期的繁荣）以及遭遇挫折或变革的时期（如近代社会动荡）。然后在每个关键节点详细描述年画的特点，包括题材内容、艺术风格、制作工艺、传播范围等方面（如表4-5）。

表4-5　山东木版年画历史分析（表例）

| 发展阶段 | 时间节点 | 年画特征 | | | | |
| --- | --- | --- | --- | --- | --- | --- |
| | | 题材内容 | 艺术风格 | 制作工艺 | 传播范围 | 其他 |
| | | | | | | |

根据所列表格，对比不同时间节点的特征，分析年画发展的趋势和变化规律，总结其在历史长河中的兴衰起伏，以及其演变的阶段性特点。在此基础上进一步探究文化、技术、社会需求等方面的影响因素。文化因素方面主要探讨当地的宗教信仰、民间传说、戏曲艺术等如何融入年画的题材和表现形式；技术因素方面侧重考察印刷技术的进步、材料的改进等对年画制作工艺的改变；社会需求方面，则着重分析不同阶层、不同群体对年画的喜好和需求差异，以及这种需求的变化如何推动年画的发展或转型。最后，综合考虑各个因素之间的相互作用和关系，更全面地理解山东木版年画的历史渊源和发展历程，从而为其传承与创新提供依据。

## 三、比较分析

比较分析是一种通过对两个或两个以上的对象进行对比，以揭示它们之间的相似性、差异性，并分析产生这些异同的原因的研究方法。它能帮助我们更清晰地认识事物的本质特征、发展规律和趋势，为决策、研究和评估提供有力的依据。比较分析的方法在不同领域和情境中应用广泛。利用比较分析法分析地域文化考察资料，有助于更加全面、深入地理解地域文化的内涵与特色。

（一）比较分析的类型

比较分析主要有横向比较、纵向比较和综合比较三种类型。横向比较强调同一时间点不同对象的对比，纵向比较注重观察同一对象在一段较长时间内的变化，综合比较则是对多个对象在多个维度上的全面权衡。这三种类型的比较分析为我们提供了多视角、多层次的分析工具，有助于我们更深入地理解各种现象和问题。

1. 横向比较

横向比较是在同一时间点上对不同的个体、群体、组织或现象进行对比。这种比较有助于发现同一时期内不同对象之间的差异和相似之处。例如，比较同一时期不同公司的市场表现，或不同国家的教育、医疗和经济发展水平。借助横向比较，可以了解特定时间内哪些对象在哪些方面有优势，在哪些存在不足，从而为决策提供参考。基于地域文化考察所获得的资料，比较不同地区在同一时期的文化特征，如传统习俗、艺术形式、宗教信仰等方面，能够清晰地展现出地域文化的多样性。

2. 纵向比较

纵向比较是对同一个体、群体、组织或现象在一段较长时间内不同时间点上的状况进行对比。如观察企业在不同时间的销售额与成本变化，或研究城市在不同时期的人口与基础设施建设进展。纵向比较能够揭示对象自身的发展轨迹和变化规律，帮助我们了解其成长、发展、繁荣、稳定或衰退的过程，从而预测未来的发展方向。纵向比较同一地域不同时间的文化变化，能洞察其发展轨迹与演变原因，由此可以深入探究地域文化的传承与创新，为保护和发展地域文化提供依据。

3. 综合比较

纵向比较和横向比较并不是严格区分的，而是可以综合起来，灵活运用。有时纵向梳理了发展脉络之后，再对某些对象做横向比较；有时对同一问题的几个阶段做出多个横向截面的研究之后，再贯穿起来探其因果，转换成纵向研究。[①] 这样的综合比较所得出的结论，比起单一比较方式所得的结论要全面、可信得多。综合比较多个地域在多个维度、不同阶段的文化，可以全面把握不同地域文化的复杂关系和整体特征，为地域文化的交流、保护和发展提供更加全面、系统的决策依据。

（二）比较分析的实施步骤

比较分析的实施步骤可以用图 4-10 来表示。

---

① 李立新：《设计艺术学研究方法》，江苏凤凰美术出版社 2009 年版，第 73 页。

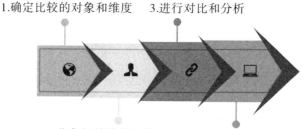

1.确定比较的对象和维度　3.进行对比和分析

2.收集相关数据和信息　4.解释结果和得出结论

图 4-10　比较分析的步骤

### 1. 确定比较的对象和维度

首先务必明确要进行比较的对象是什么，以及从哪些方面展开比较。这需要根据研究目的和问题来确定。例如，倘若我们期望研究不同地域的传统建筑的特色，那么比较的对象自然是不同地区的传统建筑，而比较的维度则可以包括建筑风格、建筑材料以及建筑功能等方面。具体而言，在建筑风格方面，将江南水乡的白墙黑瓦与北方四合院的庄重对称进行对比，能够清晰洞察不同地域的审美倾向；在建筑材料方面，考察福建土楼的生土夯筑与云南竹楼对竹子的运用，有助于了解当地物产资源对建筑的影响；在建筑功能方面，分析湘西吊脚楼的防潮防虫功能与陕北窑洞的冬暖夏凉特性，可以充分展示不同地区建筑适应当地自然环境的方式。

### 2. 收集相关数据和信息

一旦确定了比较的对象和维度，接下来就需要收集与这些方面紧密相关的数据和信息。数据的来源可以是官方统计资料、问卷调查、实地调研以及文献研究等。在收集数据的过程中，要确保数据的准确性、可靠性和代表性，并且要用统一的标准和方法获取数据，以确保数据的可比性。在整理数据时，可以灵活运用图表等工具，使数据呈现更加直观清晰。例如，对于不同地区民间艺术的考察，可以通过阅读相关的学术著作、民间故事集等文献，了解民间艺术的起源和发展脉络；采访当地的民间艺人，详细记录他们的创作过程和技艺传承情况；积极参与民间艺术活动，如庙会、艺术节等，亲身感受民间艺术的独特魅力；收集民间艺术作品，深入分析其艺术风格和表现手法。此外，还可以向当地居民和游客发放问卷调查，了解他们对民间艺术的认知度和喜好程度。

### 3. 进行对比和分析

将收集到的数据按照预定维度进行对比，这是比较分析法的核心环节。在对比的过程中，可能需要运用统计分析、数学模型等工具，不仅要关注数值上的差异，还要分析差异产生的原因。例如，对比不同地区的传统手工艺：苏州的苏绣以精细、雅致著称，针法细腻多变，色彩柔和淡雅；贵州的苗绣则风格大胆奔放，色彩鲜艳夺目。这两种绣艺的差异可能源于不同的地域文化背景：苏州地区历史上经济发达，文人雅士众多，审美偏向细腻精致；贵州的苗族聚居地相对较为封闭，苗绣更多地体现了苗族人民对自然和生活的热爱，具有浓郁的民族特色。

4. 解释结果和得出结论

对比较分析的结果进行解释，清晰说明不同对象之间的异同及其意义。然后，根据分析结果得出结论，回答最初提出的研究问题，并提出相应的建议或决策依据。结论应基于充分的证据和合理的推理，具有一定的可靠性和实用性。在地域文化考察中，我们可以根据比较分析的结果，提出保护和传承地域文化的建议，或者为文化旅游开发提供决策依据。例如，如果发现某个地区的传统建筑具有独特的历史价值和艺术价值，但面临着破坏和消失的风险，可以提出加强保护和修缮的建议，制定相关的保护政策和措施；如果发现某个地区的民间艺术具有较强的旅游开发潜力，可以提出开发文化旅游产品、举办民间艺术展览等建议，促进当地经济的发展和文化的传承。

比较分析方法能够深入揭示地域文化的内涵和特色，助力文化遗产的保护与传承，同时也为促进不同地域文化的交流与融合搭建桥梁。然而，这一方法也存在其自身的局限性。一方面，数据收集难度大。不同地域文化表现形式多样，导致数据来源复杂，而不同来源的数据统计标准和方法存在差异，一定程度上影响了数据的可比性；另一方面，文化差异难以量化。地域文化在价值观、信仰、习俗等方面的差异微妙且复杂，难以用具体数值衡量，比较分析容易流于表面。因此，我们应充分认识这一方法在地域文化考察中的优势与局限，综合运用其他分析方法，以提高分析的科学性和准确性。

## 四、案例研究

不同的学者对案例研究有不同的理解和定义，具体的定义可能会因研究领域和研究目的的不同而有差异。在文化研究领域，案例研究是一种深入探讨特定现象或事件，通过分析一个或几个案例揭示更广泛文化意义和规律的方法。

罗伯特·K. 殷（Robert K. Yin）在《案例研究：设计与方法》中认为，案例研究是一种实证研究，需要通过多种渠道收集资料，并把所有数据资料汇合在一起进行交叉分析，因此，需要事先提出理论假设，以指导资料收集和分析。他还指出案例研究常见的证据来源包括文件、档案记录、访谈、直接观察、参与观察和实物证据。不同来源各有优劣，相互补充，成功的案例研究应努力通过各种来源获得资料。①

（一）案例的选择

案例的选择应基于研究目的和问题。首先，明确研究问题和目标，以确定案例选择的标准。这些标准可能包括案例的代表性、独特性、历史意义或现实影响。在选择过程中，需要进行广泛的文献回顾和预调研，以识别潜在的案例。然后，通过筛选和比较，确定最终的案例。这一过程需要细致的考量和反复的权衡，以确保案例能够为研究问题提供深刻的见解。

在地域文化研究中，案例的选择应遵循以下标准：

一是代表性。所选案例应能够充分体现地域文化的典型特征和核心价值。例如，若研究的是少数民族地域文化，选取的案例可以是该民族中保存完好且具有深厚文化底蕴的传统村落。

二是独特性。案例应具有区别于其他地域的显著特点，能够为研究提供独特的视角和有价值的信息。比如，某个地区独特的民间手工艺制作过程，其工艺传承和发展方式与其他地区截然不同。

三是完整性。案例应包含丰富的信息和完整的发展脉络，以便能够进行全面、深入的分析。例如，一个历经多个历史时期仍保持独特文化传统的古镇，有完整的建筑风貌、民俗活动和文化传承体系。

四是可行性。考虑获取案例相关资料的难易程度以及进行实地调研的可行性。

（二）案例研究的维度

案例研究不仅要深入挖掘案例的内在特征和深层含义，还要广泛探讨其与更广泛社会文化背景的联系。深度分析涉及对案例各个方面的详尽考察，包括历史背景、社会环境、文化意义等。广度分析则需要将案例放在更大的文化和社会结构中进行考察，探讨其与社会变迁、文化冲突或融合等方面的关系。深度分析与广度分析的结合，能够提供对文化现象全面而立体的理解。

案例分析没有固定的公式，灵活的思路十分重要。在地域文化研究中，大

---

① 罗伯特·K. 殷：《案例研究：设计与方法》，周海涛等译，重庆大学出版社 2017 年版，第 22、127 页。

致可以从以下几个方面进行案例分析：

一是深入研究案例所处的地理环境、历史沿革、社会经济状况等背景因素，这些因素对地域文化的形成和发展产生了深远影响。例如，某些地域的独特地理环境可能造就了其独特的建筑风格或生产方式，而历史上的重大事件或社会经济的发展变化可能导致地域文化的演变。

二是对案例中的文化元素进行逐一分解，包括物质文化（如建筑、服饰、工具）、非物质文化（如语言、宗教信仰、习俗、技艺）等方面。对这些文化元素的分析，可以揭示地域文化的多样性和独特性，以及它们之间的相互关系。

三是探讨案例中地域文化的传承方式，是家族传承、师徒传承还是社区集体传承等，考察传承过程中的规则、仪式和教育方式。传承方式会影响传承效果和地域文化的发展方向，了解这些传承方式对于保护和发展地域文化具有重要意义。

四是梳理案例中地域文化在不同历史阶段的变迁，分析其受到的内部和外部影响，如社会变革、技术进步、外来文化等。分析地域文化的变迁，可以更好地把握其发展趋势，为制定合理的保护和发展策略提供依据。

此外，还可以从文化交流与传播的角度分析案例，研究地域文化与其他文化之间的互动和互相影响。同时，关注地域文化在当代社会中的价值和意义，以及如何将其与现代生活相结合，实现文化的创新和发展。

**案例：关于敦煌早期壁画图式转变的案例研究**

《从"说法图"到"经变画"——敦煌早期壁画中一个关于图式转变的案例》[①] 一文，分析敦煌壁画中的"说法图"向"经变画"的转变为例，通过对敦煌莫高窟西魏第 249 窟和隋代第 420 窟的考察，揭示了"经变画"图式的早期发展和特点。这篇文章可以作为地域文化考察中案例研究法的应用示例。

1. 案例背景

敦煌莫高窟是著名的佛教艺术圣地，其中的壁画艺术反映了佛教文化在特定地域的传播和发展。特别是"经变画"，作为敦煌壁画的一种重要形式，记录了佛教经典的教义和故事。

---

① 李方芳、李康敏：《从"说法图"到"经变画"——敦煌早期壁画中一个关于图式转变的案例》，《南京艺术学院学报（美术与设计）》2022 年第 2 期，第 127～132、210 页。

2. 研究目的

文章旨在通过具体案例分析，明确"经变画"在敦煌壁画中的起源和发展脉络，特别是西魏时期的第 249 窟和隋代的第 420 窟中"经变画"的表现形式。

3. 分析方法

第一，收集相关的历史文献、石窟壁画图像和其他考古发现。第二，对第 249 窟和第 420 窟进行实地考察，记录壁画的具体布局、风格和内容。第三，将西魏和隋代的壁画与其他时期的壁画进行比较，寻找风格和图式的演变。第四，运用艺术史和佛教艺术的理论，对壁画的宗教和文化意义进行解读。

4. 研究发现

首先，关于图式转变，研究揭示了西魏第 249 窟中的"说法图"采用了对称式布局，这标志着敦煌"经变画"早期形态的形成。其次，就文化融合而言，研究指出第 249 窟壁画体现了佛教文化与中国传统仙界思想的结合。最后，关于艺术创新，研究发现隋代第 420 窟的"经变画"在形式上实现了创新，引入了象征净土世界的"水池"和"莲花"元素，这预示了唐代以后大型经变图式的发展趋势。

5. 研究结论

敦煌"经变画"的形成和发展是一个渐进的过程，西魏第 249 窟的壁画为"经变画"的早期表现提供了重要证据。深入分析这些壁画，可以更好地理解佛教艺术在地域文化中的传播和演变。

上述案例虽具有一定难度，但为地域文化研究提供了宝贵借鉴。它表明通过深入研究特定案例，可以挖掘地域文化的丰富内涵与演变规律，为当下地域文化的保护、传承与创新提供理论基础和实践指引。同时，该案例也提醒我们，在进行地域文化考察时，必须兼顾历史文献的研究、实地考察以及理论的阐释，如此才能更全面、更准确地把握地域文化的内涵与价值。

## 五、由分析到洞察

地域文化考察为我们提供了大量、丰富的资料信息，通过整理与分析，我们可以从这些繁杂的资料中提取出关键的主题、趋势和规律，从而对地域文化的本质特征、发展脉络及其与外部环境的关系有更深入的理解。分析不仅仅是对资料的简单梳理和解读，更是一种深入挖掘和思考的方式，帮助我们发现地域文化中那些隐藏的价值和潜力。洞察则是在此基础上的进一步升华，它是把分析的结论转化成设计成果的桥梁，使我们能够超越表面现象，看到地域文化与设计创新之间的潜在联系，为我们提供将地域文化元素融入现代设计的灵感和方向。

由分析到洞察，可以从以下几个方面入手：

第一，综合考量与提炼，即对经不同分析方法所得到的结果进行综合考量：情景分析提供了特定环境下地域文化的表现和需求，历史分析揭示了地域文化的演变脉络和传承轨迹，比较分析凸显了地域文化的个性与共性，案例研究则展示了具体实践中的成功经验与问题。我们可以对这些结果进行梳理和整合，从中提炼出关键的主题、趋势和规律。例如，基于历史分析，我们发现某个地域文化在特定历史时期的繁荣与当时的经济贸易情景密切相关；基于与其他地域文化的比较，我们发现其某项工艺独特的艺术风格成为吸引游客的重要因素；从成功案例中能看出，对这种艺术风格的创新利用带来了良好的经济效益和社会效益。

第二，深入理解背后的动因，即在分析的基础上，进一步探究地域文化现象背后的深层次动因。思考是什么因素推动了地域文化的发展、变化或导致其停滞，是社会制度的变革、经济发展的需求、技术的进步，还是人们价值观的转变？例如，通过历史分析，发现某个地域的传统手工艺在某个时期逐渐衰落，深入探究后了解到是由于工业化生产的冲击和市场需求的变化。理解了这些动因，就能够更准确地把握地域文化的本质和未来发展方向。

第三，预测未来发展趋势，即结合分析结果和对动因的理解，对地域文化的未来发展趋势进行预测。考虑当前的社会、经济、文化和技术环境，以及可能出现的变化和挑战，预测地域文化在未来可能的发展方向和形态。例如，随着数字技术的发展，预测地域文化可以通过虚拟现实、增强现实等技术手段进行传播和创新，或者随着人们对可持续发展的重视，地域文化中的生态环保理念可能会得到更广泛的应用。

第四，提出创新发展策略，即基于洞察到的趋势和问题，提出具有针对性的地域文化创新发展策略。这些策略包括保护和传承传统文化的措施、利用现代技术进行创新的方法、促进地域文化与经济发展相结合的途径等。例如，建立数字化的地域文化数据库，加强对传统手工艺人的培训和扶持，开发以地域文化为主题的旅游产品和文创产品等。通过提出切实可行的策略，为地域文化的保护、传承和发展提供具体的行动指南。

总之，由分析延伸到洞察需要综合运用多种方法和思维方式，深入挖掘考察资料背后的信息和价值，为地域文化的未来发展提供有深度的见解和创新的思路。

## 延伸阅读

1. 李立新：《设计艺术学研究方法》，江苏凤凰美术出版社 2009 年版，第 340~374 页。

2. 戴力农：《设计调研》，电子工业出版社 2014 年版，第 127~194 页。

## 思考与练习

1. 资料的分类方法有多种，请结合地域文化考察的实际情况，阐述如何综合运用这些分类方法对考察资料进行详细分类，并说明这样做的好处。

2. 请以地域文化考察中的某一类具体资料（如古代建筑）为例，详细说明如何建立一个有效的编码系统，并分析在编码过程中可能遇到的问题及解决方法。

3. 知觉图和概念图在地域文化考察中有哪些具体的应用场景？请举例说明。

4. 请阐述如何运用人物角色法来构建一个关于地域文化传承者的角色，并使用故事板的形式展示该角色在传承地域文化过程中的一个具体场景。

5. 以某一地域的传统文化为例，运用历史分析法梳理其在传承和发展的过程中所面临的挑战，然后运用比较分析法，借鉴其他地域文化传承的经验，提出改进的建议。

6. 选择一个地域文化案例，运用案例研究法进行详细分析，包括案例背景、研究目的、分析方法、研究发现和研究结论等方面。

第五章

# 考察报告与成果展示

**本章导览**

　　撰写考察报告需要对考察过程中的信息进行详尽记录，并进行科学的分析和总结。考察成果的展示则需要根据不同的场合和需求选择合适的方式，使考察成果能够得到充分的利用和推广。

　　本章将通过介绍考察报告的结构与内容、写作技巧与风格，帮助读者了解如何撰写一份高质量的考察报告。在考察成果的展示方面，传统展示方法如书面与口头报告、展览与展示等，依然是重要的展示手段。同时，我们还将探讨如何通过数字媒体平台进行有效的信息传播并与公众互动，以实现考察成果的推广。

## 第一节　考察报告的撰写

　　考察报告是对考察活动的全面总结和深入分析，是考察成果的重要体现。撰写报告可以促进形成专业设计的灵感来源和初步思路，进而为后续的研究和创作提供依据。撰写一份高质量的考察报告，对于准确传达考察信息、深入挖掘问题本质、提出创新设计方案及合理化建议具有重要意义。

　　考察报告也是反映考察实践效果的重要凭据之一，教师将依据学生的报告内容及实践成果评定其实践课程的成绩，从而判断考察实践的质量。

### 一、报告结构与内容

　　考察报告的基本结构是考察内容条理化和系统化的框架。一个标准的考察报告通常包括标题、摘要、引言、主体、结论、参考文献、附录几个部分（表 5-1）。

表 5-1　考察报告的结构与内容

| 结构 | 内容 |
|------|------|
| 标题 | 应准确反映报告的核心内容和主题，同时简洁明了，便于读者快速把握报告主旨。可以采用主标题和副标题的形式，主标题突出考察的主题，副标题进一步说明考察的范围和对象。 |
| 摘要 | 提供报告内容的高度概括，包括研究的目的、主要方法、关键发现和结论。摘要需精练，通常在 150～250 字之间。 |
| 引言 | 简要介绍考察的背景和目的，说明考察的重要性和意义，并提出研究问题。界定研究范围，并对研究中涉及的任何必要定义或术语进行阐释。为增强引言的论证力度，可适当引用相关文献资料和数据支持。 |
| 主体 | 主体部分是报告的核心，应根据考察的具体内容进行组织，详细记录考察活动的步骤、方法、观察所得、数据分析和讨论。通常采用章节式结构，将考察内容分为不同的章节进行阐述，内容应详细、准确、客观。在呈现结果时，可以采用照片、图表、数据等方式进行辅助说明，以增强报告的可读性和可信度。 |
| 结论 | 对考察结果进行总结和概括，讨论其意义，并提出相应的建议和展望。结论应简洁明了，具有针对性和可操作性。同时，还应实现考察的目的，明确回答设计考察时提出的问题。 |
| 参考文献 | 列出报告中所引用的文献资料，包括书籍、文章和其他资源，并按照一定的格式进行排版。参考文献的数量和质量应能够支撑报告的内容，增强报告的学术性和权威性。 |
| 附录 | 提供额外的支持材料，如图表、照片、访谈记录、原始数据等，这些内容对于理解报告内容有帮助，但并非主体部分。 |

　　考察报告通常具有真实性、专业性、针对性。首先，考察报告中的内容、结论、观点都要从客观事实和材料中分析得来。其次，考察不是一般的社会实践，而是专业实践，需要从专业角度对发现的问题和现象进行总结和分析，并得出具有普遍意义的观点和结论。再者，考察报告是在考察实践的基础上撰写的报告，而考察实践总是在特定的时间和地点，针对特定的问题进行的，所以报告内容必须紧密围绕考察的特定主题，确保其针对性。

　　地域文化考察报告，侧重对地域文化考察内容的归纳、分析和研究，形成的文字将为后续的创新设计做铺垫，应充分展现在创作前期搜集素材，分析并提炼、升华考察所得。报告应详细记录考察过程、发现，以及对地域文化特色的深入理解。报告内容大致可以分为两类：一类是对地域文化的总体考察（模板一），包括地域概况、文化特色、物质文化、非物质文化以及文化传承与发展等方面，全面反映考察地区的文化风貌；另一类则是对具体考察对象的深入分析（模板二），包括考察对象概述、具体考察内容与发现，以及基于这些发现的分析与讨论。报告的结论与建议部分则基于前述内容，提出具有针对性的总结，并为未来的设计实践提供指导性意见。

**模板一**

一、标题：［地域名称］文化考察报告

二、引言

（一）考察背景

阐述进行该地域文化考察的背景和意义。

（二）考察目的

明确考察的具体目标，如了解文化特色、传承状况等。

三、正文

（一）地域概况

介绍该地域的地理位置、历史沿革、人口等基本信息。

（二）文化特色

深入探讨该地域文化的核心元素，包括语言、艺术、宗教信仰、风俗习惯等，以及这些元素如何塑造了当地人的生活方式和价值观。

（三）物质文化

详细描述当地的传统建筑、文物古迹、手工艺品、特色美食等。

（四）非物质文化

包括民间艺术、传统习俗、宗教信仰、地方戏曲、民间传说等。

（五）文化传承与发展

分析该地域文化的传承现状、面临的问题以及发展的机遇与挑战（可以通过案例或访谈记录来支持观点）。

四、结论与建议

（一）结论

概括考察的主要成果，总结该地域文化的特点和价值。

（二）建议

基于考察结果，提出保护、传承和发展该地域文化的具体建议和措施。

五、参考文献（如有）

列出在考察过程中参考的书籍、文章、报告等文献资料。

六、附录（如有）

可包含考察过程中的照片、访谈记录、调查问卷等资料。

**模板二**

一、标题：关于［考察地点/项目/主题］考察报告

二、引言

（一）考察背景

说明进行此次考察的原因和背景。

（二）考察目的

明确考察想要达到的具体目标和期望的成果。

（三）考察时间与地点

给出考察进行的时间范围和涉及的主要地点。

三、正文

（一）考察对象概述

对考察的对象进行总体描述，包括其基本情况、特点等。

（二）具体考察内容与发现

分点阐述考察过程中观察到的重要方面、现象、数据等。可以结合实例、案例进行详细说明，增强可信度和说服力。

（三）分析与讨论

对考察发现进行深入分析，探讨其背后的原因、影响因素等。可以与相关的理论、标准或其他类似情况进行比较。

四、结论与建议

（一）结论

总结考察的主要成果和结论，概括对考察对象的总体认识。

（二）建议

基于结论，提出有针对性的建议和改进措施，可为后续的设计提供参考。

五、参考文献（如有）

列出在考察报告中参考的书籍、文章、报告等文献资料。

六、附录（如有）

可包含考察过程中收集的相关图片、调查问卷等。

## 二、写作技巧与风格

### （一）语言与表达

在撰写考察报告时，应使用清晰、准确的语言，避免使用行话和复杂的术语，确保读者能够理解报告内容。同时，应注重语言的逻辑性和条理性，使报告的叙述流畅，便于读者跟随作者的思路。适当使用比喻和形象的语言可以增强报告的吸引力，但需注意不要过度修饰，以免影响报告的专业性。

表5-2是写作时应遵循的一些基本原则。

表5-2 考察报告语言与表达的基本原则

| 原则 | 内容描述 |
| --- | --- |
| 明确性 | 使用精确的词汇和定义，避免模糊或多义的术语，确保每个专业术语都有明确的定义和解释。对于可能不为人熟知的概念，提供足够的背景信息或示例，以便所有读者都能理解。 |
| 简洁性 | 尽量使用简短直接的句子，避免冗长复杂的句子结构，以便读者更快地抓住信息要点。删除不必要的修饰词和重复的信息，保持句子和段落的精练。 |
| 专业性 | 在使用专业术语时，考虑到报告可能面向不同背景的读者，可以适当解释专业术语。尽量保持行业内的标准和规范，确保行业内的读者认为报告内容专业可靠。 |
| 客观性 | 保持客观中立的语气，避免使用带有个人情感色彩的词汇。在报告中呈现不同的观点和解释，让读者了解可能存在的争议和不同视角。 |

### （二）逻辑与组织

逻辑性和组织性是撰写考察报告时确保内容条理清晰、易于理解的关键要素。为了达到这一目标，我们可以采取以下方法：

首先，应构建恰当的报告框架，确保报告的每个部分逻辑上都紧密相连，形成一个连贯的整体。例如，由方法部分可以自然地引导到结果部分，然后展开讨论并得出结论。每个部分都应该有一个明确的主题句，概括该部分的主要内容，使读者能够快速把握核心观点。准确使用逻辑连接词，如"因此""然而""此外"等，来表明不同部分之间的关系，可以使逻辑线索更清晰。

其次，使用清晰、准确的小标题和子标题来组织各个部分，不仅有助于内容的组织，也为读者提供了一种快速导航，使他们能够迅速定位到特定内容。

保持报告各子部分结构的一致性同样重要，例如，在讨论方法时，同样使用总—分结构，先描述方法的总体框架，然后详细说明具体步骤，这有助于读者理解研究的逻辑流程。

最后，流畅的过渡对于确保报告的连贯性至关重要。在段落之间和部分之间使用过渡语句承上启下，以帮助读者理解考察思路，增强报告的可读性和说服力。例如，在讨论部分结束时，使用过渡语句来引出结论部分，使读者明白报告的结论是如何从前面的讨论中得出的。

这些技巧可以使考察报告更加条理化、系统化，增强报告的可读性，从而更有效地传达考察的发现和结论。

## 三、地域文化考察报告案例分析

接下来，我们将分析几个精选的地域考察报告案例。通过对其结构、内容及风格进行剖析，揭示其在撰写过程中的优点以及潜在的改进空间，学习如何依据不同的考察目标和需求，调整报告的风格与内容。

### 案例一：黑龙江文化遗产考察报告

黑龙江省的文化遗产作为东北地区文化的重要组成部分，不仅展现出鲜明的地域特色和民族风情，而且涵盖了众多民族，具有显著的原生态特征。其文化类别完备，历史脉络清晰，文化存量丰富，且在价值与意义上呈现出多样性。2008 年 6 月 25 日至 7 月 1 日，"东北优秀文化整理与传播研究"课题组采用专家座谈会、参观场馆、入户访问等方式，对黑龙江省部分地区优秀文化进行了实地考察。课题组成员发表的《黑龙江省优秀文化考察报告》[①]，整体遵循"提出问题—分析问题—解决问题"的逻辑结构，开篇介绍考察背景，包括考察时间、团队、地点及方式，引出黑龙江省优秀文化这一主题。接着详细阐述黑龙江省丰富多样的优秀文化资源，涵盖抗俄抗日文化、创业文化、民族民俗文化、非物质文化、历史文化、城市文化等方面，对每种文化资源的特点、代表元素及分布区域进行了细致说明，使读者对黑龙江省文化资源有全面且清晰的认识。随后深入分析在文化研究、开发利用、保护传承等方面存在的问题，并针对每个问题提出具

---

① 王卓：《黑龙江省优秀文化考察报告》，《社会科学战线》2009 年第 5 期，第 129～132 页。

体建议。最后总结强调东北地域文化资源开发的要点。报告全文层次清晰，逻辑连贯，各部分紧密围绕黑龙江省优秀文化展开论述，文化资源分类细致，问题分析深入全面。此外，还大量运用具体实例来支撑观点，增强材料的可信度。整体语言风格平实简洁，通俗易懂，对考察结果的呈现也保持客观立场，实事求是。

### 案例二：真州金画考察报告

扬州非物质文化遗产真州金画历史悠久，制作工艺精细考究。卜丽荣的《非物质文化遗产真州金画的田野考察报告》[①] 围绕真州金画这一主题展开，介绍了真州金画的历史背景，传承人刘庭安的艺术生涯，金画的制作技巧、市场价值、成为非物质文化遗产的原因，以及当前面临的主要挑战。一手资料的运用使报告更具真实性和可信度，让读者能直接获取来自传承人的信息。此外，作者还采用描述、叙事、分析和论证的写作技巧，结合专业术语和视觉辅助材料，使得内容丰富充实，具有说服力。不过，该报告也存在研究方法单一、内容深度不够、结构布局欠妥等不足，尚有改进空间。

### 案例三：巴底藏族文化考察报告

郎维伟的《巴底藏族原生态文化考察报告》[②] 系统而全面地呈现了巴底藏族原生态文化的诸多方面。开篇点明巴底藏族原生态文化是人与自然相适应的体系及物质文化与精神文化的整合。报告主体部分分别从农业文明、居址文化、宗教文化、民间文化传承与变迁四个方面详细阐述，最后强调记录和研究少数民族民间文化的重要性。各部分内容紧密围绕巴底藏族原生态文化这一主题展开，从不同角度深入剖析，逻辑连贯，层次分明，同时，还广泛援引考古发现、历史文献、民族学调查等各类资料，并运用大量具体的实例进行说明，使读者能够全面系统地了解巴底藏族原生态文化的全貌，体现出较强的学术性。

通过以上案例分析，可以发现不同地域、不同类型的文化在考察报告中的呈现方式及其特点。三份报告在结构安排、内容组织、写作技巧运用等方面既有共通之处，也存在差异，为我们撰写地域文化考察报告提供了参考范例。在

① 卜丽荣：《非物质文化遗产真州金画的田野考察报告》，《美与时代》2020 年 2 月（中），第 114～115 页。

② 郎维伟：《巴底藏族原生态文化考察报告》，《西藏研究》2005 年第 1 期，第 35～42 页。

实际撰写过程中，还需根据考察主题的特征、考察对象的性质、目标受众的需求以及研究的重点，灵活运用各种方法和技巧，充分挖掘文化内涵，客观准确地呈现地域文化的魅力与价值；同时也要不断反思和改进，提升考察报告的质量，以更好地推动地域文化的保护、传承与发展。

## 第二节　考察成果的展示

在完成对地域文化考察资料的整理、分析与总结之后，需要有效呈现考察成果，这是确保信息传递与知识共享的重要环节。基于书面报告的成果展示是共享考察成果的基本手段，要求条理清晰、表达准确。口头的成果展示通常需要对书面报告的内容和重点进行选择，并准备相应的PPT来辅助演讲（图5-1）。为了提升信息传递的效果，应通过练习提高演讲技巧，包括语音、语调和肢体语言的运用，以及对演讲时间和节奏的把控。此外，还可以在报告中加入问答环节，以鼓励听众的参与和讨论，从而增强互动性。

图 5-1　考察成果汇报 PPT 示例

除了传统的口头展示方法，考察成果的展示还包括展览、互动展示和数字展示等多种形式，可根据不同的展示目标和受众群体进行灵活选择和应用。

## 一、展览

展览通过直观的手段展示考察成果，让受众获得直接感知，是一种非常有效的成果推广方式。通过精心的策划和设计，展览能更有效地传递信息，提升观众的参与度。

### （一）策划展览

为了确保展览的成功，首先需要设定一个明确的主题，这个主题将贯穿整个展览，所有展品都应围绕主题展开（如图5-2）。所选的主题应具有吸引力和代表性，能够引起观众的兴趣和共鸣。

展品的选择是展览策划中的重要一环。需要精心挑选能够代表考察成果的展品，如具有代表性的照片、实物、模型等。这些展品应具有一定的视觉冲击力和信息含量，能够吸引观众的注意力，引发他们的思考。

合理的展览布局有助于引导观众流畅地参观展览，避免拥挤和混乱。布局设计应考虑到观众的参观路线，确保每个展品都能得到充分展示，同时也要考虑到展品之间的关联性，使整个展览形成一个有机的整体。

提供补充信息也是展览中需要注意的细节。为每件展品附上文字说明，可以帮助观众深入了解其背景与意义。说明文字应简洁明了，聚焦核心信息，避免使用过多的专业术语，确保普通观众也能轻松理解。此外，还可以通过多媒体设备、互动屏幕等现代技术手段，提供更多信息，增强观众的互动体验。

图5-2　聊城地域文化主题作品展

➡ 扫码观看

聊城地域文化主题作品展

### （二）海报设计

海报设计是展览策划中不可或缺的一部分，它不仅能够吸引观众的注意力，还能有效地传达展览的主题和内容。

设计海报时，应考虑以下要素。首先，主题表达明确。海报的视觉焦点应直接指向展览的主题，确保观众能够迅速把握展览的核心信息（如图5-3、图5-4）。其次，信息简洁清晰。避免过多的文字堆砌，使用简洁有力的标语和关键词来概括展览内容。再次，色彩和图像运用恰当。选择与展览主题相符的色彩搭配，使用高质量的图像来提升视觉效果，同时保持整体的和谐与美观（如图5-5）。此外，还要进行合理的排版，确保海报整体布局的平衡，同时便于阅读。最后，提供必要的联系信息。确保在海报上提供展览的时间、地点以及联系方式等重要信息，方便观众了解和参与。

精心设计的海报可以有效地提升展览的吸引力，激发观众的兴趣，从而为展览的成功奠定基础。

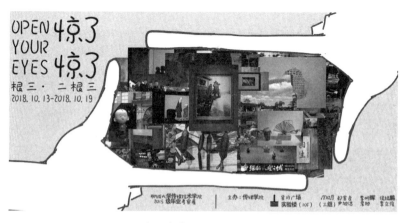

图5-3　毕业考察展海报设计（郗金良等）

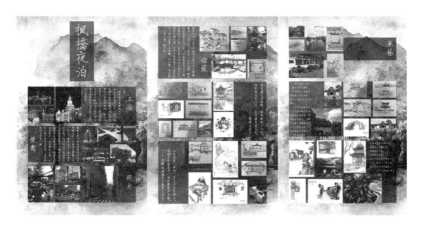

图 5—4　苏沪地区考察展海报设计（郄金良等）

图 5—5　苏沪地区考察展海报设计（仉志浩等）

➲ 扫码观看

海报设计

（三）实物展示

选择适当的场合进行实物展示（图5-6），让观众能够近距离观察和感受展品，有助于提升他们的参与感和体验感，提升展示效果。实物展示中往往会设计一些互动体验，如互动游戏、模拟操作等（图5-7），使观众在参与过程中更好地理解展品。不过，展示过程中也应注意展品的安全和保护，避免损坏和丢失。

图5-6　《卿梦花朝》文创产品展示（周婧）

图5-7　交互动画作品《玉兔捣药》展示（余世姣、黄忠昭）

⊙ 扫码观看

交互动画作品《玉兔捣药》（余世姣、黄思昭）

提供讲解服务可以帮助观众更好地理解展品。讲解员应具备丰富的知识和良好的表达能力，能根据观众的需求和兴趣进行讲解，使观众在参观过程中获得更多的信息。

## 二、互动与数字展示

### （一）互动展示

互动展示是一种通过提高观众参与度来提升展示效果的方法。它通过多种方式让观众积极地参与到展示活动中，使他们提高兴趣并加深理解。

1. 工作坊和研讨会

（1）实践操作：设计一些能够让观众亲自动手操作的工作坊，例如剪纸、木版年画、掐丝珐琅等手工艺制作体验工作坊。通过实践操作，观众可以亲身体验展示内容，从而更好地理解和吸收信息。

**案例**

为弘扬剪纸艺术，提升审美和艺术素养，某学院举办"指尖上的民俗画卷——剪纸艺术体验"活动。活动初始，主持人概述了剪纸艺术的悠久历史、精湛技艺和独特艺术特色，并通过多媒体展示了一系列具有代表性的剪纸作品，激发了同学们对剪纸创作的兴趣。随后，大家拿起剪刀，发挥想象力和创造力，投入到剪纸创作中，制作属于自己的剪纸作品。现场展示环节，同学们的剪纸作品令人惊艳，精美的图案、细腻的线条，将剪纸艺术魅力展现无遗。

（2）讨论交流：组织研讨会，鼓励观众就考察成果进行讨论和交流。这种互动形式可以促进观众之间的思想碰撞，激发更多的灵感和创意。

**案例**

某专业组织地域文化考察与研讨活动，其中一个小组就"历史印记与现代回响：山西民间传统皮影戏的考察研究"这一主题进行了汇报与交流。其内容包括五个方面：第一，孝义皮影，涉及雕刻工艺、表演风格，以及从文献研究到实地考察和数字转化的成果；第二，侯马皮影，探讨其历史、特色、传承现状及发展所面临的挑战；第三，繁峙皮影，分析其民俗意义、地位和现代融合；第四，传统节日皮影戏演出，讨论演出形式、受欢迎程度和文化影响；第五，基于田野考察，对比艺人技巧、剧目特色和制作工艺的传承模式。通过此次研讨，参与人员不仅对山西民间传统皮影戏有了更深入的认识，还深刻体会到传统文化研究与传承的重要意义，为进一步挖掘和保护山西地域文化提供了有益思路。

（3）专家互动：邀请考察团队的成员、相关领域专家与观众进行面对面的交流。通过与专家的互动，观众可以获得更深入的专业知识和见解，提升认知水平。

**案例**

聊城大学传媒技术学院于红旗巷社区开展"非遗在社区"东昌府木版年画传承体验社区实践活动。活动邀请木版年画非遗传承人担任指导老师，现场展示从选材、雕刻、印刷到上色的完整制作流程。之后，服务队成员开始制作，将宣纸平整地粘贴在梨木板上，精心刻画。制作过程中，老师结合同学们的作品剖析了木版年画的核心魅力，强调其喜庆主题和吉祥寓意。同学们从中感受到传统技艺的魅力，更深刻体会到非遗传承人坚守的不易，认识到中华传统文化传承的任重道远。最后，经共同努力，木版画线条清晰，作品初现。[①]

**2. 互动讲座**

（1）多媒体辅助：利用视频、音频和动画等多媒体工具辅助讲座。这些多媒体元素可以丰富讲座内容，使观众更容易理解和记忆信息。例如，在介绍徽州古建筑时，可以利用无人机拍摄的视频展示宏村、西递等古村落全貌，还可以结合当地传统的徽剧音乐背景讲解徽州三雕（木雕、石雕、砖雕）艺术，并通过高清图片或动画演示呈现雕刻的步骤和技巧。

（2）现场演示：进行现场演示，模拟创作过程，观众可以直观地看到展示内容的实际操作过程，从而加深理解。例如，在研究过某地的传统印染文化后，现场展示印染过程。可以从准备布料、调制染料开始，然后展示扎染、蜡

---

① 参见《传媒 | 举办"非遗在社区"木版年画传承体验社区实践活动》，https://mp.weixin.qq.com/s/bDV0wYm3LGUUqUQPnhMqFQ.

染等不同印染技法的操作步骤，如扎染中如何扎结布料以形成独特的花纹图案，蜡染中怎样用蜡刀雕刻图案。在演示过程中讲解印染图案所承载的文化内涵、与当地民俗的联系以及传统印染工艺在现代生活中的传承与创新方向。

（3）观众参与：设计问答、投票和小组讨论等环节，让观众参与到讲座中。这些互动环节可以激发观众的兴趣，使他们更加积极地参与到讲座中，从而提高信息传播效果。例如，在考察过某地的民间剪纸和传统图案后，为观众提供纸张、彩笔等工具，让他们发挥创意，设计包含这些文化元素的现代产品，如文化衫、手机壳等。然后请参与者介绍自己的设计思路，展示如何将传统地域文化与现代设计相结合，激发更多关于地域文化传承和创新的灵感。

（二）数字媒体应用

数字媒体的应用使得考察成果能够以更加灵活和广泛的方式被分享。

1. 官方网站和微信公众号

官方网站与微信公众号已成为展示和传播考察成果的关键渠道。作为官方信息发布平台，官方网站承担着提供权威、专业信息的职责，在官方网站上发布的考察照片、视频以及新闻报道可信度高，更易获得受众信任。微信公众号则为考察成果的传播提供了更为灵活和更便于互动的途径，定期发布图文消息、视频和互动内容，可以提升用户的阅读体验。此外，微信公众号允许设立评论区，为用户提供一个在线交流和反馈的平台，有助于收集意见，进一步优化设计方案。

2. 专业领域公共平台

在专业领域的公共平台上分享考察成果，能够吸引该领域的专家学者以及对特定文化感兴趣的群体，不仅能够促进学术交流与合作，还能为考察成果的转化和应用创造更多机会。此外，与专业机构如博物馆、文化馆等合作，将考察成果以展览、讲座、互动活动等形式融入其日常工作，可以进一步扩大考察成果的影响力。这种合作不仅有助于提升公众的文化素养，还能为专业领域的研究和发展提供新的思路和动力。

3. 视频平台和社交媒体

为了广泛传播考察的过程与成果，可以制作相关视频内容发布于抖音、快手等主流视频平台，这些平台因其庞大的用户基数而成为扩大考察成果影响力的有效渠道。同时，通过微博、小红书等社交媒体平台进行考察成果的推广，利用这些平台的评论、点赞、转发等互动功能，可以进一步激发公众的参与热情，形成良好的传播效应。这些不同类型的新媒体平台各有特点，综合运用各类新媒体平台能够多维度、全方位地传播考察成果，让更多人受益于考察工作所带来的知识和文化价值。

### 延伸阅读

1. 潘鲁生：《手艺调研》，海天出版社 2011 年版。

2. 潘鲁生：《手艺创意》，海天出版社 2011 年版。

3. 郭庆丰：《符图记：黄河流域民间艺术考察手记》，中国人民大学出版社 2009 年版。

### 思考与练习

1. 考察报告通常包含哪些基本部分？请结合本章内容，详细说明每一部分的作用，并讨论它们如何共同构成一份完整的报告。

2. 探讨书面与口头报告、展览与展示以及数字媒体平台在考察成果展示中的不同优势和适用场景。请结合具体案例，分析这些展示方法如何相互补充，共同促进信息的有效传达。

3. 结合考察实践完成考察报告的撰写，注意明确报告主题与主要内容。

4. 策划一个关于考察成果的小型展览，包括确定主题、选择展品、设计布局和提供背景信息，并解释这些元素如何共同作用以提升观众体验。

5. 制作一个介绍考察过程和成果的视频，合理安排视频内容、视觉元素，撰写脚本，并考虑如何使视频内容在社交媒体上获得最大的传播效果。

## 第六章

# 基于地域文化的创新设计

**本章导览**

　　刘勰在《文心雕龙·时序》中所言"时运交移，质文代变"，深刻揭示了文化和艺术形式随着时代变迁而演进的规律。设计，作为文化的一种表达形式，亦在社会的演变和时间的流转中不断进化，吸纳新元素，塑造新风格。设计师需要紧跟时代的步伐，将地域文化的精髓与现代设计理念相结合，创造出既蕴含传统韵味又符合现代审美的设计作品。

　　本章围绕地域文化的创新设计展开，探究如何挖掘其内涵并转化为创新成果，以传承文化、满足现代多元需求并推动地域传统文化新发展。内容包括地域文化创新设计的策略与原则、流程与方法，以及一系列基于地域文化的创新设计案例与实践成果。

## 第一节　地域文化创新设计策略与方法

　　随着时代的快速发展，科技的日新月异，人们的生活方式和审美观念发生了深刻变革。地域文化若要在现代社会中焕发出新的生机与活力，就必须与时俱进，借助创新设计的力量，实现传承与发展的有机统一。

　　创新设计能够将深植于历史的地域文化故事、价值观念以及独特的艺术形式转化为可直观感受、体验的产品、空间和活动。无论是打造具有地域特色的旅游景区，开发富有文化内涵的文创产品，还是塑造别具一格的城市形象，创新设计都能够在地域文化与现代社会之间搭建起沟通的桥梁，使地域文化在新时代的舞台上焕发新的光彩，吸引更多人去探究、欣赏和传承。

141

## 一、地域文化创新设计的策略与原则

地域文化作为特定区域内人们长期生活所形成的物质与精神财富的总和，具有深厚的历史积淀和独特的地域特色。近十年间，国家在文化创意产业方面出台的一系列政策（表6-1），广泛覆盖多领域，有力地促进了文化创意与各产业的深度融合，为地域文化的创新设计提供了政策支撑与市场机遇。在这样的宏观背景下，深入挖掘地域文化资源并将其转化为具有市场竞争力的设计产品，已成为推动地域文化可持续发展以及促进地方经济增长的核心策略之一。同时，随着数字技术的迅猛发展，地域文化创新设计也呈现出新的趋势和特点，如数字插画、动画叙事、交互媒体等新兴领域的应用，为传统文化的传播和创新提供了更多可能性。

表6-1　2015—2023年国家层面文化创意行业相关政策①

| 发布年份 | 发布部门 | 文件 | 重点内容 |
|---|---|---|---|
| 2015 | 国务院 | 《关于新形势下加快知识产权强国建设的若干意见》 | 加强对非物质文化遗产、民间文艺、传统知识的开发利用，推进文化创意、设计服务与相关产业融合发展。支持企业运用知识产权进行海外股权投资。 |
| 2016 | 文化部等部门 | 《关于推动文化文物单位文化创意产品开发的若干意见》 | 加强文化创意品牌建设和保护。促进文化文物单位、文化创意设计企业提升品牌培育意识以及知识产权创造、运用、保护和管理能力，积极培育拥有较高知名度和美誉度的文化创意品牌。依托重点文化文物单位，培育一批文化创意领军单位和产品品牌。建立健全品牌授权机制，扩大优秀品牌产品生产销售。 |
| 2017 | 中共中央办公厅国务院办公厅 | 《国家"十三五"时期文化发展改革规划纲要》 | 开发文化创意产品，扩大中高端文化供给，推动现代服务业发展。 |

---

① 参考《我国及部分省市文化创意相关政策　实施文化和旅游创意产品开发提升工程》，观研报告网，https://www.chinabaogao.com/zhengce/202208/605768.html.

| 发布年份 | 发布部门 | 文件 | 重点内容 |
|---|---|---|---|
| 2018 | 中共中央办公厅<br>国务院办公厅 | 《关于加强文物保护利用改革的若干意见》 | 鼓励文物博物馆单位开发文化创意产品，其所得收入按规定纳入本单位预算统一管理，可用于公共服务、藏品征集、对符合规定的人员予以绩效奖励等。 |
| 2019 | 国务院 | 《关于促进综合保税区高水平开放高质量发展的若干意见》 | 允许综合保税区内企业进口专业设备开展软件测试、文化创意等国际服务外包业务，促进跨境服务贸易。 |
| 2021 | 国务院办公厅 | 《"十四五"文物保护和科技创新规划》 | 完善文化文物单位文化创意产品开发机制，推广文物资源相关知识产权和品牌授权操作指引，支持形成一批具有影响力的文化创意品牌。 |
| 2021 | 文化和旅游部<br>国家发展改革委<br>财政部 | 《关于推动公共文化服务高质量发展的意见》 | 积极推进社区文化"嵌入式"服务，将文化创意融入社区生活场景，提高环境的美观性和服务的便捷性。 |
| 2021 | 国务院 | 《"十四五"旅游业发展规划》 | 实施文化和旅游创意产品开发提升工程，支持博物馆、文化馆、图书馆、美术馆、非遗馆、旅游景区开发文化和旅游创意产品，推进"创意下乡""创意进景区"，在文化文物单位中再确定一批文化创意产品开发试点单位，推广试点单位经验，建立完善全国文化和旅游创意产品开发信息名录。 |
| 2021 | 国家林业和草原局<br>国家发展改革委<br>科技部<br>工业和信息化部 | 《关于加快推进竹产业创新发展的意见》 | 鼓励各地结合实际培育生态科普、文化创意、工业设计、影视文化等竹文化展示利用空间，推动竹文化产品设计生产。传承发展竹刻、竹编、竹纸制作等非物质文化遗产。 |
| 2022 | 国务院办公厅 | 《"十四五"中医药发展规划》 | 实施中医药文化精品行动，引导创作一批质量高、社会影响力大的中医药文化精品和创意产品。 |
| 2022 | 国家发展和改革委员会、工业和信息化部等部门 | 《关于新时代推进品牌建设的指导意见》 | 推动文化元素融入中国品牌，深度挖掘老字号文化、非物质文化遗产、节庆文化精髓，彰显中国品牌文化特色。推进地域文化融入品牌建设，弘扬地域生态、自然地理、民族文化等特质。培育兼容产业特性、现代潮流和乡土特色、民族风情的优质品牌。 |

续表6-1

| 发布年份 | 发布部门 | 文件 | 重点内容 |
|---|---|---|---|
| 2023 | 国务院办公厅 | 《关于释放旅游消费潜力推动旅游业高质量发展的若干措施》 | 推动文化和旅游融合发展，引导各类节庆和展览业态健康发展，丰富多种结合旅游的业态。推进中国文物主题游径建设及文化主题旅游推广活动。有序发展红色旅游，保护好、管理好、运用好红色资源。推进文化和旅游产业融合发展典型示范。 |

## （一）地域文化创新设计的策略规划

地域文化创新设计的策略规划应当建立在科学、合理的基础上，并具有一定的前瞻性。策略规划过程中，必须全面考虑众多因素，包括但不限于对文化资源的深入探索、对市场需求的准确把握、对设计创新的持续驱动以及对品牌建设的长期布局（图6-1）。

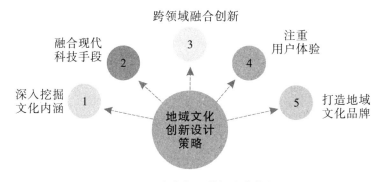

图6-1 地域文化创新设计策略

第一，深入挖掘文化内涵。对地域的历史、民俗、传统技艺、文学艺术等进行全面深入的调研，提取具有代表性和独特性的文化元素，如符号、图案、故事、传说等，为设计提供丰富的素材。

第二，融合现代科技手段。借助数字技术、互联网、虚拟现实、增强现实等现代科技，以全新的形式，如插画、动画、交互媒体体验等，呈现地域文化，提升文化的传播力和吸引力，让传统文化在现代社会中焕发出新的活力。

第三，跨领域融合创新。要善于运用跨界思维，打破传统设计的边界，促进地域文化与不同产业的融合，如文化创意与旅游、农业、制造业等相结合，开发出具有多元功能和价值的产品和服务，拓展地域文化的应用场景和市场空间。

第四，注重用户体验。以用户为中心，考虑不同受众的需求、兴趣和行为习惯，设计出具有实用性、易用性，能激发受众情感共鸣的作品，使地域文化能够更好地融入人们的生活，提高大众对地域文化的接受度和认同感。

第五，打造地域文化品牌。树立强烈的品牌意识，通过独特的设计理念、统一的视觉形象和优质的产品质量，塑造具有地域特色和文化内涵的品牌，提升地域文化的知名度和影响力，增强市场竞争力。

## （二）地域文化创新设计的基本原则

地域文化创新设计要求设计师在尊重和保护文化传统的同时，探索新的设计语言和表现形式，通常应遵循四条基本原则（图6-2）。

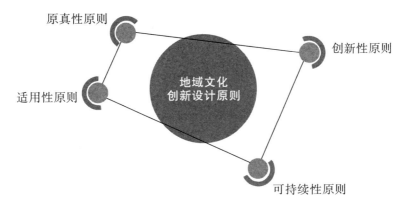

图6-2  地域文化创新设计原则

第一，原真性原则。地域文化历经岁月沉淀，蕴含着特定区域的历史脉络、社会风俗、价值观念等核心内涵。在创新设计过程中，必须尊重地域文化的原真性，避免对其进行歪曲或过度商业化的改编。无论是对文化元素的提取、转化还是应用，都应以严谨的态度，依据历史资料、文化传承脉络进行操作。例如在对古建筑文化元素的运用上，应精准还原其建筑风格、构造特点、装饰图案的核心要素与寓意，确保所设计出的产品或项目能够真实地反映地域文化的内涵与特色，使受众能真切感受到原汁原味的地域文化，从而实现文化传承的准确性与有效性。

第二，创新性原则。创新是地域文化在现代社会发展的必然要求。在遵循原真性的基础上，要积极探索新的设计理念、表现手法与技术应用。突破传统思维模式的束缚，尝试将不同领域的创意元素与地域文化相融合，创造出独特新颖的视觉效果、体验方式与产品形态。比如将现代艺术流派中的抽象表现手法与地域传统手工艺相结合进行工艺品设计，或是运用新兴的数字化设计工具，为地域文化故事构建全新的叙事结构与传播形式，以吸引更多不同类型受众的关注。

第三，适用性原则。地域文化创新设计的成果应紧密贴合当代人们的生活方式、消费习惯以及社会需求。无论是视觉传达设计、数字媒体设计，还是现代服务设计等，都要以满足不同受众群体合理的实际使用需求与心理预期为导向。例如，在数字媒体设计中，可以利用数字技术将地域文化以互动和沉浸体验的方式呈现给受众，增强文化的传播力和影响力；在服务设计中，可以将地域文化融入服务流程和具体项目实施中，向受众提供独特的文化体验，同时确保服务的高效和便捷。

第四，可持续性原则。地域文化创新设计应着眼于长远发展，兼顾文化资源的保护与合理利用以及与自然环境的平衡。在资源利用方面，倡导使用环保、可再生的材料进行产品制作，减少对自然资源的过度消耗与破坏。例如在以竹文化为特色的地域，优先选用竹子等可持续材料研发文创产品与建筑装饰等。在文化传承方面，注重培养当地民众尤其是年轻一代对地域文化的认同感与传承意识，建立长效的文化教育与传承机制，确保地域文化有持续的传承主体与发展动力，使地域文化创新设计在长期发展过程中实现文化、社会、环境等多方面的协调共进与可持续发展。

## 二、地域文化创新设计的流程与方法

地域文化创新设计不是对传统元素的简单复制或模仿，而是要在深入理解地域文化的基础上，结合现代设计理念和技术手段，进行创新性的转化和重塑。科学的流程和方法为地域文化创新设计提供了基础，能够帮助我们系统地分析问题、挖掘文化内涵、生成创意概念并转化为实际的设计成果。

### （一）地域文化创新设计的流程

从深入探索地域文化与广泛搜集素材着手，直至最终成果的推广与应用，地域文化创新设计流程通常包含六个紧密相连、相互支撑的环节（图6-3），这些环节共同构成了地域文化创新设计的完整链条。

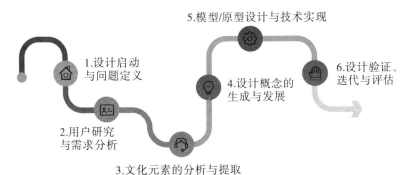

图 6-3　地域文化创新设计流程

1. 设计启动与问题定义

在这一阶段，首先需要明确设计的目标与范围，确定是针对地域文化的某个特定方面进行创新设计，还是整体打造地域文化旅游品牌等。同时，要准确定义所面临的问题，比如如何在现代社会中让传统的地域文化习俗重新焕发生机，或者怎样解决地域文化产品在市场推广中缺乏吸引力的问题，等等。此外，还要结合市场调研、对地域文化现状的剖析以及与相关利益者的沟通交流，收集多方面的信息，为后续环节提供方向指引。

2. 用户研究与需求分析

深入了解目标用户群体是设计成功的关键。对于地域文化创新设计而言，目标用户可能涵盖本地居民、外地游客、文化爱好者以及相关商业合作伙伴等。通过问卷调查、用户访谈、焦点小组等多种研究方法，在前期考察的基础上，进一步探究用户对地域文化的认知程度、兴趣点、消费习惯以及他们在文化体验过程中的期望与痛点。例如，了解游客在参观地域文化景点时对于讲解服务、互动体验方式的需求，分析本地居民对于传承和弘扬地域文化的参与意愿和实际需求，等等。依据这些研究结果，梳理出用户的核心需求，为设计概念的生成提供依据，确保设计成果能够满足用户需求并让用户产生情感共鸣。

3. 文化元素的分析与提取

地域文化蕴含着丰富多样的元素，包括但不限于传统建筑风格、民间艺术形式（如绘画、雕塑、音乐、舞蹈等）、民俗风情、历史故事与传说、传统服饰、地方特色美食等。在这一环节，需要对特定地域文化进行全面而深入的挖掘与分析，提取出具有代表性、独特性且能够承载地域文化内涵的元素。例如，在进行有关江南水乡地域文化的设计时，提取白墙黑瓦的建筑特色、细腻柔美的越剧唱腔、精美的苏绣图案、独特的乌篷船造型等元素，并将其作为核心素材，在后续设计概念生成过程中进行巧妙运用与转化，使设计作品能够鲜明地展现地域文化特色。

4. 设计概念的生成与发展

基于已确定的设计目标、用户需求以及所提取的文化元素进行创意发散，生成多个初步的设计概念，从不同角度对地域文化进行诠释与创新表达。例如，利用现代科技手段复原地域历史场景，打造互动体验，或将地域文化特色融入日常用品设计，实现跨界融合。这一过程要求设计师不仅要有深厚的文化底蕴，还需具备创新思维，能够巧妙运用文化元素，通过抽象、夸张、重组等手法，为设计注入新的活力。最终，通过"头脑风暴"、专家评审和用户反馈等方式，对这些概念进行筛选、优化和整合，进一步发展出既具有可行性、创新性，又富含文化内涵的设计概念。

5. 模型/原型设计与技术实现

根据设计概念的具体要求，制作实物模型、数字模型或体验原型等，以便对设计方案进行直观的展示与测试。在原型设计过程中，要充分考虑技术可行性、成本控制、材料选择、工艺要求等因素，选择合适的技术路线与实现方法。例如，人工智能技术可用于智能导览系统，根据游客的兴趣偏好和游览历史，精准推荐地域文化景点与特色项目，提供个性化的文化解读；大数据分析则能助力深入了解游客的行为模式与需求趋势，从而优化设计方案，使地域文化产品与服务更贴合市场需求。

6. 设计验证、迭代与评估

通过用户测试、专家评审、实地试用等多种方式对设计进行全面验证。收集用户在使用过程中的反馈意见，如产品的易用性、功能性、文化体验感、审美满意度等方面的评价；听取专家在文化内涵表达、设计创新性、技术可行性等方面的专业建议；观察产品在实际应用场景中的表现与效果。根据验证结果，对设计方案进行迭代优化，修正存在的问题与不足，不断完善设计成果。同时，建立科学合理的评估指标体系，对设计的整体效果进行评估，以便总结经验教训，为未来的创新设计提供参考依据。

（二）地域文化创新设计的方法

在探索地域文化创新设计的过程中，选择正确的方法至关重要，它不仅可以指导我们挖掘和理解地域文化的深层价值，还决定了我们如何将这些文化元素转化为具有创新性的设计实践。

1. 元素提取法

人类的认知是一个信息加工过程。当人们接触地域文化时，首先会对其中各种复杂的文化现象进行感知和理解。依据格式塔心理学的原理，人们往往倾向于整体性地感知事物，但同时也会对构成整体的部分元素产生认知兴趣。元素提取法正是利用了这一点，先将地域文化看作一个整体，再从中提取具有代表性的元素，帮助人们更高效地理解地域文化的关键特征，同时唤起人们对整个地域文化的认知联想。

地域文化元素可以粗略地划分为视觉元素和非视觉元素两类。视觉元素如建筑风格、传统服饰图案、民间艺术造型等，可以提取其典型的形状、色彩、纹理等特征。例如，从敦煌壁画中提取那些绚丽多彩的人物、动物形象、奇幻的场景构图以及丰富的装饰图案，将其运用在文创产品如冰箱贴、手机壳、丝巾等的设计中（图6-4），不仅能为产品增添艺术美感，还能有效地传播敦煌文化。

a. 伎乐天冰箱贴　　　　　　b."佛系"手机壳

c. 九色鹿方丝巾

图6-4　敦煌文创产品①

---

① 图源敦煌博物馆官网，a. http://www.dhbwg.org.cn/WCJLT/267.　b. http://www.dhbwg.org.cn/WCFS/254.　c. http://www.dhbyg.org.cn/WCJSL/276.

非视觉元素如民间故事、传说、传统音乐节奏等，可以将其转化为设计灵感或概念。例如，动画电影《落凡尘》（缘起于广州美术学院 2020 年毕业设计同名短片）以牛郎织女、二十八星宿等中国传统文化元素为基础，进行创新演绎，讲述了织女下凡后与牛郎的后代回到人间执行任务，并意外得知许多真相的故事。片中呈现了充满市井烟火气的七古镇，有着用四川方言叫卖的声音、热闹非凡的火锅店等四川元素，生动展现了四川的地域特色和人们的生活风貌。

2. 符号解读法

符号学认为，文化是由一系列符号组成的系统。地域文化孕育了丰富多彩且独具特色的符号体系，各种文化符号（如建筑、服饰、仪式等）都有其外在的表现形式和内在的文化含义，它们承载着当地人民的集体记忆、信仰、价值观以及生产生活方式。文化人类学则强调文化是一个整体，其中的各种文化符号和行为相互关联，构成了一个有机的文化体系。符号解读法正是基于上述理论，对地域文化符号进行深入分析，以揭示其背后隐藏的文化内涵，并探索符号与其他文化元素之间的关系。

在徽州地区，马头墙是极具代表性的建筑符号。呈阶梯状错落排列的马头墙，最初设计目的是防止火灾蔓延，然而其独特的造型逐渐演变成徽州文化的显著标志，不仅体现了徽州人对家族聚居生活的重视与规划，也反映出徽州人内敛、含蓄且注重家族传承与秩序的价值观念。四川的川剧变脸特技，作为一种舞台表演技巧，成为四川文化情感奔放与富有创造力的象征，融合了四川地区的历史、民俗、传说等多元文化元素。演员通过迅速变换脸谱，生动展现人物的性格和故事情节变化。变脸艺术作为川剧表演中的独特符号，展现了四川人民乐观豁达、善于创造的生活态度和文化特质。

3. 情境重构法

"体验经济"理论认为，现代消费者越来越注重消费过程中的体验和感受。情境重构法在深入理解地域文化内涵与特色的基础上，对传统的地域文化情境进行重新构建与演绎，为消费者提供一种沉浸式的文化体验。同时，它也是一种文化再生产的方式，在继承传统地域文化的基础上，通过重新诠释和创新表达，赋予地域文化新的生命力。

根据体验经济的"体验层次"理论，情境重构法创新设计可以从感官体验、情感体验、思考体验、行动体验和关联体验等多个层次入手。如利用灯光、声音、多媒体等技术手段，在博物馆展览设计中进行情景再现（图 6-5），增强展览的吸引力和感染力。又如，在旅游景区开发中，借助灯光秀营造出如梦似幻的水乡夜景，或通过全息投影展示当地昔日的繁荣景象，让游客在虚拟场景中感受古代的民俗风情。

图6-5　青岛电影博物馆

坐落在八朝古都开封的清明上河园景区，是以北宋时期张择端所绘《清明上河图》为蓝本复原再现的大型宋代历史文化主题公园。游客在这里可以参与宋代的节庆活动，品尝传统美食，甚至换上古装，体验穿越时空的感觉。景区核心水域的《大宋·东京梦华》水上实景演出（图6-6），通过壮观的场景布置、璀璨的灯光效果、逼真的音效模拟以及演员们精湛的表演，生动再现了北宋时期的宫廷宴会、战争、民间庆典等重要社会生活及历史场景，极大地提升了游客的游览体验，促进了北宋文化的传承与传播。

图6-6　《大宋·东京梦华》水上实景演出

### 4. 功能转化法

设计学中的功能主义理论强调产品的功能是设计的核心。功能转化法遵循这一原则，对传统地域文化中的器物、建筑等进行功能的重新定位与设计。在传统产品的基础上，通过分析现代生活的需求和使用场景，挖掘传统产品的潜在现代化功能，使其更好地适应现代生活。

古代青铜器如鼎、尊、爵等，原用于祭祀等礼仪活动和贵族的日常生活，象征权力和地位。如今其复制品功能转变，成为高端文化礼品，用于商务往来、文化交流等场合，表达着中国古代文化的厚重感。一些小型青铜器复制品则被设计为镇纸、笔架等桌面摆件，以及钥匙扣、冰箱贴等文创产品，以现代设计融入传统图案，成为现代文化传播载体，走进人们的日常生活。

建筑方面，如承载着深厚北京文化的四合院，很多也经过改造实现了功能的转化。一些四合院被改造成特色民宿，在保留原有建筑格局和传统装饰元素的基础上，配备了现代化的设施。庭院中设有休闲桌椅和绿植景观，供住客休憩放松，让住客在体验老北京传统居住氛围的同时也能享受现代生活的便利。还有部分四合院被开发为文化创意工作室或小型办公场所，正房用作办公区，厢房作为会议室或展示厅，庭院则成为举办创意活动和文化交流沙龙的空间，既保留了传统建筑的韵味，又适应了现代都市的功能需求。

5. 文化融合法

文化相对论认为，不同的文化都有其自身的价值和意义，没有绝对优越或绝对低劣的文化。文化融合法基于这一理论，尊重不同文化之间的差异，在当代设计语境下，将地域文化与现代流行文化、国际文化进行有机融合，以创造出既具有地域特色、时代特色，又具备全球视野的设计作品。

国际平面设计大师靳埭强主张将中国传统文化的精粹与西方现代设计理念相结合。其标志性作品——中国银行 LOGO，简洁流畅又极富时代感，巧妙融入了中国古钱币的元素，寓意"天圆地方"，而中间的"中"字则代表着中国银行，这样的设计堪称东西方设计理念融合的经典之作。

世界建筑大师贝聿铭设计的苏州博物馆新馆（图 6-7），则是结合本土建筑文化与现代建筑风格打造的具有鲜明地域特色的标志性建筑。它以"中而新，苏而新"的设计理念，融建筑于园林之中，化创新于传统之间，展现了传统与现代的和谐共存。

图 6-7　苏州博物馆①

---

① 图源苏州博物馆官网，https://www.szmuseum.com/Other/BwildingMito.

上述方法相辅相成，共同构筑了地域文化创新设计的多元路径。元素提取法开启创意之门，符号解读法注入文化灵魂，情境重构法营造沉浸之感，功能转化法衔接古今生活，文化融合法拓展全球视野。尽管每种方法都有其局限性，例如元素提取法可能过于片面，符号解读法可能存在偏差，情境重构法可能成本较高，功能转化法可能难以平衡，文化融合法可能显得生硬，但只要在实践中注重协同互补，借助科技之力深入挖掘文化基因，精准把握时代脉搏与受众需求，就能持续激发文化创新的无限潜能，为地域文化的传承与发展注入新的活力。

# 第二节　地域文化创新设计案例与实践

## 一、数字插画与图形设计

### （一）地域文化元素的创新转化

地域文化元素的创新转化有其内在的理论逻辑。从设计学的视角来看，地域文化元素构成了设计的素材库与灵感源泉，其创新转化需要对地域文化中的视觉元素、文化内涵、价值观念以及审美倾向等进行系统剖析；从审美心理层面来看，这种创新转化需在尊重本土审美传统的基础上，融合当代多元的审美趋势，进而提升地域文化的吸引力与传播力。

在设计方法上，地域文化元素的创新转化涉及元素的提取、变形、重组与再创造等一系列过程。提取是基础，要求设计师能够精准地识别地域文化中最具代表性与独特性的元素；变形是对提取元素的形态进行适度的改变，以适应不同的设计语境与风格需求；重组是将变形后的元素按照新的逻辑关系与设计意图进行组合，创造出全新的视觉形象与语义结构；再创造则是在重组的基础上，融入设计师的创意灵感与现代设计理念，赋予地域文化元素以新的功能与价值。

山东聊城，以中国"江北水城·运河古都"著称，不仅拥有丰富的水系，还蕴含着深厚的历史文化底蕴。在作品《江北水城》（图6-8）中，作者提炼该地区最具代表性的视觉元素，将其转化为具有现代感的图形符号——古运河、东昌湖等水系特征被抽象为流畅的线条和波纹形状，传统的古建筑与现代的摩天轮则通过简化和几何化处理巧妙组合，使画面形成一定的节奏感与秩序美。

图 6-8　《江北水城》（张潇）

聊城著名历史建筑群——山陕会馆，作为山西和陕西商人在异地的重要聚会场所和文化地标，见证了明清时期商业繁荣与地域文化交流融合的历史场景。其核心建筑戏楼、关帝大殿、春秋阁等，在建筑风格和装饰艺术方面独具特色。在《山陕会馆》系列海报（图 6-9）的设计中，作者将传统的建筑元素抽象化、符号化，使之与现代审美相融合，在保留原有文化韵味的基础上，赋予作品新的时代意义。色彩运用上，基于中国传统色彩体系，结合山陕会馆建筑特色，选择深沉的主色调如墨绿、古铜、暗红，展现历史建筑的沧桑与厚重，局部使用金黄、粉红等明亮色彩，提升视觉吸引力和层次感，使海报在整体庄重的氛围中不失活泼与灵动。

图 6-9　《山陕会馆》系列海报（毕金宁）

➡ 扫码观看

《山陕会馆》系列海报（毕金宁）

　　位于中国西南的贵州，以其独特的地形地貌而闻名，山地和高原构成了贵州的主要地形，广泛分布的喀斯特地貌孕育了众多奇特景观。这里也是多民族聚居的地方，苗族、侗族、布依族等民族在语言、服饰、习俗上各具特色，民族节日丰富多彩。《黔途风景》（图6−10）以安顺的黄果树瀑布、都匀的荔波小七孔、遵义的赤水丹霞、铜仁的梵净山四个著名景点为灵感来源，采用超现实主义手法，将自然景观与人物形象巧妙结合。同时，还融入了贵州传统民族服饰的色彩元素，如苗族银饰的银光闪闪、侗族织锦的色彩斑斓，以及布依族蜡染的蓝白相间。作品既展现了贵州自然景观的多样性，又生动映射出当地民族文化的热情与活力。

图6−10　《黔途风景》（陈栋丽）

➡ 扫码观看

《黔途风景》（陈栋丽）

## （二）文化符号与非遗传承

　　文化符号是地域文化的重要组成部分，它们承载着丰富的历史信息和文化价值。在设计实践中，可以通过研究和理解这些符号背后的文化意义，将其转化为现代设计中的视觉元素，让传统符号在新的语境中焕发新生。非物质文化遗产承载着特定地区人民世代相传的生活智慧、审美理念、技艺精粹以及精神信仰，在地域文化创新设计中是重要的灵感来源。对非物质文化遗产的内涵、形式及特色进行深入研究与挖掘，并将其转化为核心设计元素，不仅有助于非物质文化遗产的传承与发展，也极大丰富了地域文化创新设计的内涵与表现形式。

京剧作为中国传统文化的重要组成部分，其独特的脸谱艺术和服饰色彩，是地域文化符号的重要体现。《国粹生香》系列作品（图6−11）以京剧中的花旦、小生、武生形象为核心元素，在摒弃了戏曲中夸张妆容的同时，保留了京剧脸谱的基本特征，并对细节进行了适度的抽象和简化。第一幅是花旦，采用浓烈的大红色调，通过古代的凤冠霞帔，生动展现了花旦的绰约风姿；第二幅是小生，以黑、白、金三色为主，勾勒出戏曲中书生的形象；第三幅是武生，以三国戏中的赵云为原型，整体色调以蓝白色为主，髯口、翎子等装饰细节使角色更具英武之气。作者以相对雅致的插画风格为传统京剧人物形象赋予了全新的视觉呈现，使其更贴近现代人的审美偏好。

a. 花旦      b. 小生      c. 武生

图6−11　《国粹生香》系列作品（郝雅文）

● 扫码观看

《国粹生香》系列作品（郝雅文）

京剧脸谱以其鲜明的色彩、夸张的图案和丰富的文化内涵，成为京剧艺术中直观且富有感染力的视觉标识，承载着北京地区深厚的历史文化底蕴与戏曲艺术精髓。而泸州油纸伞，作为四川民间传统手工艺的瑰宝，其精美的伞面绘制、精湛的制作工艺以及内含的民俗寓意，彰显了川南地区独特的风土人情与文化传承。在《京彩蜀韵》（图6-12）这一作品中，作者提取上述两种文化符号，采用扁平插画风格，将夸张的人物设计与拙朴的文字设计相结合，呈现出一种传统与现代交融的视觉风格。

图6-12 《京彩蜀韵》（刘何庆）

⊙ 扫码观看

《京彩蜀韵》（刘何庆）

花朝节，是中国传统民俗节日之一，主要流行于江南地区，在华北、中原等地也有庆祝，通常在农历二月举行，具体日期因地而异。花朝节历史悠久，其起源目前尚无定论，但唐代已可见明确记载。花朝节丰富了人们的精神文化生活，促进了民间文化艺术的交流与传承，彰显出古人对自然的热爱与人文情怀，于民俗文化独具意义。龙鳞装是古代一种独特的书籍装帧形式，起源于唐代，宋以后逐渐被其他装帧形式取代。其构造特点是将书页按特定顺序排列，首页全幅裱于底纸，后续书面右侧边缘逐页向左粘贴，展开时似鳞片依次叠压，收起时又能卷成一束。龙鳞装制作工艺较为复杂，从纸张的选择、裁剪到粘贴的精准度都有严格要求。它的出现，既反映了当时书籍装帧艺术的发展水平，也体现了古人对于书籍文化的敬重与热爱，对于研究古代书籍形制演变、文化传播以及手工技艺传承等方面都有着极为重要的价值。在作品《卿梦花朝》（图 6-13）的创作过程中，作者深入解读花朝节的文化内涵，提取关键符号，将节日中诸多元素巧妙融合。"花朝习俗图"生动描绘了诸如赏红、踏青、祭花神等场景，展现出节日的热闹。"十二花神图"分别绘制了代表十二个月份的花神形象，其身姿与神态与对应的花卉相得益彰。"月令纹样图"以精美的图案呈现不同月份的代表性花卉，蕴含着丰富的文化寓意。在此基础上，进一步梳理花朝节的相关资料进行内容设计，并采用龙鳞装进行装帧。独特的翻阅体验让观赏者仿佛穿越了时空，花朝节的文化内涵、艺术魅力以及古人的审美意趣得以全面展现，龙鳞装这一古老的装帧技艺也在现代语境下焕发出新的光彩。作者对传统与现代的有机融合进行了有益探索，为地域文化的创新设计提供了新的思路和方法。

a. 花朝习俗图

b. 十二花神图

c. 月令纹样图

d.　龙麟装成品展示

图 6—13　《卿梦花朝》（周婧）

⊙ **扫码观看**

《卿梦花朝》（周婧）

## 二、动画与叙事设计

动画作为一种极具表现力与感染力的艺术形式，与地域文化之间存在着千丝万缕的联系，地域文化在动画创作的诸多层面均有着丰富的呈现方式，深刻影响着动画作品的风格、内涵与受众体验。

### （一）地域文化故事挖掘与重塑

在故事架构方面，地域文化为动画提供了取之不尽的素材宝库。民间传说与神话故事通常蕴含着深邃的道德哲理和生活智慧，它们是民族文化的根基与灵魂；历史故事与文化典故使我们能够更深刻地理解历史，感受历史的深沉与厚重；民俗故事则有助于促进现代与传统的共鸣，让人感知文化的延续与变迁。在动画创作中融入这些故事元素能够丰富剧情，提升作品的文化内涵与艺术魅力。

许多动画作品以当地的民间传说、神话故事或历史典故为蓝本展开叙事。例如，动画电影《雄狮少年》从岭南地区的民间文化土壤中汲取养分，将舞狮这一具有神话色彩与文化象征意义的民俗活动作为核心元素贯穿始终。影片中，留守少年阿娟因为英姿飒爽、身手矫健的同名舞狮少女而爱上了舞狮，与阿猫、阿狗等人一起拜咸鱼强为师学习舞狮，一路历经挫折与成长，最终在舞狮大赛中展现出非凡风采。从历史背景来看，影片反映了岭南地区传统村落的生活状态以及人们在时代变迁中的坚守与奋斗。雄狮少年们的故事，不仅有关于舞狮技艺的传承与创新，更是岭南地区无数平凡少年在传统文化滋养下努力追寻梦想、突破困境的生动写照，让观众深刻体会到地域文化在当代社会中的强大生命力和对个体成长的深远影响。

全国首部以"海上丝绸之路"为主题的长篇动画片《海上丝路之南珠宝宝》，则将南珠这一海上丝绸之路的宝贵地域性资源与我国西南文化资源进行了包括传统与传说、历史文化与异国风情在内的深度融合式重构，传播了"和平合作、开放包容、互学互鉴、互利共赢"的海上丝绸之路精神。①

动画短片《祭孔前一天》从地域民俗中取材。在制作前，团队深入调研了山东曲阜的祭孔大典这一传统民俗活动，提取礼拜帽、虎头鞋等民俗符号。短片通过描绘一个生活在曲阜的回族家庭参加祭孔活动前的日常生活片段，展现了不同民族文化在地域空间中的共生与交融，强调了文化的多样性和包容性。回族家庭的小男孩

**⊙ 扫码观看**

《祭孔前一天》（沈璐璐、王兆娟）

对祭孔大典上即将佩戴的礼拜帽爱不释手，在把玩时幻想着自己的虎头鞋化作一只威猛的大老虎，进而展开了一场争夺帽子的趣味大战。这种创新的叙事方式不仅让观众在轻松愉快的氛围中了解了祭孔大典这一传统民俗活动，还通过小男孩的幻想展现了儿童纯真无邪的想象力和创造力，进一步丰富了地域文化的内涵。

位于山东省济南市长清区的孝里镇（今孝里街道），是一座忠孝文化浸润千年的文化名镇，其历史可追溯至西汉时期，因"郭巨孝母"的故事而得名，意为"孝子故里"。《孝里古村》以这一历史文化背景为蓝本，采用纪实手法，生动展现了孝里古村的历史变迁和文化传承。作品以一只飞翔的鸟儿为导引，将观众带入孝里古

**⊙ 扫码观看**

《孝里古村》（王昭阳、虞思雨）

---

① 石虹：《试论地域性文化资源在当代动画中的运用》，《中国电视》2018年第6期，第104页。

村的孝堂山。随后，在守山人的引领下，逐一介绍孝堂山汉墓石祠的历史文化、"埋儿奉母"的传说故事以及当地的民风民俗。最后，画面跟随守山人的小外孙来到孝堂山庙会，直接呈现庙会盛况，并将"孝""义"等文化元素融入其中。

### （二）美术风格与地域文化表征

美术风格是动画作品中彰显地域文化特色的核心要素，它与地域文化深度交融，成为地域文化的直观视觉表达。美术风格主要包括角色造型设计、背景场景设计以及色彩运用等方面。

角色的外貌、服饰、发型等设计往往融入大量地域文化元素，而角色的性格特征、行为习惯与价值取向也深受地域文化中所包含的价值观念和社会习俗的影响。《雄狮少年》中阿娟等舞狮少年的形象具有典型的岭南少年特征，他们肤色偏黑，目光坚定而有神，展现出岭南人坚韧、勇敢的精神气质。在服饰方面，传统的舞狮服装色彩鲜艳，以红色、黄色等为主色调，上面绣有精美的龙、狮等图案，体现了岭南地区醒狮文化的个性特征。发型上，阿娟的头发乌黑浓密，带有一些自然的卷曲，显得十分精神，也与岭南地区的气候和人们的生活习惯相符合。此外，影片中的一些配角如咸鱼强等，其形象也具有岭南人的特点，如身材较瘦小但十分精干，穿着宽松的背心和短裤，展现出岭南地区的市井气息和劳动人民的朴实形象。动画电影《哪吒之魔童降世》《哪吒之魔童闹海》则融入了四川地区的文化元素，尤其是古蜀文明。太乙真人的造型设计别具一格，其穿着打扮带有明显的道家风格，宽大的道袍、束腰等服饰细节，体现了四川地区的道教传统。而片中参考三星堆和金沙遗址出土文物设计的青铜结界兽形象，更是直接将古蜀文明融入得活灵活现，让人感受到四川地区上古文化的悠久与灿烂。

地域文化中的建筑风格、自然景观以及历史遗迹等元素，通常会融入动画作品的场景之中。动画电影《白蛇：缘起》取材于民间广为流传的白蛇传故事，背景设定在充满东方奇幻色彩的古代中国，通过细腻的情节编织与人物刻画，展现出中国传统文化中对于爱情、因果、侠义等概念的理解与诠释。在这个故事里，断桥、西湖、雷峰塔等具有鲜明地域特征的场景成为推动情节发展与情感表达的重要元素。动画电影《新神榜：杨戬》则以重塑杨戬人物形象、重述沉香救母故事为核心，将民间美术元素广泛应用于视觉造型的各个领域，其中场景、服装和道具等元素，呼应了故事剧情，辅助了人物塑造，从价值传递到叙事氛围营造，都展现出民间美术的艺术魅力。[①]

在色彩运用上，不同地域文化也孕育出各异的色彩搭配风格。江南水乡文化相关动画常采用青、绿、蓝等冷色调，营造清新、宁静、柔和的氛围，以此展现江南地域的温润婉约；北方黄土高原文化相关动画则偏好土黄、褐红等暖色调，这些色彩与当地的自然环境相契合，凸显北方地域的雄浑、质朴与豪放。动画电影《大鱼海棠》色彩设计以中国红和藏青蓝为主，这两个色彩奠定了整个影片的色彩基调。作为主场景的土楼以藏青、蓝色为基调，给人以紧张压抑的感觉。主人公的服饰为红色，与场景的色彩形成强烈对比。此外，影片中出现的大红灯笼、红色的幔帐和飘带等也在文化氛围的渲染上起到了很大作用。

短片《祭孔前一天》的角色与场景的设计（图6－14、图6－15）结合实地调研情况进行。创作团队调研发现，随着经济的繁荣，越来越多的少数民族成员开始穿着现代通用服装，居住环境也趋向现代化。尽管如此，他们仍旧坚守着一些不可更改的民族传统和生活习惯。因此，在角色塑造上，服装的选择并未追求一致：奶奶的服饰是朴素的回族传统服装；妈妈和小男孩的着装则相对简约，仅保留了基本形制。然而，在头饰方面，妈妈和奶奶都戴着具有回族特色的头巾，以民族服饰核心特色准确塑形象。在场景设计中，为展现文化交融的特色，同样将现代建筑风格与体现回族特色的伊斯兰建筑风格进行了融合，"拱"作为回族建筑普遍具有的构件，被巧妙融入现代建筑结构之中。

图6－14　《祭孔前一天》角色设计（沈璐璐、王兆娟）

---

① 高希敏：《〈新神榜：杨戬〉：民间美术元素赋能动画影像的审美新篇》，《电影评介》2023年第15期，第85～86页。

图 6-15　《祭孔前一天》场景设计（沈璐璐　王兆娟）

## （三）动画叙事手法与地域文化传播

在动画创作中，叙事手法是讲述故事和表达情感的关键。线性叙事依照时间顺序依次展开情节，对于展现地域文化的历史脉络具有得天独厚的优势。非线性叙事打乱时间顺序，采用倒叙、插叙等手法来构建故事，能够更加深入地挖掘地域文化的多元层面。多线叙事则是通过多条故事线索并行发展来讲述故事，能够将地域文化的复杂性以及不同文化元素之间的融合展现出来。循环叙事可以在短时间内通过重复来强化主题，其中变化的部分又能体现故事的动态发展。动画短片常综合采用多种叙事方法，以在有限的时长内呈现丰富的内容。

此外，动画中的象征和隐喻手法也是传播地域文化的重要手段。象征手法中，以物象征能够简洁地传达抽象的主题；利用特定场景象征某种情感或观念，可以在短时间内营造强烈氛围，也能够促进主题的有效表达。隐喻手法则通过将一个事物比作另一个事物，借助观众对已知事物的理解来传达更深层的意义，例如以一片树叶的飘落隐喻生命的流逝。

二维动画短片《铁公鸡》借鉴中国经典动画作品《三个和尚》的叙事手法与表现风格，通过幽默诙谐的情节设计，巧妙地将聊城的地域文化与动画艺术相结合，围绕聊城地方传统美食——魏氏熏鸡，讲述了"铁公鸡"这一别称的由来。重复蒙太奇的运用增强了故事情节的趣味性，具有地方特色的背景音乐同动作节奏的完美搭配，进一步提升了观赏体验。对地域文化的深入挖掘，以及不同叙事手段的综合运用，使其成为一部地域特色鲜明的动画佳作。

**⊙ 扫码观看**

《铁公鸡》（颜景龙等）

（指导教师：邱秀伟）

光岳楼是聊城这座国家历史文化名城的标志性建筑，在中国古代建筑史上具有重要地位，享有"虽黄鹤、岳阳亦当望拜"之誉。它是一座由宋元向明清过渡的代表性建筑，也是我国现存明代楼阁中最大的一座，形式上开"官式"建筑之先河。楼内匾额、楹联、题刻琳琅满目，其中尤以清康熙皇帝御笔"神光钟暎"匾，乾隆皇帝诗刻，清状元傅以渐、邓钟岳手迹，郭沫若、丰子恺匾额、楹联最为珍贵。三维虚拟漫游动画《光岳楼》运用空间叙事技巧，通过一系列不同视角、不同季节、不同运动方式的镜头，全面展示光岳楼的建筑特色及周边环境。同时，在展示内部结构时融入匾额、楹联、题刻等历史文化元素，让观众在欣赏建筑美学的同时，也能感受其中丰富的文化底蕴。

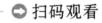

虚拟漫游动画《光岳楼》（赵伟）

（指导教师：徐冉）

## 三、交互媒体与体验设计

### （一）融合地域特色的移动应用设计

在移动应用设计中融入地域特色，主要通过两个方面来实现：一是在界面设计中融入地域文化元素，二是基于地域文化做功能设计。前者着眼于将地域文化中的标志性图形、色彩等元素巧妙融入移动应用的界面布局中，如"每日故宫"移动应用、"云游敦煌"小程序等，让用户在使用应用时能够感受到属于当地的文化氛围。后者则基于地域特色服务进行功能设计，如提供历史故事、文化背景介绍、旅游地图、互动体验等，"孙中山故里""寻迹始皇陵""智游龙门石窟"等小程序在这方面表现突出。通常情况下，两个方面会相互结合，共同作用于提升用户体验。此外，移动应用还可以通过集成音视频资源或运用 VR、AR 技术，提供更为丰富的文化体验。例如，通过音视频资源为用户提供更加生动的背景介绍和故事叙述，用户扫描特定的地标或物品就可以获得与之相关的文化故事或历史信息。这样的设计使用户在享受便捷服务的同时，也能对地域文化有更深入的了解。

除了专注于特定地区、文化遗产或旅游景点，有些移动应用也会整合不同地域文化，打造一个多元文化的平台。例如，探索中国各地美好风物的互动应用"华夏风物"，就整合了每个地方的独特物产、风景和地域文化，如蔚县的剪纸、西安的甑糕、西双版纳的雨林、上海的和平饭店等。用户可以在这里了解不同地区的风土人情，还可以通过笔记、爆料、文章、评论等方式分享探索各地风物时的心得感受。

　　"东昌葫"移动应用（图6－16）定位于聊城市的国家级非物质文化遗产——东昌葫芦雕刻的教育普及，内容包括东昌葫芦雕刻的工艺、技法、选材用料、历史由来等。启动图标采用同构图形直观表现产品定位，功能图标采用隐喻手法对应页面内容、体现地域人文。交互设计以侧边栏导航为中心，分别指向六个二级页面，再依次向三级页面延伸。界面设计采用图片、文本、手绘插图相结合的方式，以较低的图版率、更多的留白，将用户视线集中于核心内容，注重交互体验与风格营造。其中，引导页设计为一个系列，分别对应葫芦的生长期、成熟期、工艺品期三个时间段，并以古诗词进行情感引导，层层递进；工具页设有自由选择功能，被选中的工具向上弹出，完整呈现细节，并辅以相应的文字说明；历史页则以工笔白描风格的插画对文本进行补充，画龙点睛，避免枯燥。

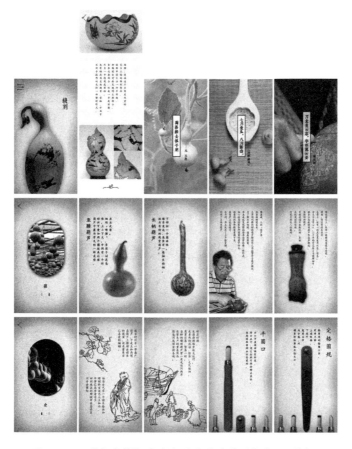

图6－16　"东昌葫"移动应用界面设计（部分）（黄娜）

➡ **扫码观看**

"东昌葫"移动应用界面设计（部分）（黄娜）

### （二）地域文化主题的互动体验设计

美国信息交互设计专家内森·谢多夫（Nathan Shedroff）在 2001 年出版的《体验设计》（*Experience Design*）一书中，为数字产业从业者提供了在线体验的设计灵感，以及一种设计产品、服务、环境或事件的方法。这标志着体验设计概念的形成。维基百科将体验设计定义为"面向用户体验与地域文化的产品、过程、服务、全渠道过程、环境设计实践"。从这一定义出发，体验设计不仅关注产品的功能性，更强调用户在使用过程中的情感体验和文化感受。它通过创造有意义的互动，使用户在体验过程中产生共鸣，从而达到提升品牌价值和用户满意度的目的。在地域文化主题的互动体验设计中，设计师需要深入挖掘地域文化的内涵，将文化元素融入设计的细节，使用户在与产品的互动中能够感受到地域文化的独特魅力。例如，通过模拟地域特色环境、使用地域文化符号、讲述地域故事等方式，让用户在使用产品的过程中体验到与地域文化相关的独特情感和记忆。

北宋画家张择端的《清明上河图》以其精细的描绘和生动的市井生活场景而闻名。上海中华艺术宫的多媒体版本《清明上河图》，运用 12 台投影设备在长达 128 米、高 6.5 米的巨幕上，以全景动态的形式生动再现了北宋时期的建筑风格、服饰特色以及商业活动等地域文化元素。同时，配以适合《清明上河图》情境的背景音乐与环境音效，如街市的喧嚣声、河水的流淌声、远处的叫卖声等，使得观众能够全方位体验北宋时期汴京的繁华和城市生活的气息。这种借助现代科技增强沉浸感的方法，为传统文化的传承与传播开辟了新的途径。

敦煌藏经洞是 20 世纪最重要的考古大发现之一，被誉为"打开世界中世纪历史的钥匙"。2023 年 4 月 18 日，由国家文物局指导、敦煌研究院与腾讯联合打造的超时空参与式博物馆"数字藏经洞"正式上线。用户登录"云游敦煌"小程序或"数字敦煌"官网，即可进入高清还原的藏经洞中，近距离观赏洞窟里的壁画、彩塑和碑文等细节。该项目综合运用高清数字照扫、游戏引擎的物理渲染和全局动态光照、云游戏等游戏技术，生动再现了敦煌藏经洞及其百年前室藏 6 万余卷珍贵文物的历史场景，为用户打造了身临其境的超拟真体验。[①] 2023 年 9 月 20 日，敦煌研究院又联合腾讯共同推出深度文化知识互动项目"寻境敦煌——数字敦煌沉浸展"，应用 VR、三维建模等数字技术对敦煌莫高窟 285 窟的面貌进行了重现和还原。游客既能在线上参与知识互动，又能在线下的沉浸式展馆中通过 VR 眼镜，深度体验敦煌艺术灵韵，感受底蕴深厚的敦煌文化。[②]

扫码观看

数字藏经洞　　　　　"寻境敦煌"
虚拟漫游

　　在 AIGC 技术日益普及的背景下，通过互动展示设计来增强用户的参与感，使之更贴合现代受众的喜好，已经成为一种趋势。这不仅为传统文化的数字化保存、传承、创新和传播提供了有力支持，对于传统文化数字 IP 的创新设计以及与年轻一代的文化共鸣也具有深远的意义。甘肃张掖大佛寺，作为全国最大的西夏佛教殿堂，具有重要的历史和艺术价值，但由于宣传力度较弱，目前面临着文化影响力有限的困境。徐晨雨等人运用 AIGC 技术，对西夏党项族及张掖大佛寺等具有显著地域风格的视觉文化元素进行了提取，并在此基础上进行了再转化与创新性生产。[③] 他们结合当代审美特征与历史事实，设计了数字人物的造型、服饰及配饰等，从而为数字 IP 注入更丰富的文化内涵。

　　全景动画《聊隐》，参考谷歌的 VR 动画《珍珠》（"Pearl"），运用 VR 全景技术展现聊城古建筑的独特风貌。作品以对话的形式，讲述地域文化故事并介绍民间工艺，借祖孙两代对于民间传说和风俗习惯的不同态度，塑造"聊城

　　① 《敦煌"数字藏经洞"上线》，http://cul.china.com.cn/2023-04/19/content_42337517.htm.

　　② 《"寻境敦煌"——沉浸式感受莫高窟魅力》，丝绸之路（敦煌）国际文化博览会，https://www.gswbj.gov.cn/a/2024/12/05/23466.html.

　　③ 参考徐晨雨、祁悦、郭瀚之等：《基于 AIGC 的西夏文化元素提炼及混合现实数字人互动设计》，《包装工程》2024 年第 45 期，第 50 页。

有大隐隐于市，有大美而不言"的主题。创作团队在制作方式上进行了大胆尝试，采用二维动画转全景动画的制作方案：运用 PS（Photoshop）全景绘画完成人物和场景的绘制，运用 AE（After Effect）制作特效，然后将全景展开图输入 Pr（Premiere Pro）导出二维动画视频，再将视频上传至优酷、爱奇艺的 VR 视频平台，将其转换为立体角度的全景动画。观众可以在手机上观看动画，通过移动手机手持角度实时变换观看视角。

扫码观看

| 《聊隐·光岳楼》 | 《聊隐·山陕会馆》 | 《聊隐·铁塔》 |
| （胡海洋等） | （胡海洋等） | （胡海洋等） |

## 四、品牌形象与 IP 构建

在当今竞争激烈的商业环境中，品牌形象与 IP（Intellectual Property）构建已成为企业发展的关键要素。品牌形象是企业在市场中展现的独特标识，它承载着品牌的价值、文化与个性，是消费者认知和认同的重要基础。而 IP 作为一种具有独特价值和影响力的文化资产，可以为品牌注入新的活力与内涵。

品牌形象与 IP 相互依存、相互促进。品牌形象为 IP 提供了坚实的基础和稳定的载体，使其能够在市场上立足并传播；IP 则通过丰富的内容和独特的故事，为品牌形象赋予更加丰富的内涵和情感价值，从而提升品牌的竞争力与吸引力。

### （一）品牌核心形象塑造中的地域文化运用

品牌核心形象是品牌在消费者心中的独特印记，它凝聚着品牌的本质、价值和个性等最核心的品牌要素。在品牌核心形象塑造过程中，地域文化的运用能够为品牌赋予独特魅力与深厚内涵，使其从市场竞争中脱颖而出，与消费者建立紧密的情感纽带。

首先，品牌名称是品牌核心形象的重要组成部分，它是品牌与消费者沟通的第一接触点。运用地域文化元素来命名品牌，可以使品牌名称具有深厚的文化底蕴和独特的地域标识。例如，"杏花村"这一品牌名称，就巧妙地借用了山西汾阳地区著名的杏花村文化，让人自然而然地联想到那里的美酒和悠久的酿酒历史，使品牌在名称上就体现出浓郁的地域文化特色，能够提升品牌附加值，迅速吸引消费者的注意力并引发他们的兴趣。

其次，品牌 LOGO 是品牌视觉形象的核心，也是传递品牌理念和文化内涵的关键元素。在设计品牌 LOGO 时，融入地域文化的图形、符号或色彩等元素，能够增强品牌 LOGO 的独特性和辨识度。

再者，品牌故事是品牌核心形象的灵魂所在，它能够为品牌赋予情感和生命力，使消费者更容易与品牌产生共鸣。基于地域文化创作的品牌故事，可以讲述品牌的起源、发展与当地地域文化的紧密联系，以及品牌所承载的地域文化传承使命等内容。例如，云南白药的品牌故事就深深扎根于云南的地域文化之中，讲述了其创始人曲焕章在云南民间医药文化的熏陶下，经过多年的钻研和实践，创制出"云南白药"这种药物的故事，以及云南白药在历史长河中为人们的健康所做出的贡献。这样的品牌故事不仅让消费者对云南白药产品的效果有了信心，更让他们对云南白药品牌所蕴含的云南地域文化产生了浓厚的兴趣和敬意，从而增强了消费者对品牌的认同感和忠诚度。

此外，品牌的宣传口号也是塑造品牌核心形象的重要手段之一。一句简洁而富有地域文化特色的宣传口号，能够迅速传达品牌的核心价值和独特卖点，让消费者在短时间内记住品牌并留下深刻的印象。例如，"好客山东"这一口号，简洁明了地将山东人热情好客的地域文化特色展现出来，同时也传达了山东作为旅游目的地的友好形象和丰富的旅游资源，使山东旅游品牌在全国乃至全球范围内都获得了广泛的知名度和美誉度。

总之，在品牌核心形象塑造过程中充分运用地域文化元素，能够使品牌具有独特的文化魅力、强大的情感吸引力和高度的辨识度，从而在市场竞争中占据有利地位，赢得消费者的青睐和信任，为品牌的长期发展奠定坚实的基础。

杏皮茶是敦煌市级非物质文化遗产之一，也是甘肃、青海、陕西等西北地区人民家喻户晓的日常饮品。杏皮茶口感酸甜，解辣解腻，深受当地人民的喜爱。近年来，杏皮茶作为一种具有地方特色的饮品，逐渐受到市场的关注和追捧。其主要消费群体年龄为 15～35 岁，他们通常具有较强的品牌意识，更注重品牌的个性化、时尚感以及文化内涵，对品牌形象的设计和美感也有着较高要求。

"小杏茶"的品牌形象设计根植于"新中式茶饮"这一品牌定位，以汉字

"杏"为核心，融合传统茶文化元素进行 LOGO 设计（图 6−17），以简洁的设计手法体现杏皮茶的天然本质，同时传递出一种温馨、亲切的品牌情感。在色彩选择上，采用了杏皮茶特有的金黄色调，既凸显了产品特色，又提升了视觉冲击力。品牌 IP 形象（图 6−18）的创作灵感源自敦煌壁画中的飞天仙女，结合现代审美，塑造了一个充满活力与亲和力的卡通形象。色彩以绿色和橙色为主，既与敦煌地区的沙漠和壁画文化相呼应，又展现了清新自然的品牌调性。同时，设计了一系列与杏皮茶相关的动作表情，如品茶、制作杏皮茶等，以增加 IP 形象的互动性和趣味性，进一步拉近与年轻消费者的距离。"小杏茶"的品牌故事中也融入了敦煌的历史与传说，通过讲述杏皮茶的起源和制作工艺，展现西北地区的风土人情。此外，"小杏茶"在推广活动中，也注重与消费者的互动体验，通过线上线下的活动，让消费者感受品牌背后的文化故事，从而加深对品牌的认同感和忠诚度。

图 6−17　"小杏茶"品牌 LOGO 设计与应用延展（赵英琪）

（指导教师：康晓萌）

正视图　　　　侧视图　　　　后视图

图 6-18　"小杏茶" IP 形象设计与动作延展（赵英琪）

（指导教师：康晓萌）

⊙ **扫码观看**

"小杏茶"品牌形象设计（赵英琪）

## （二）"新文创"视角下的文化 IP 构建

所谓"新文创"，是互联网文化企业腾讯公司于 2018 年提出的以 IP 构建为核心的文化生产方式，强调以一种全新的思维方式与设计方法来实现文化价值与商业价值的相互赋能，从而打造具有广泛影响力的中国文化符号体系。[①]文化 IP 即具有文化价值和独特个性的知识产权，它承载着丰富的文化内涵、

————————

① 刘潇、周欣越：《基于新文创视角的文化 IP 体系构建》，《包装工程》2022 年第 10 期，第 183～189 页。

历史故事、艺术元素等。从本质上讲，文化 IP 是一种文化符号，它能够引发消费者的情感共鸣，具有强大的吸引力和影响力。

文化 IP 具有多元价值。经济上，它通过开发各类文化产品与服务，如电影、游戏、动漫等，创造巨大商业价值，为企业带来可观收益；文化层面，它传承和弘扬优秀文化传统，促进文化交流与传播，提升文化自信；社会方面，它丰富人们精神生活，满足文化需求，带动相关产业发展，推动就业与社会经济进步。这些价值相互关联、相互促进，共同构成文化 IP 的价值体系，使其在文化产业发展中发挥重要作用。

在"新文创"视角下，文化 IP 构建强调创意驱动。创意是文化 IP 的核心竞争力，它能够将文化元素转化为具有创新性和独特性的产品和服务；科技则为文化 IP 的开发与传播提供技术支持，提升文化产品和服务的质量与效率。文化 IP 构建注重多元文化的融合，它将不同的文化元素、艺术形式、产业领域等进行有机整合，创造出具有丰富内涵和广泛影响力的综合性文化产品与服务。在"新义创"视角下，文化 IP 构建还强调用户的参与性。用户不再是被动的接受者，而是积极参与文化 IP 的创作和传播。用户的参与，能够增加文化 IP 的互动性和传播力，提高用户对文化 IP 的认同感。

在"新文创"视角下，构建文化 IP 的关键在于平衡文化价值与商业价值。由中国游戏开发商"游戏科学"（Game Science）团队开发的动作角色扮演游戏（Action Role Playing Game，ARPG）《黑神话：悟空》，便是这一理念的生动体现。这款游戏以《西游记》中孙悟空的形象为基础，结合现代游戏技术和营销策略，成功构建了一个具有深厚文化背景和广泛吸引力的游戏 IP，在故事背景、角色设计、视觉风格、音乐与声效等多个方面，展现了对中国传统文化的深入挖掘和现代化诠释。为了在游戏中呈现极致的视觉效果，制作团队走遍了祖国的大江南北，在国内 36 个景点取景，其中山西省的取景地多达 27 处（晋城的玉皇庙、青莲寺，忻州五台山的佛光寺，朔州的崇福寺等）。随着《黑神话：悟空》的火爆上线，山西文旅部门迅速响应，展开了一系列联动宣传活动。山西省文旅厅通过官方账号发布与游戏相关的宣传视频，邀请玩家跟随悟空的脚步探索山西的名胜古迹。这些视频不仅精美呈现了游戏中的山西元素，还激发了广大游客对山西文化旅游的兴趣和热情。①

《黑神话：悟空》的成功不仅在于其游戏本身的精良制作，更在于它创新

---

① 《借力〈黑神话：悟空〉山西文旅创新文化传承方式》，https://www.163.com/dy/article/JA6VBEJI0514DTKM.html.

了文化传承的方式。玩家在游戏中的每一个场景对每一个细节的体验，都是对山西历史文化的深入了解和学习。这种沉浸式的体验让传统文化以更生动、直观的形式走进大众视野，为山西的文化遗产保护与传播开辟了新的途径。

　　另一个值得关注的案例是景德镇御窑博物院等单位在 2023 年合作启动的"岁岁鸭"IP 设计及相关文创产品开发项目。这一项目基于景德镇御窑博物馆的镇馆之宝——明代成化素三彩鸭形香薰（图 6-19）展开，旨在从考古发现起始，汇集艺术创意，讲好中国陶瓷故事。"岁岁鸭"IP 形象设计，保留了文物原型的色彩和视觉特征，同时赋予其鲜明的个性特征，如细腻、嘴碎、不屈等。"岁岁鸭"IP 的开发涉及多个领域，包括 IP 形象、表情包、动漫短视频、数字绘本、动态数字插画以及衍生产品设计等（图 6-20）。这些丰富的内容和形式，让传统文化以更生动、直观的形式走进大众视野，也为景德镇的文化遗产保护与传播开辟了新的途径。此外，"岁岁鸭和 TA 的朋友们"项目还与全国多所高校合作，通过专项大赛激发年轻创意者的创造力，为陶瓷文化注入新的生命力。[①] 这些年轻的创意者通过数字艺术与陶瓷文化的对话，带来了令人耳目一新的作品，推动了陶瓷艺术在新时代的表达方式。

图 6-19　素三彩鸭形香薰

---

　　① 《"岁岁鸭和 TA 的朋友们"——第 19 届中国好创意暨全国数字设计大赛·景德镇御窑专项赛总决赛正式启幕》，景德镇御窑博物馆官网，http://www.jdzyybwy.com/jdzmu/frontend/pg/article/id/I00004970.

a. 基础视觉 LOGO

b. 基础形象设定（从左到右依次为考古学家版、督陶官版、艺术家版、化龙版）

c. 应用延展：信封贴纸

图 6-20　"岁岁鸭" IP 形象基础设定及应用延展（部分）

⮕ 扫码观看

"岁岁鸭" IP 设定集

　　"岁岁鸭"的成功案例再次证明了，在"新文创"视角下，通过创意驱动和科技支持，结合多元文化的融合以及用户的参与，可以有效地构建具有文化价值和商业潜力的文化 IP。这种创新的文化传承方式不仅丰富了人们的精神生活，还推动了相关产业的发展，成为文化产业发展的新引擎。

### 延伸阅读

　　1. 迈克尔·勒威克（Michael Lewrick）、帕特里克·林克（Patrick Link）、拉里·利弗（Larry Leifer）：《设计思维工具箱：斯坦福创新方法论》，郑雷、罗婧译，清华大学出版社 2023 年版。

　　2. 高雅真：《地域文化创新设计研究》，武汉大学出版社 2024 年版。

### 思考与练习

　　1. 简述地域文化创新设计应如何进行策略规划。

　　2. 以一个具体的创新设计选题为例，分析在设计过程中如何统筹兼顾原真性、创新性、适用性和可持续性原则。

　　3. 从地域文化创新设计的完整流程来看，用户研究与需求分析有何关键作用？怎样保证其有效性和准确性，从而为整个设计过程提供有力支持？

　　4. 以某一地域文化为例，运用元素提取法进行设计创意的初步构思，并说明提取的元素及应用思路。

　　5. 选择某一地域文化中的典型符号，分析其文化内涵，并探讨如何将其运用到现代设计中。

　　6. 结合"数字藏经洞"和"寻境敦煌"等项目，探讨现代科技在地域文化互动体验设计中的应用优势和创新潜力。

## 第七章

# 考察专题：齐鲁问道

## 本章导览

　　齐鲁地区作为中华文明的重要发源地之一，拥有非常深厚的历史文化底蕴。对这一地区进行专题考察，旨在提升我们对齐鲁文化的整体认知，并激发对传统文化传承与创新的思考。

　　"齐鲁问道"专题，围绕海岱文化、儒家文化、红色文化以及传统村落等四个方面展开，全面梳理齐鲁地区的历史脉络和文化特色，并探讨其在现代社会中的价值和意义。

## 第一节　海岱文化

　　以山东为中心的海岱地区，是中华文明多元一体发展格局中的重要区域，因地处海滨并以泰山（岱宗）为标志，故得名"海岱"。海岱文化是指在以渤海、黄海、泰山（岱）、淮河下游（故道）为显著标志的海岱地区内发展起来的一支源远流长、自成系统的古代文化。2012年以来，国家文物局设立"考古中国"重大项目课题，山东有"海岱地区古代文明化进程研究""海岱地区夏商西周考古研究"两项课题入选。新时代，山东擦亮"海岱考古"品牌，累计25项遗址荣获"全国十大考古新发现"，6项考古遗址入选中国"百年百大考古发现"。[①] 这些考古发现有力证明了海岱地区是文明起源的关键区域，其历史发展的脉络也日益清晰：作为中华文明重要发源地的海岱地区，因史前时

---

　　① 徐秀丽：《"文润海岱游读齐鲁"山东十大文物主题游径出新出彩》，《中国文物报》2024年4月30日第2版。

期文化自成体系，逐渐形成了后李文化－北辛文化－大汶口文化－龙山文化的系统，是中国史前文化多元一体中的重要一元。

海岱文化作为中国古代文明的重要组成部分，其保护和传承具有重要意义。近年来，随着考古学和文化遗产保护工作的不断深入，海岱文化的许多重要遗址和文物得到了有效保护。

海岱文化主要遗址包括大汶口遗址、龙山遗址、小荆山遗址等。大汶口遗址位于山东省泰安市大汶口镇和阳宁县磁窑镇，是海岱文化的重要发祥地之一。遗址中共发现墓葬、房址、陶窑等遗迹 100 余处，出土了大量石器、陶器和玉器、骨器和牙角器等生活用具，显示出这一地区在新石器时代晚期已经有了较高的发展水平。大汶口遗址的发现为研究海岱文化的起源和早期发展提供了宝贵的资料。龙山遗址和小荆山遗址均位于山东省济南市章丘区。龙山遗址是龙山文化的典型代表，大量的城墙、居住址和墓葬，反映了当时复杂的社会结构和高度发展的农业经济。小荆山遗址是新石器时代以早期后李文化为主的遗址，其石器制作方法为打制、琢制和磨制并存。大量生产工具的出现，尤其是石磨盘、石磨棒等加工工具的出现，说明农业已达到很高的水平。这些遗址展示了从后李文化到龙山文化的丰富文化遗产，对于深入了解海岱文化的发展历程具有重要价值。

海岱文化遗址中出土的文物包括石器、骨器、陶器、玉器等。石器是海岱文化早期的重要生产工具。大汶口文化晚期和龙山文化时期的石器种类繁多，包括斧、锛、镰等农业工具，以及用于狩猎和战争的武器。这些石器的制作技术不断进步，显示出当时社会生产力的提高。骨器在海岱文化中也有广泛的应用，大汶口遗址和龙山遗址中出土的骨器种类繁多，包括针、锥、匕首等。这些骨器制作精良，使用方便，是当时人们日常生活中不可或缺的工具。陶器是海岱文化最具代表性的文物之一，大汶口文化晚期和龙山文化时期的陶器制作工艺已经相当成熟。特别是龙山文化时期的黑陶，以其光滑如镜的表面和薄如蛋壳的质地而著称。这些陶器不仅是日常生活的用品，也是社会地位的重要象征、祭祀仪式上的重要礼器。此外，大汶口遗址和龙山遗址中都发现了大量精美的玉器，如玉斧、玉璧、玉琮等。玉器的制作工艺复杂，反映了当时高度发展的手工业。

齐鲁地区有许多重要的博物馆，如山东省博物馆、济南市博物馆、青岛市博物馆等。其中，山东省博物馆是了解海岱文化的重要场所，馆内设有专门的海岱文化展区，陈列了大量大汶口文化和龙山文化时期的珍贵文物。常设展"海岱日新——山东历史文化展"，特展如"礼运东方——山东古代文明精粹"

等，系统呈现了海岱文化的发展脉络、社会生活面貌以及精神信仰体系。

海岱文化的形成，一方面源于物质文化的积淀，另一方面也是社会结构、精神信仰和文化交流的综合体现。时至今日，山东地区依然保留着许多与海岱文化相关的传统祭祖习俗，例如清明节在祖坟前举行的祭拜仪式，可以追溯至海岱文化时期的祭祀活动。山东的民间艺术，如剪纸、泥塑和年画等，也都深受海岱文化的影响。这些艺术形式通过融入当地居民的日常生活，促进了海岱文化艺术传统的继承与发扬。

随着时代的变迁和历史的演进，海岱文化逐渐融入了更为博大的中华文明之中，如泰山、岱庙、青州古城等名胜古迹，不仅承载着海岱文化的深厚底蕴，也成为中华文明的重要象征。

# 第二节　儒家文化

每个民族都拥有自己的文化基因，而中华优秀传统文化正是中华民族的文化基因。中华优秀传统文化是一种复合型文化，它由多种不同的文化形态构成，并展现出多元性、开放性、包容性和绵延性等显著特征。先秦时期，"诸子蜂起，百家争鸣"，其中儒墨两家尤为突出；魏晋南北朝以后，儒、释、道三家逐渐形成鼎立之势，但儒学一直处于官学地位。因此，从某种意义上讲，儒家文化一直是中华传统文化的主体。正因如此，儒家文化对中国古代社会产生了极为深刻的影响，融入了中国人的血脉，塑造了中华民族的文化基因，决定着中国人的信仰基础、存在方式、价值标准与人生态度，成为中国人的生命底色。[①]

儒家文化的理论体系形成于春秋战国时期的鲁国，由孔子在继承周代礼乐制度的基础上创立，并吸收多元地域文化发展起来。儒家文化强调"仁、义、礼、智、信"五常，倡导"修身、齐家、治国、平天下"的理念，对中国社会产生了深远的影响。儒家文化的核心思想在于道德修养和社会秩序的构建，还有对人性向善的坚定信念。孔子提出的"仁者爱人"思想，强调人与人之间的和谐相处，奠定了儒家伦理道德的基础。孟子则进一步发展了这一思想，提出"性善论"，认为人性本善，通过教育和修养可以不断完善自我。儒家文化还强

---

① 赵卫东：《儒家文化与中国人的生命底色》，《孔子研究》2019 年第 3 期，第 24～32 页。

调礼制的重要性，认为礼是维系社会秩序的根本，通过礼的规范，社会各阶层可以各安其分，和谐共处。此外，儒家文化注重教育，提倡"有教无类"，认为教育是提升个人修养和社会整体素质的重要途径。这些思想在古代中国社会中发挥了重要作用，在现代社会中也依然具有深远的影响，成为中华民族精神的重要组成部分。

儒家思想对中国传统艺术的影响深刻而多元。在文学领域，儒家思想体现为对道德理想和社会责任的强调，从《诗经》至唐宋古文，始终贯穿着"文以载道"的伦理追求。书法艺术中，儒家对"气节"和"风格"的追求可见一斑，许多书法作品都力图通过书写表达个人的道德修养和精神境界。儒家传统还通过"礼乐相济"观念影响了中国古代雅乐体系，如在宫廷音乐和传统戏剧中，常常强调礼仪、节制和和谐，这些都是儒家核心理念的反映。

随着全球化的推进，儒家文化的核心理念，如和谐共生、仁爱精神，正逐渐为世界所认可和接受。在国际文化交流中，儒家文化成为展示中华文明独特魅力的重要窗口。许多国家和地区纷纷设立孔子学院，推广汉语和中国文化，儒家经典著作也被翻译成多种语言，走向世界。

在山东地区，儒家文化尤为兴盛，孔庙、孔府、孔林等文化遗产，不仅是儒家文化的象征，也是研究儒家思想的重要场所。孔庙（图7-1）作为儒家文化的核心象征，承载着深厚的历史文化底蕴。其建筑风格庄重典雅，布局严谨，体现了儒家思想的秩序与和谐。孔庙内供奉的孔子像及历代儒家先贤的牌位，彰显了对先贤的尊崇与敬仰。每年春秋两季的祭孔大典，更是吸引了无数海内外游客和学者前来观摩，成为传承和弘扬儒家文化的重要仪式。孔庙是祭祀孔子的场所，也是儒家文化教育和研究的中心，内设各类讲堂和展览馆，向世人展示儒家的经典智慧。孔府（图7-2）作为孔子后裔的居所，同样承载着丰富的儒家文化内涵。其建筑风格古朴典雅，庭院布局严谨，体现了儒家注重礼制和秩序的思想。孔府内珍藏的大量文物和古籍，展示了孔子家族的历史变迁和文化传承，是研究儒家思想的重要资料。孔府的日常管理和运作，遵循儒家礼制原则，彰显了儒家文化在日常生活中的实践与影响。如今，孔府在现代社会中继续发挥着文化引领的作用，每年举办的各类文化活动，如书法、绘画展览和儒家经典讲座，吸引了众多文化爱好者和学者前来交流学习。孔林是孔子家族的安息之地，也是儒家文化传承的重要象征。园内绿树成荫，墓碑林立，静谧而庄严。墓碑上的铭文，记录了孔子家族历代儒家学者的生平事迹和思想成就，为后世提供了宝贵的历史资料。孔林布局严谨，遵循中国传统的风水理念，体现了"天人合一"的哲学思想，其建筑风格既保持了古代皇家墓地的庄严，又融入了浓厚的儒家文化元素。每年清明节，孔子后裔及社会各界人士都会前来祭拜，缅怀先贤，传承文化，孔林因此也成为连接过去与未来、传统与现代的文化桥梁。

图 7-1　孔庙① 　　　　　　　　　　图 7-2　孔府②

此外，山东各地的书院遗址及其现代文化实践，深刻体现了儒家教育传统的当代转化。以曲阜尼山为例，虽然元代始建的尼山书院仅存遗址，但 2014 年山东省启动"图书馆＋书院"公共文化项目后，全省建成 153 所现代"尼山书院"，通过经典诵读、礼乐研习等新型文化服务延续儒家教育精神。这些渗透于民间肌理的文化实践，证明儒家伦理仍是当代社会重要的价值参照系。

# 第三节　红色文化

红色文化是指中国共产党成立以来，领导中国人民在革命、建设、改革进程中，将马克思主义基本原理同中国具体实际相结合而创造出来的一种先进文化形态。它以中国共产党人的精神谱系为精神内核，体现了中国共产党人的政治本色和情怀担当。红色文化蕴含着丰富的革命精神和厚重的历史文化内涵，是中华优秀传统文化的传承和升华。

齐鲁大地是中华文明的重要发源地之一。在中国近现代历史上，这片土地也见证了众多重要的革命事件，涌现出一大批杰出的革命人物。作为革命老

---

① 图源曲阜市委宣传部孔子故里·中国曲阜网，http://www.qufu.gov.cn/art/2024/5/10/art_17708_2762018.html.

② 图源曲阜市委宣传部孔子故里·中国曲阜网，http://www.qufu.gov.cn/art/2024/5/10/art_17709_2762019.html.

区，其丰富的红色文化资源在中国革命史上占有重要地位。

山东抗日根据地是抗日战争时期中国共产党及其领导的军队坚持华北抗战的四大根据地之一，是华北抗日根据地的重要组成部分。它包括津浦路以东的山东大部地区和江苏、安徽、河南三省边界的部分地区，东濒黄海、渤海，西临津浦路，与冀鲁豫区毗连，北迄天津，与冀中、冀东两区相连，南至陇海路，与华中的苏北区相连。山东抗日根据地的建立和发展，为抗日战争的胜利奠定了坚实基础，极大地鼓舞了全国人民的抗日斗志。其对敌斗争经验，如地道战、地雷战等，成为全国抗日根据地学习的典范，对整个抗日战争的胜利产生了深远影响。

山东解放区在解放战争中发挥了至关重要的作用。作为连接华北与华东的战略要地，山东解放区为解放军提供了稳固的后方基地，成为南下北上的重要通道。其境内发生的莱芜战役、孟良崮战役等，成为扭转华东战局的关键节点。同时，山东人民在物资供应、兵员补充等方面给予了大力支持，充分体现了人民战争的伟力。这些历史实践丰富了红色文化的内涵，也为中国特色社会主义道路的探索提供了宝贵经验。

在山东这片红色热土上，涌现出了众多杰出的革命英雄，他们以坚定的信念和无私的奉献，为中国的革命事业做出了卓越贡献。山东籍战斗英雄任常伦，在胶东反"扫荡"作战中屡立战功，其"拼刺刀"事迹成为八路军英勇精神的象征。陈毅、粟裕将军在多次战役中展现出卓越的军事才能，为解放战争的胜利立下了赫赫战功。王尽美与邓恩铭，作为山东党组织最早的组织者和领导者，推动了山东地区的工人运动，为全国的革命事业做出了巨大贡献。此外，还有无数默默无闻的山东籍战士，他们在战场上英勇奋战，用鲜血和生命谱写了壮丽的革命篇章。

齐鲁大地的红色文化遗址遍布各地。从沂蒙山区的革命老区，到胶东半岛的抗日子弟兵根据地，每一处遗址都承载着一段段感人至深的革命故事。孟良崮战役纪念馆生动再现了战役经过和参战部队的进攻、阻援情况，以及部分英模人物、战斗英雄的事迹情况，激励着后人铭记历史、缅怀先烈。大青山突围战遗址，以"理想信念，鱼水情深"为主题，以大青山胜利突围战为主线，完整呈现了1941年八路军山东纵队机关突围的悲壮历程。此外，山东的红色文化遗址还包括许多革命烈士陵园、纪念馆和故居，它们不仅是爱国主义教育基地，也是研究红色历史的重要资源。

沂蒙山区是中国共产党在抗日战争和解放战争中建立的重要根据地之一，保存了大量的革命遗址，如孟良崮战役遗址、沂蒙山抗日根据地等，这些遗址是革命历史的重要见证。当地政府和相关部门高度重视革命遗址的保护工作，通过修缮、管理和宣传，使这些遗址成为重要的红色教育基地。"沂蒙红嫂"是沂蒙精神的重要体现，她们在战争年代用自己的实际行动支持前线，送子参军，抢救伤员。此外，沂蒙山区还有大量的革命烈士，他们的英勇事迹在当地广为传颂，他们的精神激励着一代又一代的中国人。

对齐鲁红色文化进行深入考察，可以全面了解齐鲁地区在中国革命历史上的重要地位和贡献，认识红色文化的深刻内涵和时代价值。在此基础上，还应进一步探索其深层价值、创新传播手段，在新时代赋予其新的生命力和活力。

位于沂南县马牧池乡常山庄村的红色影视基地（图7-3），村庄四面环山、依山而建，保留20世纪初的古朴风貌，电影《沂蒙六姐妹》《斗牛》，电视剧《沂蒙》《战神》《红高粱》等影视作品均在此选景拍摄。"铁匠铺""煎饼院""山村小院""农耕文化"等院落博物馆，展示了沂蒙地区的传统生活风貌，生动再现了革命时期的艰苦岁月。红嫂原型明德英故居、"沂蒙母亲"王换于故居等红嫂纪念馆，通过实物陈列、图片展览和场景还原，生动地再现了红嫂们在革命时期无私奉献和坚韧不拔的精神。《识字班》（图7-4）、《红嫂救伤员》（图7-5）等系列情景剧通过沉浸式演出的方式重现历史场景，通过演员们精湛的表演，让观众仿佛身临其境地感受"沂蒙精神"，极大地增强了红色教育的感染力。此外，基地还定期举办红色文化主题活动，邀请革命后代和专家学者做讲座，进一步弘扬红色文化，传承革命精神。

图7-3　沂南影视基地

图7-4　沂南影视基地情景剧《识字班》　　图7-5　沂南影视基地情景剧《红嫂救伤员》

# 第四节 传统村落

传统村落是指村落形成较早，拥有较丰富的传统资源，具有一定历史、文化、科学、艺术、社会、经济价值，应予以保护的村落。[①] 它们是人类文明的活化石，保存了丰富的历史信息和文化遗产。

黄河流域是中华文明发源地之一，其中传统村落文化占有重要地位。山东省作为黄河下游的重要省份，其传统村落承载着深厚的历史底蕴和独特的地域文化。这些村落不仅是农耕文明的缩影，更是齐鲁文化的重要组成部分，在建筑风格、村落布局、民俗文化、社会结构等方面展现了丰富的地域特色和历史价值。

以位于山东省淄博市的周村古镇为例，它是中国北方保存最为完好的古代商业街区之一。其历史可以追溯到元明时期，周村因商贸活动的繁荣而兴起，素有"旱码头"之称。到了明清时期，周村的商业达到鼎盛，成为北方重要的商业中心。随着近代商业的发展，周村逐渐形成了独特的商业文化和建筑风格。周村的建筑大多为砖木结构，布局紧凑，既体现了北方民居的厚重与坚固，也展示了古代商业街区的繁华与活力，兼具实用功能和文化价值。周村古镇的社会结构复杂，主要由商人、手工业者和农民组成。商业活动是周村的主要经济来源，催生了独特的商会组织。这些组织在商业活动中扮演着重要角色，在村落的社会管理和文化传承中也发挥着关键作用。周村的文化遗产丰富多样，包括剪纸、皮影戏、传统美食等诸多方面，它们作为文化传承的重要载体，展示了周村深厚的历史底蕴，也为现代人们提供了了解古代生活风貌的窗口。

又如位于山东省济南市的朱家峪，它是一个保存完好的明清古村落，凭借独特地理位置与历史渊源，成为研究齐鲁传统村落的关键样本。朱家峪的历史可追溯至明代，尽管历经多个朝代的更迭，其独特的建筑风格与文化遗产至今仍得以完好保存。建筑主要采用砖石-木构混合，依山就势，层层递进，形成错落有致的村落布局。村落中的祠堂、庙宇等建筑，反映了村落的宗教信仰和

---

① 参考《住房城乡建设部文化部国家文物局财政部关于开展传统村落调查的通知》（建村〔2012〕58号）。

文化传承，是村落精神文化的重要象征。朱家峪的社会结构以家族和宗族组织为主，这些组织在村落的社会管理和文化传承中起到了重要作用。村落中的手工技艺丰富多彩，包括木雕、石雕、刺绣等，不仅是村落经济活动的一部分，也是文化传承的重要载体。民俗文化和传统节日，如庙会、祈福仪式等，则生动展现了村落独特的文化内涵。

山东省坚持把传统村落保护作为弘扬传承中华优秀传统文化的重要载体，作为打造乡村振兴齐鲁样板的重要抓手，坚持科学规划，加强整体保护，突出活态传承，深耕乡村文明。截至2023年，山东省入选国家级传统村落173个，认定省级传统村落412个，其中97个完成国家数字博物馆建档。山东省还专注于村落的整体保护和特色发展，先后打造5个国家传统村落保护集中连片示范县（市、区），2018—2023年间，山东省采用传统工艺修缮重点民居329处，认证持证传统建筑工匠627人。此外，山东省积极探索"传统村落＋"融合发展模式，形成了"天鹅之乡"威海烟墩角村、"最美渔村"青岛青山渔村、"沂蒙红嫂"家乡临沂常山庄村等多个村落保护样板，25个村落纳入全省文化体验廊道重点村建设。

山东省还积极推动传统村落的旅游开发与文化传播。通过举办各类文化节庆活动，吸引游客前来体验传统村落的风土人情，进一步提升了村落的知名度和影响力。在保护与开发的过程中，山东省注重平衡传统与现代的关系，力求在保留村落原貌的基础上，提升村民的生活质量。通过引入现代基础设施，改善村落的居住环境，同时保留传统建筑的风格和特色。此外，还鼓励村民参与传统手工艺的传承与创新，通过开设手工艺作坊、举办技艺培训班等方式，激发村民的文化自豪感和参与感。为了更好地传承和保护传统村落文化，山东省建立了多层次的保障机制。各级政府设立了专项资金，用于传统村落的修缮和保护工作。同时，加强与高校和研究机构的合作，开展传统村落文化的系统研究和整理，为保护工作提供科学依据。

传统村落的保护与发展，不仅是文化传承的需要，也是乡村振兴战略的重要组成部分。山东省在这一领域的探索和实践，为全国其他地区提供了宝贵的经验和借鉴。

### 延伸阅读

1. 李红艳、齐健：《齐鲁文化》，清华大学出版社2021年版。

2. 潘鲁生：《乡风齐鲁：山东乡村文化振兴"齐鲁样板"调研报告》，中国文联出版社2021年版。

## 路线推荐

| 天次 | 行程安排 | 考察内容 |
| --- | --- | --- |
| 1 | （1）青州古城（潍坊） | 古城的历史变迁、建筑特色、街巷布局与风格，以及民俗文化等。 |
| 2 | （2）青岛东方影都<br>（3）沂蒙红色影视基地（临沂） | 建筑规划与设施功能、影视产业发展；红色历史、重要事件与人物事迹、沂蒙精神内涵等。 |
| 3 | （4）泰安岱庙 | 建筑风格（宫殿、庙宇等）及其功能地位；岱庙内文物古迹（碑刻、雕塑等）及其历史文化。 |
| 4 | （5）山东博物馆（济南）<br>（6）临清宛园 | 山东地区的历史发展进程、博物馆的展览策划与陈列方式；园林建筑风格、临清的运河文化。 |

**本章导览**

苏州和上海两地历史渊源很深，文化上也同属吴文化圈。两地在地理上相邻，在历史和文化的长河中也相互影响、交融。苏州以其典雅的江南园林、古朴的历史街区和深厚的文化底蕴，成为江南文化的代表；上海则以其繁华的都市景象、前卫的当代艺术和创新的城市精神，成为东方现代文明的地标。

"苏沪撷彩"专题，将带领大家走进这两座城市，感受它们在不同历史时期的独特风貌，体验江南水乡与现代都市的交融之美。

# 第一节　江南园林

江南地区的园林文化一直是中国园林研究的核心内容。特别是自明清以降，江南古典园林的保存数量之多、品质之优均居全国之首，代表着中国风景式园林艺术的最高水平。

苏州园历史悠久，风格独特，集建筑、园艺、书画、雕刻、文学等多种艺术形式于一体，展现了中国古典园林艺术的精髓。苏州园林的建造传统可以追溯到1600多年前的东晋时期。当时的文人雅士开始在自家庭院中模仿自然山水，形成了最早的私家园林。到了元朝（1271—1368），受文人画的影响，园林开始注重"诗情画意"的营造，例如现存狮子林的前身就是元代寺庙园林的代表。明清两代（1368—1912）是苏州园林的黄金时期，涌现出了许多著名的园林，如拙政园、留园等。这些园林以其精美的设计和丰富的文化内涵，成为中国古典园林艺术的杰出代表。

上海地区的园林建设比苏州晚近千年，直到北宋时期（960—1127）才出现有记载的私家园林。明代中期（约1550年后），随着棉纺织业带来的经济繁荣，上海园林建设进入理论探索与实践的全盛时期。明代上海县的豫园、日涉园、露香园，嘉定县的秋霞圃、古猗园，松江镇的秀甲园、熙园等，在当时江南地区有着极高的名望。[①] 清代以后，松江的醉白池、青浦的曲水园、上海的城隍庙东园、丛桂园等园林，也成为上海著名的园林景观。

从保存现状来看，上海园林历史源远流长，但这些古园历经沧桑，多数已不复存在。目前，仅秋霞圃（1478年）、豫园（1559年）、古猗园（1573年）、醉白池（1644年）、曲水园（1784年）得以保存，成为上海五大古典园林。苏州明朝及之前建成的古典园林也所剩无几，现存的古典园林多为清代后期重建，但在艺术风格与造园手法上多继承传统旧制。新中国成立后这些园林逐渐得以重建和改建。

拙政园位于古城苏州东北隅（东北街178号），始建于明正德初年（16世纪初），迄今已逾五百年，是江南古典园林的代表作品。全园以水为中心，山水萦绕，厅榭精美，花木繁茂，充满诗情画意，具有浓郁的江南水乡特色。花园分为东、中、西三部分，东花园开阔疏朗（图8-1a），中花园是全园精华所在（图8-1b），西花园建筑精美（图8-1c），各具特色。

a. 东花园

---

① 王东昱：《上海与苏州古典园林的比较分析》，《中国园林》2011年第4期，第78页。

b. 中花园

c. 西花园

图 8-1　拙政园

　　留园位于苏州市留园路 338 号，始建于明代万历二十一年（1593 年），是中国四大名园之一。留园以其精湛的建筑艺术而闻名，厅堂宏敞华丽，庭院富有变化。园中的建筑布局错落有致，通过廊、桥、亭、榭等元素，巧妙地将空间划分成多个层次。园内假山、池塘、瀑布等自然元素与建筑相得益彰，营造出一种自然与人文和谐共生的氛围。以冠云峰（图 8-2）为代表的太湖石，赋予了园林"不出城郭而得山林之趣"的独特魅力。

图 8-2　留园冠云峰

豫园（图8-3）为明代私人园林，位于上海市老城厢的东北部，北靠福佑路，东临安仁街，西南与上海老城隍庙毗邻，是江南古典园林，始建于明代嘉靖、万历年间，占地三十余亩。"豫"有"平安、安泰"之意，取名"豫园"，也有"豫悦老亲"的意思。豫园展现了典型的江南园林风貌，体现了明清两代南方园林"清幽秀丽、精致玲珑"的艺术风格。园内还保存着相当数量的古树名木及明清家具、名人字画、泥塑砖雕、额匾楹联等文物珍品，凝聚着丰富的中国传统文化艺术的精华。

图8-3　豫园

江南园林作为中国传统园林艺术的巅峰，体现了中国古代文人追求自然与人文和谐的理想，反映了江南地区特有的文化特质与生活方式。其设计理念深受中国传统哲学思想，尤其是道家"天人合一"观念的影响。江南园林以自然为师，通过借景、对景、分景、隔景等手法，巧妙地运用空间布局，营造出"虽由人作，宛自天开"的艺术效果。江南园林还注重季节变化和时间流转，通过植物配置、水景设计等手段，使得园林景色四季各异，晨昏有别，让人在游览中感受到时间的推移和生命的律动。

江南园林不仅是传统文化的载体，更是现代设计灵感的源泉。它们的设计理念、布局手法以及与自然环境的和谐共生，为当代设计师提供了宝贵的借鉴。灵活合理地运用江南园林的设计理念，能有效提升现代建筑和景观的文化内涵，也为人们创造了更加舒适、宜居的生活环境。

# 第二节　历史街区

历史街区通常指的是那些文物古迹较为集中，或者能够较为完整地反映出某一历史时期的传统风貌与民族地方特色的街区。1987年，国际古迹遗址理事会在华盛顿通过的《保护历史城镇与城区宪章》（亦称《华盛顿宪章》）中提出了"历史城区"（historic urban areas）的概念，并对其进行了定义："不论规模大小，历史城区包括城市、镇、历史中心区和居住区，以及它们的自然和人造环境。……这些区域不仅是历史的见证，而且体现了城镇传统文化的价值。"我国首次正式提出"历史街区"的概念是在1986年，国务院在公布第二批国家级历史文化名城时强调："作为历史文化名城，不仅要看其历史及其保存的文物古迹，还要看其现状格局和风貌是否保留了历史特色，并且是否具有代表城市传统风貌的街区。"在2008年的《历史文化名城名镇名村保护条例》中，"历史街区"这一独立概念得以明确——"经过省、自治区、直辖市人民政府核定公布的保存文物特别丰富、历史建筑集中成片、能够较完整和真实地体现传统格局和历史风貌，并具有一定规模的区域"。

历史街区是城市记忆的重要载体，记录了城市发展的轨迹与文化的变迁。作为地域文化的缩影，历史街区通过建筑风格、街巷布局、民俗活动等形式，展现当地独特的文化风貌和历史传承。苏州和上海的历史街区尤为典型，它们各自形成于不同时期，受不同历史背景的影响。苏州的历史街区大多始建于唐宋时期，随着苏州成为江南地区的经济、文化中心而逐渐发展壮大，形成了以水系为脉络、以园林和民居为特色的独特城市格局。苏州的许多著名园林和宅邸都是在明清时期建成的。上海的历史街区则主要形成于近代，特别是在开埠之后，这座城市迅速崛起，中西合璧的建筑风格和独特的社区结构逐渐形成。在战乱年代，一些历史街区因战争或城市改造而受到破坏，但也有不少街区得以保存并延续至今。

苏州的平江路、山塘街等地，以其保存完好的古建筑群、石板路和运河景观，成为人们探寻古城记忆、感受江南水乡风情的热门去处。这些街区不仅承载着丰富的历史文化信息，还融入了现代生活元素，成为集旅游观光、休闲娱乐、文化体验于一体的综合性区域。平江路历史街区（图8-4）位于苏州古城东北隅，是苏州迄今保存最完整、规模最大的历史街区，堪称苏州古城的缩影。作为江南水乡的典型代表，平江路沿河而建，两侧古朴的民居与精致的园林相得益彰，展现了江南地区特有的水乡风貌。今天的平江路历史街区仍然基本保持着"水陆并行、河街相邻"的双棋盘格局以及"小桥流水、粉墙黛瓦"的独特风貌，并积淀了极为丰富的历史遗存和人文景观。其中，有世界文化遗产"耦园"1处（亚太世界遗产培训与研究中心），人类口述和非物质文化遗产代表作昆曲展示区"中国昆曲博物馆"1处，省市级文物古迹100多处，城墙、河道、桥梁、街巷、民居、园林、会馆、寺观、古井、古树、牌坊等100

多处，古代城市景观风貌基本保持原样。历史上，许多文人雅士、达官贵人曾生活于此。时至今日，区域内的居民还保持着江南水乡特有的生活方式，河道中乌篷船过，弄堂里评弹声声。保存完好的江南水乡风貌，成为传承江南文脉、展现江南生活的重要依托。

图 8-4 平江路历史街区

石库门是上海最有代表性的民居建筑，通常被认为是上海近代都市文明的象征之一。石库门建筑形成于 19 世纪 70 年代初，脱胎于江南民居，一般为三开间或五开间，保持了中国传统建筑以中轴线左右对称布局的特点。20 世纪 10 年代后，老式石库门逐渐被新式石库门取代，大多采用单开间或双开间。现遗存代表性石库门建筑有中共临时中央政治局机关旧址、中共淞浦特委机关旧址、中共中央军委机关旧址（图 8-5）、中共中央秘书处机关旧址、中共创建的第一所培养妇女干部的平民女校旧址（图 8-6）等。石库门建筑以其独特的砖木结构、紧凑的布局和强烈的社区氛围，成为上海城市文化的重要象征，不仅反映了上海近代城市的发展历程，也承载了上海市民的集体记忆。如今，田子坊、新天地等历史街区，改变了石库门原有的居住功能，创新地赋予其商业经营功能，以其独特的石库门建筑风格和浓郁的海派文化氛围，吸引着无数游客和市民前来打卡。这些街区通过保留和更新相结合的方式，既保留了城市的历史记忆，又赋予其新的时代内涵，成为城市文化的重要组成部分。

图 8-5　中共中央军委机关旧址①　　　　图 8-6　平民女校旧址②

保护和发展历史街区，对于维护城市的历史文脉、促进文化旅游业的繁荣以及增强居民的文化认同感具有重要意义。通过实地考察这些街区，我们能够深入理解其文化内涵和社会价值，并在创作实践中探索将传统文化与现代艺术融合的可能性。展望未来，苏州和上海的历史街区有望在保护与发展中继续发挥其重要作用。一方面，持续加强对历史文化遗产的保护，传承地域文化特色；另一方面，不断创新利用方式，融入现代元素，使其成为城市可持续发展的重要支撑，为人们带来更多独特的文化体验和生活享受。

## 第三节　当代艺术

当代艺术（contemporary art）既可以指"当代时期"的艺术，即现代主义时期结束以后，出现于 20 世纪下半叶至今的艺术，包括绘画、雕塑、摄影、装置、行为表演和录像等门类，又可以指具有"当代意识"或"当代形式"的艺术，通过各种各样的艺术实验和形式表达，艺术家传递观念，表达看法，而不再仅仅局限于审美的考虑，相关的艺术运动和流派包括波普艺术、观念艺术、大地艺术、贫穷艺术等。③

---

① 图源《中共中央军委机关旧址纪念馆正式开馆》，http://sh.people.com.cn/n2/2021/0510/c134768-34717009.html.

② 图源《平民女校旧址》，上海红色文化资源网，https://shhongse.fudan.edu.cn/info/1022/1551.htm.

③ 百度百科"当代艺术"词条，https://baike.baidu.com/item/%E5%BD%93%E4%BB%A3%E8%89%BA%E6%9C%AF/58501763.

当代艺术具有实验性、全球性、文化多样性、社会介入性和技术相关性等特点。实验性是当代艺术的重要标志之一，它鼓励艺术家突破传统艺术形式的束缚，勇于尝试新的艺术语言和表现方式。全球性体现在它跨越国界，成为国际交流与对话的重要媒介。艺术家们通过作品探讨全球性问题，如环境保护、人权、和平等，引发全球范围内的关注和思考。文化多样性则表现为当代艺术充分融合不同地域、民族的文化元素，形成多元的艺术风格和表现形式，丰富了全球艺术生态。社会介入性强调艺术与社会现实的紧密联系，艺术家通过作品反映社会问题，激发公众对社会现象的思考和讨论。技术相关性则体现为当代艺术充分利用现代科技手段，如数字艺术、虚拟现实、人工智能等，创新艺术表现形式，拓宽艺术创作边界。作为一种反映社会、文化和政治变迁的艺术形式，当代艺术在全球范围内不断发展并取得了重要的影响。

20世纪初期，随着新文化运动的兴起，上海逐渐成为中国现代艺术的中心。西方现代主义艺术理念和表现形式通过画展、艺术教育等方式被引入，并在本土艺术家中产生了广泛影响。这一时期的艺术家，如林风眠、吴大羽等，将西方的艺术手法与中国的传统文化相结合，为苏沪当代艺术的萌芽奠定了基础。改革开放以来，苏沪地区的当代艺术进入了一个全新的发展阶段。随着社会经济的快速发展和对外开放的深入，艺术家们得以更广泛地接触国际艺术潮流，开始探索和实践新的艺术形式与观念。20世纪80—90年代，苏沪地区涌现出一批富有创新精神的艺术家，他们通过绘画、雕塑、装置艺术等多种形式，表达对社会现实的思考与批判。此时，苏沪的当代艺术逐渐摆脱了传统的束缚，呈现出多元化的发展趋势。进入21世纪，随着全球化的加速，苏沪地区的当代艺术逐渐走向国际舞台。越来越多的艺术家参加国际艺术展览、双年展等，获得了国际艺术界的广泛关注。与此同时，这一地区也成为世界各地艺术家展示与交流的平台。上海双年展、苏州国际设计周等大型艺术活动，不仅吸引了全球艺术界的目光，也推动了苏沪当代艺术的国际化进程。苏沪当代艺术在吸收全球艺术潮流的同时，也开始更多地关注本土文化的表达和全球议题的探讨。

在苏沪当代艺术的发展进程中，艺术机构和画廊发挥了重要的推动作用。上海的美术馆、画廊如雨后春笋般涌现，龙美术馆及其西岸馆（图8-7）等成为当代艺术展览的重要场所。它们经常举办具有国际影响力的展览，汇聚了世界各地知名艺术家的作品，为本地艺术家提供了学习与交流的绝佳机会，同时也提升了公众对当代艺术的认知与欣赏水平。上海当代艺术博物馆（图8-8）成立于2012年10月1日，是中国大陆第一家公立当代艺术博物馆，同时也是上海双年展主场馆。博物馆建筑由原南市发电厂改造而来，2010 年上海世博会期间，曾是"城市未来馆"。它见证了上海从工业到信息时代的城市变迁，其粗粝不羁的工业建筑风格给艺术工作者提供了无限的灵感和创作空间。苏州的艺术场馆虽然规模相对较小，但也各具特色。例如，苏州博物馆现代艺术展厅时常展出一些结合了苏州传统文化元素与现代艺术手法的作品，在传承与创新之间找到了独特的平衡。一些小型画廊则专注于发掘本地新兴艺术家，为他们提供展示才华的平台，促进了苏州当代艺术生态的繁荣。

图 8-7　龙美术馆及其西岸馆

图 8-8　上海当代艺术博物馆

公共艺术项目在苏沪城市空间中扮演着重要角色。其在城市广场、地铁站、社区等公共空间中展示当代艺术作品，既美化了城市环境，也拉近了艺术与公众之间的距离。上海的外滩金融中心（BFC）就曾举办过大型户外艺术展，将当代艺术与都市空间有机结合，创造出一种全新的公共艺术体验。

艺术教育在苏沪当代艺术的持续发展中占据着关键地位。上海的各大高校艺术专业不断拓展课程设置，引入国际前沿的艺术理论与实践课程，培养出大批具有创新思维和国际视野的艺术人才。这些毕业生不仅活跃在本地艺术领域，还在全国乃至全球的艺术舞台上崭露头角。苏州的艺术教育注重传统与现代的融合，在教授传统绘画、雕刻技艺的基础上，鼓励学生探索当代艺术形式，将苏州的丝绸文化、园林文化等融入到创作中，为苏州当代艺术注入了深厚的文化底蕴。

　　此外，苏沪两地的政府也积极出台政策支持当代艺术的发展：设立艺术创作基金，资助艺术家开展创新性项目；举办艺术创作大赛，激励艺术家不断突破自我；组织艺术交流活动，促进本地与外地、国内与国外的艺术互动。在政府、艺术机构、艺术家和教育者的共同努力下，苏沪地区的当代艺术蓬勃发展，在全球艺术版图中占据重要地位，持续为社会文化的进步贡献艺术力量，成为展现中国当代文化自信与创新活力的重要窗口。

### 延伸阅读

　　1. 王安霞、刘杨杨：《江南园林元素在游戏场景设计中的运用研究》，《包装工程》2022 年第 20 期，第 295～302 页。

　　2. 韩贵红：《城市界面的视觉阅读与审美模型——以上海外滩海派历史街区为例》，《美术大观》2019 年第 11 期，第 132～133 页。

　　3. 李艳、毛一茗：《"在地性"观念与中国当代艺术中的在地实践》，《艺术评论》2020 第 6 期，第 25～35 页。

### 路线推荐

| 天次 | 行程安排 | | 考察内容 |
|---|---|---|---|
| 1 | 苏州 | （1）七里山塘 | 建筑特色、街巷布局，传统店铺、商业文化、民俗文化等。 |
| 2 | | （2）拙政园<br>（3）苏州博物馆<br>（4）平江路 | 江南园林的设计手法、人文精神；博物馆的建筑设计风格、文物藏品等；街巷布局、水乡风貌、文化创意产业。 |
| 3 | 上海 | （5）豫园<br>（6）上海当代艺术博物馆 | 园林设计手法、历史变迁；当代艺术前沿。 |
| 4 | | （7）上海电影博物馆<br>（8）龙美术馆西岸馆 | 电影的发展历程、制作环节以及上海电影的发展历史；当代艺术的形式与风格。 |
| 5 | | （9）中华艺术宫<br>（10）上海外滩 | 美术作品及各种主题展览，美术创作风格和文化内涵；万国建筑博览群的建筑风格与历史变迁，现代都市文化等。 |

## 第九章

# 考察专题：京津博悟

## 本章导览

　　京津地区作为中国近古以来政治文化的核心承载区，积淀了深厚且多元的历史文化。北京，拥有 800 多年建都史，不仅有故宫、天坛、颐和园等物质文化遗产，还有京剧、相声、评书等非物质文化遗产。天津则以丰富的近代历史著称，九国租界建筑遗产、近代工业遗产、码头风情和民俗文化共同塑造了其独特的文化风貌。

　　"京津博悟"专题将带领大家领略京津地区丰富的历史文化底蕴，通过胡同文化、京剧艺术、码头文化和近代建筑等多方面的考察，全面了解京津地区的文化特色和历史变迁。

## 第一节　胡同文化

　　胡同体系定型于元大都（1267 年始建）的城市规划，其名称源自蒙古语"水井"（huto），体现了元代对街巷的命名逻辑。通俗地说，胡同就是北京街巷的总称，它之所以成为代表性名词，正在于它拥有相当的规模，以及作为建筑群体而集中展现出的地方特色。① 北京文化的精髓就存在于纷繁交错的胡同当中，即胡同文化。② 胡同不仅是老北京的城市脉络，更是老北京人民的生活场所，胡同文化是一种十分接地气的市井文化。② 在胡同社区中，和谐的邻里关系得以维系，诸多民俗传统得以延续，富有特色的北京方言在此传承发展。

---

① 冯俊伶：《地域文化与旅游》，重庆大学出版社 2012 年版，第 46 页。
② 滕亚丽：《〈老炮儿〉的京味儿电影艺术空间》，《电影文学》2017 年第 1 期，第 96 页。

常言道："有名胡同三百六，无名胡同似牛毛。"北京的胡同名称各异，每一个名称背后都有其独特的来历。有的胡同以人名命名，如遂安伯胡同、文丞相胡同，以纪念民族英雄或历史功臣；有的以地形地貌命名，如弯弓胡同、细管胡同，形象生动地反映了胡同的形态；还有的以行业市场命名，如鲜鱼口、煤市街，展现了胡同的商业功能。而且，各个胡同大不相同，如：最窄的胡同——钱市胡同，胡同中间最窄处只有 40 厘米；最宽的胡同——灵境胡同，最宽处 32.18 米；拐弯最多的胡同——九湾胡同；最古老的胡同——砖塔胡同；等等。每一条胡同背后，都承载着独特的历史故事和文化记忆。漫步其中，仿佛穿越时空，与老北京的过去对话。其中，砖塔胡同、史家胡同、钱市胡同、菊儿胡同、国子监街等，是北京胡同体系中历史价值较高的典型代表。

什刹海是体验胡同文化的核心区域，其水域历史可追溯至唐代，元代成为漕运终点。王府、寺庙、历代名人故居环湖罗列，一条条胡同，曲折而富有变化，丰富的民间生活景象在胡同之间随处可见。[①] 位于什刹海核心保护区内的烟袋斜街（图 9-1），东起地安门外大街，西至小石碑胡同，全长 232 米，均宽 4 米。烟袋斜街有着 800 余年的历史，元代初称"打渔厅斜街"，清乾隆年间称"鼓楼斜街"，清末时期改称"烟袋斜街"，是北京最古老的胡同之一。清代末年以经营烟袋、烟具、古玩字画为主，有"小琉璃厂"之称。街道内建有广福观、三元伏魔宫、烟袋斜街铺面房等文物保护单位，整体保留了传统胡同风貌。

图 9-1 烟袋斜街

南锣鼓巷（图 9-2）位于北京市东城区境内，交道口地区中轴线东侧，呈南北走向，北起鼓楼东大街，南至平安大街，长 786 米，宽 8 米。这是北京最古老的街区之一，也是中国规模最大、品级最高且资源最为丰富的传统棋盘

---

① 冯俊伶：《地域文化与旅游》，重庆大学出版社 2012 年版，第 46 页。

式民居区域。其街巷格局可追溯至元大都的城市规划，现存胡同肌理定型于明清时期。明朝时属昭回靖恭坊，因地势中间高、南北低，如驼背老人，故名"罗锅巷"。清乾隆十五年（1750年）属镶黄旗，改称"南锣鼓巷"。南锣鼓巷东西两面共有16条胡同整齐排列，呈鱼骨状，俯瞰整个街区犹如蜈蚣，又称"蜈蚣街"。这里曾经汇聚众多高官显要与文化名流，名人故居聚集，完好保存了众多历史悠久的胡同与青砖灰瓦的四合院，沉积了深厚的人文历史底蕴。

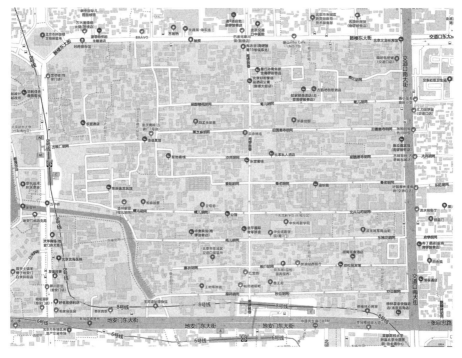

图 9-2　南锣鼓巷布局图

北京的胡同以四合院为主体，多为坐北朝南，布局严谨，主次分明，体现了中国古代的礼制思想和尊卑有序的社会结构。院落中的正房、厢房、倒座房以及耳房等建筑，通过廊道相连，形成了一个个封闭而私密的空间，既便于家族成员的生活起居，又有利于保持家族日常生活的隐私性和安全性。四合院的建筑风格体现了中国传统建筑的美学特点，如对称布局、精美的砖雕和木雕等。墙体的砖雕和木雕图案多样，寓意深远，既有吉祥如意的象征，也有历史故事的再现，充分展示了中国古代工匠的精湛技艺和审美情趣。胡同中的门楼也是一道独特的风景线，它们形态各异，有的气势恢宏，有的小巧精致，都是胡同文化中不可或缺的元素。

胡同的形成和发展，见证了北京从元大都到现代都市的变迁，其独特的建筑风格、生活方式和社会结构，成为北京城市文化的重要组成部分。尽管随着时代的变迁，胡同的空间形态和生活方式有所演变，但胡同文化的精神内核依然得以保留，并深刻影响着北京的现代城市风貌和文化认同。深入胡同，了解胡同的丰富人文内涵，也就直观了解到北京城市的历史和现状。

在当代城市化进程加速推进的背景下，胡同文化既面临着城市更新改造带来的冲击与挑战，也迎来了在传承中创新发展的历史机遇。在《北京历史文化名城保护条例》框架下，南锣鼓巷等区域通过"申请式退租"疏解人口，并依托"共生院"模式探索传统空间活化利用。2021 年启动的"漫步北京"计划，更将胡同游与"北京中轴线"申遗①结合，使其从居住空间升华为文化地标。胡同作为北京的城市记忆，将继续在新时代焕发出新的生机与活力，成为连接过去与未来的文化桥梁。

# 第二节　京剧艺术

京剧又称为皮黄戏或平剧，被誉为国粹，形成于清代中后期，乾隆五十五年（1790 年）徽班进京后，融合汉调、昆曲、梆子等艺术，逐步发展出唱念做打兼备的表演体系。京剧常被称为"综合戏剧"，包含了风格鲜明、节奏强烈的动作，简洁而精确的曲谱，以及引人入胜的情节和生动形象的人物角色。京剧的唱腔、节奏和旋律随着角色情感的变化而变化，呈现出丰富多彩的艺术魅力。

京剧的表演形式多样，包括唱、念、做、打四种基本功。唱腔是京剧的核心，分为西皮和二黄两种主要唱腔，西皮高亢激昂，二黄则低沉婉转，配以京胡、月琴、板鼓等乐器，形成独特的音乐语汇。念白则是演员在表演中对白的部分，分为韵白和京白两种，韵白带有韵律感，京白则更接近北京方言，体现了京剧的地域特色。做功和武功则通过舞蹈化的动作和武术技巧，展现了京剧的视觉魅力和艺术张力。

---

① 　北京中轴线北端为钟鼓楼，南端为永定门，纵贯老城南北，全长 7.8 千米，是统领整个老城规划格局的建筑与遗址的组合体。2024 年 7 月 27 日，在印度新德里召开的联合国教科文组织第 46 届世界遗产大会通过决议，将"北京中轴线——中国理想都城秩序的杰作"列入《世界遗产名录》。

京剧的角色分为生、旦、净、末、丑五大行当，每个行当都有其独特的表演风格和化妆、服饰规范。生行多为男性角色，包括老生、小生、武生等；旦行多为女性角色，如青衣、花旦、刀马旦等；净行多为性格鲜明的男性角色，以脸谱为显著特征；末行多为老年男性角色，现已逐渐并入生行；丑行则多为滑稽、幽默的角色，以独特的扮相和表演风格著称。这些行当的划分丰富了京剧的表现形式，体现了中国传统文化中对人物性格和身份的深刻理解。

京剧的舞台布景简洁而富有象征性，常常通过简单的道具和布景来营造出丰富的场景和氛围。例如，一桌二椅的简单布置，通过演员的表演，可以表示宫殿、书房、战场等多种场景。这种简洁而富有想象力的舞台设计，体现了中国传统美学的精髓，也使得京剧能够在不同的舞台条件下进行表演，具有很强的适应性和灵活性。

京剧的传承与发展离不开一代又一代艺术家的努力。从徽汉合流时期的奠基者，到程长庚、谭鑫培等艺术家，再到梅兰芳、程砚秋等民国时期京剧表演艺术大师，他们不仅在表演艺术上达到了高峰，还在剧目创作、表演风格、舞台设计等方面进行了大量的创新和改革。20世纪以来，梅兰芳创"梅派"旦角艺术，更是将京剧艺术推向了国际舞台，使京剧成为世界了解中国传统文化的重要窗口。

在两百多年的发展历程中，京剧在唱词、念白及字韵上越来越北京化，并成为雅俗共赏、广为普及的大剧种。中国人含蓄、稳健、精致、典雅的精神品格在京剧艺术里有着最丰富、最集中、最生动的体现，深厚的历史沉淀、丰富的表达形式、艺术家们的完美演绎和创新体现着京剧独特的艺术魅力。[1]

随着新媒体的兴起，文化的传播方式正经历深刻的变革。传统的京剧传播方式已难满足现代观众的期待，面对年轻观众群体的缩减以及传统传播方式的局限，京剧文化正积极参与时代变革，与电影、音乐、游戏、动画等多种艺术形式进行交叉融合。这种跨界融合主要体现在艺术创作、交互方式及传播策略的创新等方面。京剧与新媒体的结合展现出高度适配性与灵活性，有效提升了传播效率，使京剧作品得以扩大传播范围，实现文化的传承与普及。[2] 此外，VR、AR等前沿技术无疑将极大地提升观众对京剧艺术的兴趣和理解。新媒体的这些特质，为京剧的传播开辟了新的途径，同时也为京剧艺术的创新与发展注入了新的活力。

---

[1] 参考牟夏：《地域文化视觉形象创新》，吉林美术出版社2019年版，第10页。
[2] 区瀚：《京剧文化在新媒体时代的融合与传播》，《中国京剧》2024年第7期，第94页。

# 第三节　码头文化

　　天津码头文化是海河与渤海交汇处孕育的独特地域文化，其形成源于地理枢纽地位与历史商贸功能的双重驱动。自元朝漕运兴起至近代开埠通商，天津码头成为南北物资、中外文化的交汇点，催生了兼具市井烟火气与国际化视野的文化生态。这一文化以流动性、多元性和务实性为核心特征，成为天津城市发展的历史缩影。

　　码头文化的根基在于商贸活动。元明清时期，漕运将南方的粮食、丝绸运抵天津，再经海河转运至京城，形成了以码头为核心的物流网络。近代开埠后，英法租界沿河而建，洋行、货栈林立，码头成为国际贸易的"北方门户"。码头商贸的繁荣为天津老字号的诞生提供了土壤。狗不理包子起源于清末码头劳工的便携饮食需求，其"薄皮大馅十八褶"的工艺融合北方面食传统与南方精细技法，成为码头文化中南北交融的味觉符号。桂发祥麻花则以"酥脆香甜、久存不绵"的特色，通过码头商旅传播至全国，折射出天津人"以食为媒"的商业智慧。而正兴德茶庄依托漕运网络，将福建茶叶经天津转运北方，其店铺选址多靠近码头，建筑风格融合中式匾额与西式橱窗，成为商贸与建筑文化融合的缩影。这些老字号不仅是商业品牌，更是码头市井生态的活态档案。

　　码头文化在天津城市肌理中留下了深刻的建筑印记。海河沿岸的近代建筑群（如解放北路金融街、意式风情区）融合中西风格，哥特式教堂、罗马柱廊与中式砖雕并存，展现了西洋文化与本土文化的碰撞。五大道的小洋楼的建筑装饰细节（如彩色玻璃、铁艺栏杆）可视为中西艺术交融的微观样本。此外，码头功能催生了独特的空间形态：货栈仓库的粗犷结构、桥梁码头的实用美学（如金钢桥、解放桥），均为当代建筑改造与景观设计提供了历史语境下的灵感来源。

　　码头的江湖气息与市井智慧深深烙印在天津民间工艺中。杨柳青年画以木版水印的鲜活色彩记录码头市井生活——商船云集、庙会盛景、茶馆百态；泥人张彩塑则以写实手法捕捉码头劳工、商贩、艺人的动态瞬间，成为三维化的"码头风情画卷"。魏记风筝的"沙燕"造型轻盈灵动，其扎制技艺源自码头工匠对风力与结构的精准把控，暗含实用主义精神；蔡氏贡掸以码头除尘需求为起点，发展出兼具实用与礼仪功能的鸡毛掸子，其"一尘不染"的寓意更被赋予道德象征。这些工艺不仅服务于民间审美，更通过码头贸易远销海外，成为文化输出的载体。

码头的底层社会活力源于搬运工、船夫、商贩等群体，茶馆、戏院、小吃摊则成为文化传播的民间舞台。天津相声的"包袱"艺术源于码头茶馆的即兴表演，其幽默犀利的语言风格反映了市井百姓的生存智慧；评书、鼓曲等曲艺形式通过码头传播，成为连接南北文化的纽带。

时至今日，码头文化依然深刻地塑造着天津的城市性格，并且在天津的经济建设、社会发展以及文化繁荣等诸多方面发挥着不可替代的重要作用。

天津古文化街，坐落于南开区海河西岸，是津门历史文化与码头文化交融的活态缩影。这条 680 米长的仿古街区以清代建筑为基调，青砖灰瓦、朱漆牌楼与彩绘匾额重现了昔日商贸集散的繁荣景象，其核心天后宫（始建于元代）作为现存最完整的北方妈祖庙建筑群，融合闽南建筑与北方官式建筑风格，见证着漕运文化的深远影响。街区汇聚泥人张彩塑、杨柳青木版年画、魏记风筝等非遗工坊，以及"狗不理""桂发祥""果仁张"等百年老字号，以市井百态为题材的手工艺品与南北风味小吃，生动诠释了码头文化的开放性与烟火气。每年的春节庙会和农历三月二十三的"皇会"，高跷、舞狮、相声、法鼓等民俗艺术轮番上演，重现"神人共乐"的传统盛景。如今，古文化街通过非遗工坊体验、文创 IP 开发（如年画盲盒、泥塑潮玩）及 AR 数字化展陈，将历史场景融入现代生活，既承载着"老城厢"记忆，又成为传统技艺创新转化的试验场，在全球化浪潮中延续着天津独特的文化根脉。

# 第四节　近代建筑

"近代百年看天津"——天津，自古以来便因漕运而兴盛，其建城历史可追溯至明永乐二年十一月二十一日（1404 年 12 月 23 日），是中国古代少数有明确建城时间记录的城市。经过 600 余年的城市建设历程以及近代的城市规划发展，天津孕育出一大批具有较高历史、文化、科学、艺术及人文价值的建筑。1860—1945 年的近代建筑给天津留下"万国建筑博览会"之称，近代工业化发展则给天津带来了北方工业中心、中国近代第二大工业城市的地位，近代建筑遗产与近代工业遗产共同成为天津近代文明的重要组成。①

---

① 季宏、王琼：《天津近代工业遗产建筑的风格与特征》，《福州大学学报（自然科学版）》2013年第 6 期，第 1072~1077 页。

天津五大道近代建筑群（图9-3）是天津近代建筑的典型代表，位于天津市和平区成都道以南、马场道以北、西康路以东、南京路交口以西长的方形地区，内有成都道、重庆道、常德道、大理道、睦南道、马场道地区，共22条马路，总长度为17千米，总面积1.28平方千米。这里拥有20世纪二三十年代建成的具有不同国家建筑风格的花园式房屋（图9-4）2000多所，建筑面积达100多万平方米。其中最典型的300余幢建筑中，包括英式建筑89所、意式建筑41所、法式建筑6所、德式建筑4所、西班牙建筑3所，还有众多的文艺复兴式建筑、古典主义建筑、折中主义建筑、巴洛克式建筑、庭院式建筑以及中西合璧式建筑等，被称为"万国建筑博览会"。五大道近代建筑群作为天津市的重要文化遗产，对于近代建筑史、城市规划以及社会文化等方面的研究都具有重要的价值。

图9-3　五大道近代建筑群①

图9-4　不同建筑风格的花园式房屋

天津的近代建筑还包括一些商业建筑和公共建筑。天津利顺德饭店旧址

① 图源"五大道文化旅游区"，百度百科，https://baike.baidu.com/pic/%E4%BA%94%E5%A4%A7%E9%81%93%E6%96%87%E5%96%96%E6%97%85%E6%B8%B8%E5%8C%BA/62889679/1/7e3e6709c93d70cf3bc7a0c39f8bc600baa1cc11fdfc?fromModule=lemma_top-image&ct=single#aid=1&pic=7e3e6709c93d70cf3bc7a0c39f8bc600baa1cc11fdfc.

（图 9—5），位于天津市和平区解放北路 199 号，是中国现存历史最悠久的涉外饭店。该建筑始建于 1863 年，具有英式古典风格，曾是天津租界区的标志性建筑之一。位于和平区的劝业场，是天津最著名的商业建筑之一，建于 1928 年，融合了中西建筑风格，内部布局合理，商铺林立，曾是天津最繁华的商业中心之一。望海楼教堂旧称圣母得胜堂，位于天津市河北区狮子林大街西端北侧，具有欧洲哥特式建筑风格。该教堂始建于 1859 年，经历了多次重建和修复，见证了天津的宗教历史和文化变迁。教堂内部并列两排立柱，为三通廊式，无隔间与隔层，内窗券作尖顶拱形，窗面由五彩玻璃组成几何图案，地面砌瓷质花砖，装饰华丽。位于和平区解放北路的原大清邮政津局大楼（今天津邮政博物馆），始建于 1884 年，建筑整体为西洋古典风格，外立面的砖石结构搭配精美的雕花装饰，庄重典雅。在这里，天津近代邮政的发展脉络得到清晰呈现，从早期的邮政业务开展，到各类邮政工具的使用，都有迹可循。另外，位于南开区的天津西站，也是一座具有重要历史价值的近代建筑。它建于 1901 年，是中国北方最早的火车站之一，其建筑风格独特，融合了中西元素，是天津近代建筑的一个重要代表。

图 9—5　利顺德饭店旧址①

　　天津作为清朝末期的"京师屏障"和"畿辅重地"，其近代工业发端于洋务运动期间创建的军工产业。北方首个机器局——天津机器局兴办于此，揭开了国人自主引进西方先进设备，发展近代军工研制与生产的历史。随后，天津又兴建了中国近代最早的铁路和电报系统，以及中国北方最早的近代船坞——北洋水师大沽船坞。在清末"新政"时期，天津相继成立了北洋银元局和度支部造币总厂，成为当时全国的造币中心；直隶工艺总局的创办，使其成为北方

---

　　①　图源百度百科"天津利顺德饭店旧址"词条，http://www.baike.daidu.com/item/天津顺德饭店旧址/6630483.

职业教育的推广中心。民国时期，天津陆续建立了华新、裕元、北洋、恒源、裕大、宝成六大纱厂，以及东亚、仁立毛纺厂，久大精盐公司和永利碱厂等众多知名企业，使天津的海洋化工、纺织、面粉等行业在中国近代工业史上占据了举足轻重的地位。截至 1949 年，天津共有 4708 家企业，出现了数以千计的工业建筑，这些工业建筑带来了新的建筑形式和结构形式。各类民用建筑也对工业建筑的风格特征与建筑装饰产生了巨大影响，在外来与本土双重文化因素、技术工艺、材料选择等多方面因素的影响下，天津近代工业建筑发展出特有的风格与特征。

天津的近代建筑展示了当时的建筑技术和艺术水平，反映了天津作为近代中国金融、商业和文化中心的历史地位。通过对这些建筑的保护和利用，天津保留了城市的历史记忆，也为现代城市的发展提供了丰富的文化资源。

## 延伸阅读

1. 王旭：《融汇亲和的京味文化》，中国社会科学出版社 2019 年版。

2. 季宏、王琼：《天津近代工业遗产建筑的风格与特征》，《福州大学学报（自然科学版）》2013 年第 6 期，第 1072～1077 页。

## 路线推荐

| 天次 | 行程安排 | | 考察内容 |
|---|---|---|---|
| 1 | 北京 | （1）颐和园 | 造园思想、造园手法及历史文化内涵，建筑装饰形式及其寓意。 |
| 2 | | （2）故宫博物院<br>（3）南锣鼓巷、什刹海周边胡同 | 建筑布局、结构、装饰艺术、皇家文化；胡同布局、四合院建筑特色，胡同文化。 |
| 3 | | （4）中国国家博物馆<br>（5）中国美术馆<br>（6）北京人民艺术剧院 | 文物藏品，中国历史文化的发展脉络；美术作品，不同时期、不同风格的艺术流派和创作理念；话剧艺术发展历程、艺术成就和表演特色。 |
| 4 | 天津 | （7）古文化街<br>（8）意式风情街 | 天津传统建筑风格、民俗文化；异国风情与天津文化的融合。 |
| 5 | | （9）五大道近代建筑群<br>（10）杨柳青木版年画博物馆 | 建筑风格与历史变迁；木版年画制作工艺、题材、寓意和艺术风格，年画所承载的民俗文化。 |

## 第十章

# 考察专题：黄河览胜

## 本章导览

黄河文化是中华文明的重要组成部分，历史底蕴深厚，内容丰富多元。中原地区作为黄河文化的核心区域，自古以来便是华夏文明的重要发源地。在这里，黄河不仅是一条自然之河，更是承载了无数历史传说与文化积淀的人文之河。

"黄河览胜"专题，旨在通过实地探访与体验，深刻感受黄河文化的独特魅力与深远影响。我们将从开封记忆出发，追溯中原文化的源远流长；再沿着黄河的壮丽景观，感受其雄浑磅礴的气势；最后，走进晋商的古老建筑，探寻黄河文化在商业文明中的独特印记。

# 第一节　开封记忆

开封，古称大梁、启封、汴州、东京、汴京、汴梁，是一座拥有 4100 多年建城史和建都史的八朝古都。夏朝、战国时期的魏、后梁、后晋、后汉、后周、北宋、金朝等相继在此定都。北宋时期是古代开封最辉煌的时期，城市规模、经济发展水平及人口数量超过了隋、唐时期的长安与洛阳，不仅成为全国政治、经济和文化中心，也成为世界上最繁荣的城市之一。张择端的《清明上河图》就描绘了当时开封城的繁华景象，生动展现了北宋都城的社会生活面貌。

地处黄泛平原腹地的开封，是历史上受黄河影响最为深刻的城市之一。可以说，没有黄河，就没有历史上开封的繁荣；没有黄河，也没有历史上开封的衰落。①

"开封城，城摞城，地下埋有几座城？龙亭宫，宫摞宫，潘杨湖底几座宫？"这句家喻户晓的童谣一直在开封民间流传着。由于黄河的泛滥和泥沙沉积，旧城被埋藏在新城之下，形成了层层叠叠的城市遗迹。这种"城摞城"的独特景观，基于开封丰富的历史文化内涵，也为研究中国古代城市发展、黄河文化变迁提供了重要的实物资料。

作为黄河沿岸的重要城市，开封不仅是中原文化的发祥地之一，也是中国古代城市规划与市井文化的典范。从古都大梁到北宋东京，开封城市的空间布局以黄河水系为中心，河道、城墙与街市相互交错。北宋东京城（图10-1）的规划布局严谨而科学，以宫城为中心，向外依次为皇城、内城和外城，形成了"三重城垣"的格局。城市中轴线明确，街道纵横交错，坊市制度完善，体现了中国古代"天人合一"的城市规划理念。开封的市井文化丰富多彩，集中体现了中原地区的民俗特色。宋代的开封夜市闻名遐迩，据《东京梦华录》记载，夜市"直至三更尽，才五更又复开张"，可谓繁华的"不夜城"。瓦舍勾栏中的说书、杂剧、傀儡戏等民间艺术形式，为后世戏曲艺术的发展奠定了基础。此外，开封的茶肆文化、饮食文化、节庆文化等，都深深植根于黄河文明的沃土之中，成为中华传统文化的重要组成部分。

图10-1 开封博物馆内的东京城沙盘

① 《大河清流｜开封"城摞城"背后生生不息的民族斗争精神》，河南省纪委监委网站，https://www.hnsjw.gov.cn/sitesources/hnsjct/page_pc/jdzjzfyw/xlbd/article08ec772987cf45b9b88abd4ede66b5f4.html.

开封地区黄河文化资源极为丰富，境内现存黄河文化遗产 43 处（据 2019 年黄河流域文物普查数据），包括林公堤、明代镇河铁犀遗址、兰考铜瓦厢决口纪念碑等，它们共同构成了完整的治黄记忆链。这些文化景观记录了黄河与开封之间复杂的历史关系，构成了开封黄河文化的重要组成部分。开封的民俗文化也深刻反映了人与河流的共生关系。明清时期，开封是黄河水患的重灾区，频发的黄河水患对开封地区的农业、城镇、生态环境造成严重危害。黄河沿岸的民众对水患无奈，便求助于神灵，对河神顶礼膜拜，隆重祭祀，以祈求黄河能够风平浪静，生产生活能够顺利进行。[①] 在这种背景下，开封逐渐形成了独特的黄河祭祀文化。而源自重阳节的菊文化习俗，则与黄河中下游农耕时序相关。开封菊花栽培史可追溯至南北朝，北宋时期形成完整节俗体系：农民将农历九月称为"菊月"，作为农事活动的重要节点。此时正值冬小麦的播种期，"菊花开，种麦忙"的农谚至今仍在流传。

随着时代发展和文化意识的增强，开封的古城文化与黄河记忆得到全面的保护与传承。如今，开封不仅保留了许多古建筑和传统民俗，还积极探索黄河文化与现代城市发展的融合，形成了一系列具有地域特色的文化活动与空间载体。宋都御街、鼓楼夜市等历史街区，已经转型为集文化、商业、娱乐功能于一体的特色文化场所，生动地再现了宋代繁华市井的风貌。此外，开封每年举办的黄河文化节、国际菊花展等活动，也将地域特色与黄河文化紧密结合，展示了黄河流域的历史与当代文化面貌。

清明上河园是以北宋张择端《清明上河图》为蓝本，按宋代《营造法式》复原建造的沉浸式文化体验景区。园区以 1∶1 的比例还原 117 处宋代建筑，通过"一河两苑"的空间架构再现汴河漕运与市井生活（图 10-2）。景区创新融合科技与艺术，以 200 余场实景演出如《东京保卫战》（图 10-3a）、《大宋·东京梦华》以及《岳飞枪挑小梁王》（图 10-3b）等展演非遗、活化历史。同时，园区以数字孪生技术建立古建的三维模型，开发"汴京十二时辰"等文创 IP，推动传统文化资产向现代文旅消费转化，成为连接千年宋韵与当代生活的活态文化实验室。

---

① 胡梦飞：《明清时期开封地区黄河水患与河神信仰》，《华北水利水电大学学报（社会科学版）》2016 年第 1 期，第 11 页。

图 10-2　清明上河园

a.《东京保卫战》　　　　　　　b.《岳飞枪挑小梁王》

图 10-3　清明上河园内的实景演出

　　作为记录与展示开封古城历史与文化的重要场所，开封博物馆（图 10-4）收藏了大量珍贵文物，系统展现了开封从古至今的发展历程。馆内陈列丰富多样，既有古代青铜器、陶瓷器、书画等艺术品，也有反映开封民俗风情和社会变迁的实物资料。通过参观博物馆，可以深入了解开封作为八朝古都的辉煌历史，感受其深厚的文化底蕴。"八朝华章　千载京华——开封古代历史文化展"（图 10-5）作为开封博物馆的常设展，在展陈内容设计方面以时间为顺序，从新石器时代一直延续到元、明、清时期，力求准确、全面、形象地展示开封古代文明发展史。专题展览聚焦于开封历史上的某个特定时期或文化现象；临时展览则根据时事热点或文化需求，灵活调整展览内容；虚拟展览则利用现代科技手段，让观众能够在数字空间中自由探索开封的历史与文化。

图 10-4　开封博物馆　　　　　　图 10-5　开封博物馆常设展"八朝华章
　　　　　　　　　　　　　　　　千载京华——开封古代历史文化展"

# 第二节　中原文化

中原文化是黄河中下游地区的物质文化和精神文化的总称，是中华文化的母体和主干。它以河南为核心，以广大的黄河中下游地区为腹地，逐层向外辐射，影响延及海外。中原文化不仅仅是一个地域概念，更是中华传统文化的核心象征，因其地理、历史和人文多重优势，长期占据中华文化主流地位。作为中华文化的母体之一，中原文化的礼仪规范、道德观念、哲学思想和生活方式都深刻影响了中国社会的各个方面。

中原文化的起源可以追溯到新石器时代，仰韶文化和龙山文化是中原地区两大重要的史前文化。仰韶文化以彩陶为特征，反映了早期农耕文明的繁荣；龙山文化则以黑陶、磨制石器和早期城市化迹象为标志，揭示了社会结构的复杂化与农业技术的进步。这些早期文化的积淀为后来的中原文明奠定了基础。到了夏商周时期，中原地区逐渐形成了高度发达的青铜文明和城市文化。特别是商朝，以安阳殷墟为中心，形成了早期国家政治体系、礼仪制度和占卜文化。周朝在取代商朝后，建立了封建宗法制度，构建了一种宗教、政治与社会规范相结合的礼乐文化体系，体现了中原文化中对社会秩序、等级关系和道德伦理的重视。春秋战国时期，中原大地百家争鸣，各种思想在此萌芽、传播，形成了丰富多样的思想文化景象。其中，儒家思想对中原社会的文化形态和生活方式产生了深远影响。秦汉时期，中原文化进一步得到巩固和发展。秦朝建立了大一统的中央集权制度，为中原文化的广泛传播奠定了政治基础；汉朝吸收和发展了儒家文化，将其确立为国家意识形态，推动了中原文化的制度化与规范化。隋唐时期是中原文化的全盛时期，文化呈现出高度开放与兼容的特征，唐代的丝绸之路促进了中原文化与外来文化的交融，塑造了一个多元、开放的文化景观。宋元时期，中原文化呈现出新的变化：理学兴起，强调人伦纲常、道德修养；商业与城市的发展，推动了文化的世俗化与市民化。明清时期，中原文化继续在农业、手工业以及民间信仰中展现其特色，文化的通俗化和多元化趋势愈加明显。到了近现代，中原文化在社会变革中不断发展，同时受到外来文化的影响，呈现出新的时代特色。

中原文化孕育了中国传统的核心哲学思想与文化传统，作为中华文明的摇篮，中原地区见证了儒、释、道三家的各自发展和汇通融合。《论语》《周易》

《老子》《庄子》等经典著作，以及玄学、佛学、理学等哲学流派，都深刻影响了中国人的思维方式和价值观念。中原文化的核心哲学思想，如儒家的"仁爱"、道家的"无为"等，对后世的中国哲学和社会制度产生了深远影响。在现代社会，中原文化依然展现出强大的生命力和影响力，通过创造性转化和创新性发展，为解决现代问题提供了智慧和启示，在新时代背景下继续为中国式现代化注入精神动力。

中原地区地处中华大地的交通枢纽，各地文化在这里交流与融合。其作为黄河流域文化的核心，不仅吸收了周边地区的文化元素，还以其包容性将这些元素融合、转化为自身特色。中原文化既有典雅的礼乐传统，也包容了诸多民间信仰、地方习俗与多元的生活方式，呈现出开放、兼容的文化特征。

中原地区的农耕文明以黄河水系为基础，农业经济的发达造就了中原文化的农耕特征。黄河流域气候适宜，土地肥沃，适合种植小麦、粟米，促成了农耕文化的兴盛。同时，传统农耕生活与季节变化、黄河水情密切相关，反映了人们对自然的敬畏和依赖。

作为中国古代文明的重要发祥地，中原地区留下了丰富的物质文化遗产。宫殿、庙宇、城墙、陵墓等古代建筑展现了这一地区的历史变迁与建筑艺术，青铜器、陶瓷器、漆器、玉器等传统工艺品，体现了高度发达的工艺水平与艺术追求。中原文化的非物质文化遗产包括传统技艺、口头文学、民俗活动等。剪纸、刺绣、雕刻等手工艺传承了中华文化的精巧技艺，戏曲、曲艺、民间故事反映了中原地区丰富多样的文化表现形式，庙会、节庆、民间舞蹈等民俗活动，则展现了中原文化的生活方式与精神风貌。

河南博物院是中原文化考察的必选之地，被誉为"中原文化的缩影"。它创建于1927年，是中国成立较早的博物馆之一，现有馆藏文物17万余件（套），精品文物数量多、种类全、品位高、价值大（如图10-6），是见证中华文明发展轨迹、展示中国历史发展脉络的文化艺术宝库。博物院的建筑群取"九鼎定中原"之寓意，主体建筑以元代古观星台为原型，经艺术夸张演绎成"戴冠的金字塔"造型（图10-7），其外部墙面为土黄褐色，取中原"黄土""黄河"孕育了华夏文明之意。博物院现有常设展"泱泱华夏择中建都"和多种专题展。"明清河南""中原古代石刻艺术展"等临时展览，全面反映了古代中原地区的文化风貌；"屋檐上的吉祥语——馆藏汉代瓦当云展""千年万里归途云上——郑公大墓出土文物云展"等线上展览，为游客提供了多元化的观展体验。豫博文创团队还根据馆藏文物元素开发了一系列文创IP，从看展打卡必备的"九大镇馆之宝"到火爆全网的"唐宫夜宴"，它们或可爱，或呆萌，或优雅，或炫酷，在保证充分展现文物内涵的同时不失设计师特有的艺术风格。①

a．贾湖骨笛　　　　　　　　　b．金缕玉衣

图 10－6　河南博物院藏品

图 10－7　河南博物院

　　素有"十三朝古都"之称的洛阳，是中原文化的重要代表之一。从中国第一个王朝夏朝开始，先后有夏、商、西周、东周、东汉、曹魏、西晋、北魏、隋、唐、后梁、后唐、后晋 13 个王朝在此建都，时间长达 1500 多年，是中国有史以来建都最早、建都朝代最多、建都时间最长的城市。洛阳拥有举世闻名的"六大都城遗址"，按时代序列依次为：夏都二里头遗址、偃师商城遗址、西周成周城遗址、东周王城遗址、汉魏故城遗址和隋唐洛阳城遗址。其中，隋唐洛阳城曾是隋、唐、五代、北宋的都城或西京，绵延 530 年，代表了中国古代城市规划和建筑技艺的巅峰，也是我国现存隋唐时期保存较为完整的大型古代城市遗址。龙门石窟作为世界文化遗产，是中国石刻艺术的瑰宝，开凿于北魏时期，历经多个朝代的营建，形成了规模宏大的石窟群。这些石刻造像展示了古代艺术家们的精湛技艺，传递了千年的信仰与智慧。白马寺则是中国第一座官办寺院，始建于东汉永平十一年（68 年），迄今已有 1900 多年历史。它

---

① 河南博物院－IP 授权，https：//www. chnmus. net/ch/cultural/ip/index. html＃list.

见证了佛教传入中国的历史，对中国佛教的发展产生了深远影响。

# 第三节　大河景观

黄河流域是中华民族的摇篮，孕育了与尼罗河文明、两河文明、恒河文明等同样灿烂的黄河文明。在数千年的文明长河中，儒、墨、法、道等百家争鸣在黄河之畔展开，汉赋、唐诗、宋词的许多不朽篇章在此诞生，两汉经学、魏晋玄学、宋明理学等在此孕育，天文历法、中医中药、农田水利、陶瓷、丝绸、造纸、活字印刷等古代科技由此传向世界。汉语汉字、工笔绘画、雕塑建筑，甚至是中华文明特有的国家体系、宗法制度、社会习俗等，都在这里形成，并植根于整个民族的血脉之中。[①]

"大河景观"这一概念借鉴了世界遗产中"文化景观"的核心理念，将黄河视为自然与人文共同塑造的动态遗产系统，不仅包含自然地理的壮阔奇观，更承载着人类与河流互动形成的文化积淀。对黄河景观的考察，是对地域文化起源、发展与传承的追溯，也是理解中华文明起源与发展的重要途径。

黄河源自青藏高原的巴颜喀拉山，全长5464千米，是中国第二大河流，其流经青海、四川、甘肃、宁夏、内蒙古、陕西、山西、河南、山东等9个省区，最终在山东入海，形成了一个庞大的流域。黄河被分为上游、中游、下游三段，各段地理特征明显不同。上游自源头至内蒙古托克托，约3472千米，河流落差大，水流湍急。地貌以青藏高原和黄土高原为主，呈现出高原河谷、草原和沙漠景观。中游自内蒙古托克托至河南郑州的桃花峪，全长约1206千米，穿越黄土高原的腹地。两岸地貌以沟壑纵横的黄土丘陵为主，植被稀疏，水土流失严重，峡谷与瀑布成为这一地区的独特景观。下游自桃花峪至山东入海口，全长约786千米，流经华北平原，河水携带大量泥沙，使得河床不断抬高，形成了著名的"地上河"现象。在入海口处，河道宽阔，水流平缓，泥沙淤积更加严重，形成了广阔的黄河三角洲。这里地势低平，湿地众多，是众多珍稀鸟类的栖息地，也是黄河文化与海洋文化交汇的地带。黄河这三段各具特色，共同构成了中国大地上一道壮丽的风景线。

---

① 《深度：讲好"黄河故事" 做好黄河文化大文章》，开封市人民政府网站，https://www. kaifeng.gov.cn/kfsrmzfwz/zwyw/pc/content/content _ 1737145248437805056.html.

壶口瀑布（图10-8）是中国第二大瀑布，世界上最大的黄色瀑布。黄河奔流至此，两岸石壁峭立，河口收束狭如壶口，故名壶口瀑布。瀑布上游黄河水面宽300米，在不到500米长距离内，被压缩到20～30米的宽度。平均流量1000立方米/秒的河水，从20多米高的陡崖上倾注而泻，形成"千里黄河一壶收"的气概。

图10-8　壶口瀑布

黄河三峡景区（图10-9），作为世界地质公园、国家水利风景区、中国最具吸引力的旅游地之一，有着得天独厚的自然风光。景区位于小浪底大坝上游20千米处，总面积80平方千米。黄河三峡群峰竞秀、山水交融，三条峡谷各有千秋。孤山峡鬼斧神工、群峰竞秀；龙凤峡九曲十折、峡深谷幽；八里峡，峭壁如削、雄伟壮观，号称"万里黄河第一峡"。这里山、水、崖、洞和谐交融，自然资源极为丰富，还有鲧山禹斧、犀牛望月、孟良活地、京娘化凤等众多自然与人文景观，景点达80余处。

图10-9　黄河三峡

郑州黄河文化公园（图10-10）是国家级风景名胜区、郑州黄河国家地质公园、国家水利风景区，位于河南省会郑州市西北20千米处黄河之滨。这里是黄河地上"悬河"的起点、黄土高原的终点；同时，也是黄河中游、下游的分界线，黄河的最佳观赏地。此段黄河以"悬、险、荡、阔"等一系列独特的地理特征形成了博大、宏伟、壮丽、优美的自然景观。目前，公园已开放面积20余平方千米，包括五龙峰、岳山寺大禹山、炎黄二帝塑像、星海湖等五大景区，以及中华百位历史名人像、黄河碑林、万里黄河第一桥等40余处景点。

图 10—10　郑州黄河文化公园

　　黄河流域是中国农耕文明的发祥地之一，其两岸的景观对流域居民的生活方式、宗教信仰、文化习俗产生了深远的影响。中原地区的黄河景观，赋予了农业耕作、治水筑坝等经济活动深厚的文化底蕴，孕育了以黄河为中心的传统农耕文明。此外，这里还保留了剪纸、刺绣、秧歌、社火等丰富的民间艺术形式，充分展现了黄河文化的多样性与延续性，以及黄土文化、农耕文化与黄河景观的融合。

# 第四节　晋商建筑

　　晋商是中国较早的商人。春秋战国时期山西地区已有商业活动。明代晋商作为商邦兴起，明清两代，晋商发展至鼎盛，成为中国十大商帮之首，在中国商界称雄达500年之久。晋商之家族不同于一般官绅家族，是具有商业特征的中国传统文化家族。

　　晋商是商帮文化的典型代表，晋商建筑在中国建筑史上具有重要的地位与价值，其形成与发展，与晋商商业网络的扩展密切相关。明清时期，山西商人凭借地利优势和商业才能，逐渐在全国范围内建立起庞大的商贸网络，从金融票号到盐业经营，晋商在各个领域都取得了巨大的成功。随着商业活动的繁荣，晋商积累了大量财富，他们在山西各地修建了规模宏大的宅院、商铺、票号以及宗祠庙宇，形成了独具特色的晋商建筑风格和文化特征。

　　晋商建筑经历了从早期的简单商业居住建筑到晚期的豪华大院建筑的演变过程。明代时，晋商群体依托盐业、边贸及票号业迅速崛起，其建筑以实用性与防御性为主导，体现了商业资本积累初期的务实特征。进入清代，随着财富的积累和家族势力的扩大，晋商大院的规模逐渐扩大，建筑风格也趋于华丽、精巧，既注重礼制规范，又强调美观与舒适。

晋商建筑蕴含了深厚的地域文化特色，既体现了黄土高原的自然环境与地理特征，也反映了晋商的家族观念、商业精神和生活方式。

黄土高原地形复杂，晋商建筑在选址和布局上充分利用了地势高低。晋中盆地大院多建于平川，灵石王家大院等少数建筑则依山而建，呈阶梯状分布，形成了"层层叠院"的景观。建筑材料主要取自当地，以青砖、灰瓦、木材为主，体现了建筑与自然环境的和谐共生。在明末清初，晋商建筑广泛采用夯土包砖工艺，而到了清代，富裕的商人开始使用全砖木结构。山西气候干燥，冬寒夏热，晋商建筑特有的锢窑顶四合陆军（砖拱窑洞与木构结合）具有很好的防风保暖、夏季遮阳的功能。同时，高大的院墙与封闭的结构，既体现了晋商对家庭私密空间的追求，在防御功能上也有独到之处。

院落布局讲究"内外有别，主次分明"，主宅一般位于建筑的正中，左右设有厢房，后院设有后厅、库房，体现了中国传统建筑中对礼制与等级的强调。正房供家庭主要成员居住，厢房则为家人或仆人所用；内院是家庭活动的主要空间，外院则多用于会客、商业活动等。这种布局既满足了商业与家庭生活的双重需求，也反映了晋商重视家族伦理与商业精神的文化特征。

晋商建筑的装饰风格丰富多样，雕刻、彩绘等装饰工艺精湛，表现出晋商对建筑美感和文化内涵的追求。建筑上的砖雕、木雕、石雕常见吉祥图案、民间故事、宗教人物等，既展现了精湛的工艺技术，也传递了家族期望、商业精神与信仰文化。彩绘与匾额是晋商建筑装饰中的重要元素。彩绘多见于门楼、屋檐、斗拱等处，原以青绿冷色调为主，清代后逐渐融入暖色调，体现华丽风格；匾额与对联多用于表达家族精神、经营理念、忠孝仁义等价值观念，体现了晋商"修身、齐家、治业"的信念。

平遥古城位于山西省晋中市平遥县内，地处山西省中部，始建于西周宣王时期，距今已有2800多年的历史。古城由城墙、店铺、街道、寺庙、民居等共同组成一个庞大的建筑群，整座城池对称布局，以市楼为轴心，以南大街为轴线，形成左城隍、右衙署，左文庙、右武庙，东道观、西寺庙的格局，总占地面积2.25平方千米；城内街道格局为"土"字形，整体布局遵从八卦方位，由四大街、八小巷、七十二条蚰蜒巷构成八卦图案，南大街、东大街、西大街、衙门街和城隍庙街形成"干"字形商业街。[①] 平遥古城以其保存完好的历史风貌，成为中国现存最完整的明清县城标本。晋商建筑在古城中得到集中体

---

① 平遥古城景区官网，https://pingyao888.cn/#/.

现，票号、商铺、镖局、民居等类型建筑布局紧凑，层次分明。

乔家大院、王家大院、常家大院是晋商建筑的杰出代表。乔家大院位于山西省祁县乔家堡村，始建于清代乾隆年间，后又在同治、光绪年间及民国初年多次增修，建筑总面积达到4175平方米。整个院落呈双"喜"字形布局，共有6个大院、12个小院，共计313间房屋，是一座全封闭的城堡式建筑群。乔家大院设计构思巧妙，建筑工艺精湛，斗拱、飞檐、砖石和木雕等装饰精工细作，被誉为"北方民居建筑史上一颗璀璨的明珠"。王家大院（图10-11）是由静升王氏家族经明清两朝、历300余年修建而成，包括五巷六堡一条街，总面积达25万平方米，是清代民居建筑集大成者，被誉为"华夏民居第一宅""中国民间故宫""山西的紫禁城"。同时，它也是一座具有传统文化特色的建筑艺术博物馆，其三雕艺术（砖雕、木雕、石雕）题材丰富、技法娴熟，大量采用象征、隐喻、谐音等手法，将儒、释、道思想与传统民俗文化凝为一体（图10-12至图10-15）。常家大院则是榆次车辋村常氏家族的宅院建筑群，始建于明弘治年间，后历经多次修缮扩建，占地60万平方米，有房屋4000余间、楼房50余座、小园林13处，建筑布局严谨，风格各异，被誉为"中国儒商第一宅"。这些大院不仅展示了晋商的财富和地位，更体现了中国传统文化的深厚底蕴。

图10-11 王家大院

图10-12 王家大院的建筑装饰

图 10－13　王家大院的木雕

图 10－14　王家大院的砖雕

图 10—15 王家大院的石雕

### 延伸阅读

1. 王晓予：《中原地域文化元素的创新设计案例研究》，《装饰》2020 年第 5 期，第 112~115 页。

2. 高宇波：《晋商文化与晋商建筑》，《建筑学报》1999 年第 9 期，第 51~53 页。

3. 李艳婷：《论晋商民居建筑装饰的艺术表征和文化内涵——以"三雕"建筑装饰为视角》，《山西档案》2013 年第 3 期，第 37~40 页。

### 路线推荐

| 天次 | 行程安排 | 考察内容 |
|---|---|---|
| 1 | （1）开封博物馆<br>（2）清明上河园（开封） | 典藏、陈列、展览、文创；宋代建筑、民俗；艺术与科技。 |
| 2 | （3）河南博物院（郑州）<br>（4）少林寺（登封） | 中原文化、文物、数字展陈、文创；禅宗、建筑、造像、少林功夫。 |
| 3 | （5）龙门石窟（洛阳）<br>（6）黄河三峡（济源） | 佛教造像艺术（题材、造型、风格）；黄河，三峡自然景观、传说故事。 |
| 4 | （7）壶口瀑布（延安） | 自然形态、地理环境、相关艺术作品。 |
| 5 | （8）王家大院（晋中） | 建筑格局、特色、装饰，晋商文化。 |